논리 본능을 깨우는 논리의 기초

논리 본능을 깨우는 논리의 기초

초판 1쇄 인쇄 2022년 2월 18일
초판 1쇄 발행 2022년 3월 4일

—

지은이 이상명
펴낸이 이방원
편 집 안효희·김명희·정조연·정우경·송원빈·곽병완
디자인 손경화·박혜옥·양혜진 **마케팅** 최성수·김 준

—

펴낸곳 세창출판사
　　　　신고번호 제1990-000013호 **주소** 03736 서울시 서대문구 경기대로 58 경기빌딩 602호
　　　　전화 02-723-8660 **팩스** 02-720-4579
　　　　이메일 edit@sechangpub.co.kr **홈페이지** http://www.sechangpub.co.kr
　　　　블로그 blog.naver.com/scpc1992 **페이스북** fb.me/Sechangofficial **인스타그램** @sechang_official

—

ISBN 979-11-6684-081-4 93700

논리 본능을 깨우는 논리의 기초

이상명 지음

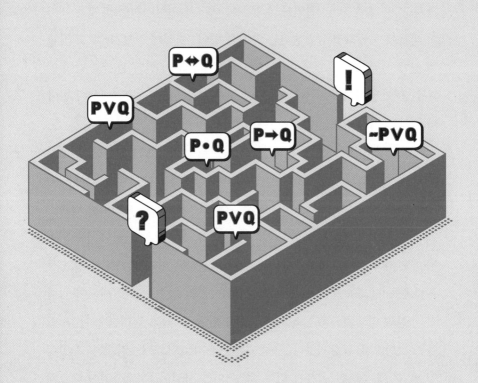

세창출판사

왜 논리가 필요할까?

오래전 흥행했던 영화 「메트릭스 2: 리로디드」에 인상적인 대사가 있었다. "이 세상에 불변하는 … 보편적인 … 단 하나의 진리가 있다. 인과관계, 작용과 반작용, 원인과 결과!" 이 대사가 인상적이었던 것은 내가 이 대사에 동의하고 공감한다는 차원을 넘어, '어떻게 알았지?' 하고 장난기 있게 생각했었기 때문이다. 나는 그것이 단순히 인과 관계를 넘어 인과율, 인과법칙이라고 생각하고, 단 하나일지는 모르지만 '세상이 돌아가게 하는 원리'라고 생각했다.

논리학에 기여한 철학자 중 한 사람인 라이프니츠는 인과율이 '세계를 관통하는 하나의 법칙이자 원리'라고 주장했다. 그는 "이유 없이 일어나는 일은 없다(Nihil sine ratione)."라는 유명한 명제를 통해 어떠한 결과든 그에 상응하는 원인이 반드시 있다는 원리가 세상 모든 만물에 적용되는 일반 원리라고 주장했다. 이 주장은 거대한 일반 원리에 머물지 않고 충족이유율(Principle of sufficient reason)이라는 논리 법칙으로 전개되어 경험적 사실의 영역에서도 논리적 정당성을 말할 수 있고 진리를 논할 수 있다는 철학으로 확장되었다. 충족이유율에 따르면, 모든 일에는 그 일이 일어나기에 충분한 이유가 있다. 즉 어떠한 사건이든 그 사건이 다르게 일어나지 않고 꼭 그렇게 일어나게 된 충분한 이유가 있다는 것이다.

물론 인과율을 부정하거나 반대하는 의견도 있을 수 있다. 인과 관계라는 것 자체를 부정할 수도 있고 인과율이 일반 원리라는 것에 반대할 수도 있다. 그럴 경우, 세상에 일어나는 사건들, 우리가 경험하게 되는 일들은 모두 독립적이며 아무런 이유 없이 발생하는 것이 된다. 어떤 사건이 다른 사건과 인과 관계로 연결되어 한 사건이 다른 사건의 원인이 되거나 결과로 발생하는 것이 아닌 것이다. 이 주장이 맞다면, 우리는 매번 발생하는 사건을 아무런 연관성 없이 각각 다르게 인식하고 매 사건마다 직접 경험하는 방법 외에는 그 사건을 인식할 방법이 없다. 그리고 정말 그렇다면, 우리에게는 지식도 학문도 필요 없을 것이다. 왜냐하면 우리는 인과 관계를 통해서 자연과 사물을 탐구하고 이해하고 지식을 축적하고 체계화하여 학문을 정립하기 때문이다. 세상에서 일어나는 일들 사이의 인과 관계가 없다면, 지식과 학문을 통해 미래를 예측하고 대비하는 것은 불가능하다. 인과 관계를 부정하는 사람들에게 내일의 기상 예보는 무의미한 헛수고이고, 축적된 기후 데이터에 따른 농작물 재배는 매우 기이한 행위로 보일 것이다. 또한 그들은 이렇게 말할 것이다. '이 일과 저 일 간에 인과 관계가 있다는 것을 어떻게 아느냐? 설령 인과 관계가 실제로 있다고 하더라도 알 수는 없다. 인과 관계가 있다는 것을 증명해 보라!'

어떤 특정한 상황이 어떤 특정한 현상의 원인이라는 것에 이견이 있다고 하자. 어떤 사람은 그 둘의 인과 관계를 인정하고 다른 사람은 그것을 부정한다면, 그 이견은 어디에서 비롯될까? 그 둘 사이에 인과 관계가 있다는 것을 알고 모르고의 차이, 즉 이견은 지식의 문제이다. 하지만 인과 관계를 알고 인정하는 사람이 모르는 사람에게 아무리 설명해도 모르는 사람은 끝까지 인정하지 않을 수 있다. 그렇다면 이견은 지식의 문제가 아니라 논리의 문제가 된다. 이 요구를 만족시키는 방법은 논리를 이용해 증명하는 것뿐이기 때문이다. 그리고 어떤 두 사건 간의 인과 관계를 파악하는 일도 사실은 논리의 문제이다. 어떤 사건이나 현상이 왜 일어났는지, 그것의 원인이 무엇인지를 생각하는 것이 논리적 사고가 하는 일이기 때문이다. 그래서 아마도 인과성을 강하게 부정하는 사람은 논리가 필요 없을 것이고 이와 관련된 사고도 필요 없을 것이며, 두 개념을 합친 논리적 사고는 더더욱 필요하지 않을 것이다. 혹은 그들에게는 논리적으로 생각하는 일이 매우 어려울 수도 있다. 그러나 호모 사피엔스(Homo Sapiens: 생각하는 인간) 중에는 정도의 차이가 있을 뿐 논리적 사고 능력을 전혀 가지고 있지 않은 사람은 없다.

우리가 어떤 목적을 달성하기를 원한다면, 우리 주변의 위험한 상황을 통제하기를 원한다면, 혹은 이 세상에서 살아남기를 원한다면, 무엇이 원인이고 무엇이 결과인지 알아야만 한다. 어떤 것이 다른 것의 원인이라는 것을 토대로 이루어지는 인과 추론이 이런 희망이나 욕망을 향한 우리의 모든 행동과 관련되어 있기 때문이다. 인과 관계를 파악하고 원인과 결과를 찾는 일, 어떤 원인에서 어떤 결과를 예측하는 일, 원하지 않는 결과를 피하기 위해서 원인을 제거하는 일 등은 모두 논리적 사고와 추론이 필요하다. 세상 만물은 물리적으로든 심리적으로든 인과 관계의 사슬로 묶여 있고 서로 잇달아 연결되어 있다. 그렇기 때문에 논리라는 도구와 이를 잘 사용하도록 하는 논리적 사고가 필요하다. 우리가 과거를 거울삼아 오늘을 살고 내일을 준비하는 것처럼 말이다.

생각을 올바르게 연결해 주는 길

논리란 무엇일까? 너무 학문적으로 정의할 필요도 없이, 논리란 생각을 올바르게 연결해 주는 길이자 틀을 말한다. 사람이 길을 따라가는 것처럼 생각을 올바르게 연결해 주는 길이 논리이고, 틀에 맞춰 생각을 연결하면 올바른 결과를 얻게 해 주는 것이 논리이다. 또한 논리적 사고란 그런 길을 따라 이어진 틀에 맞춰 생각을 연결하는 것을 말한다. 사실 생각한다는 것은 한 생각을 다른 생각으로 잇고 연결하는 것이다. 머릿속에 막연히 어떤 이미지를 떠올렸다고 해서 생각하고 있는 것이 아니다. 생각을 한다는 것은 영화를 보는 것과 비슷하다. 필름의 한 장면만 보는 것은 영화가 멈춘 상태이지 영화를 보는 것이 아니다. 연결된 필름의 매 장면이 잇달아 움직일 때 영화를 볼 수 있다. 한 생각이 다른 생각으로 이어지고 연결되는 것이 생각하는 것이다. 하나의 이미지가 머릿속에 있는 상태는 생각하는 것이 아니라 멈춘 상태이다. 생각한다는 것이 이런 것이라면, 논리적 사고는 올바른 길을 따라 올바른 틀에 맞춰 생각을 잇고 연결하는 것이다.

그렇다면 논리는 사고에 대해서만 사용될까? 우리는 말과 글에도 논리라는 표현을 사용한다. 우리는 어떤 글을 읽고 '참, 논리적인 글이다.'라고 평가하고 누군가의 말을 듣고 '참, 논리적으로 말했다.'라고 판단한다. 그런데 말과 글에 논리적이라는 말을 사용하는 것은 별다른 적용은 아니다. 우리의 생각이나 사고는 말과 글로 표현되어야 논리적이라거나 논리적이지 않다거나 하는 평가를 할 수 있기 때문이다. 즉 내가 생각한 것, 내 머릿속에 있는 생각은 소통의 도구로 표현되지 않으면 누구도 알 수 없는 나만의 생각일 뿐이다. 생각은 언어로 표현되어야만 다른 사람들이 이해할 수 있고 평가할 수 있다. 말이나 글로 표현되지 않는 생각, 나 혼자만 알고 있는 생각은 좀 심하게 말하면 없는 것이나 마찬가지다. 어떤 생각을 했다는 것을 보증할 수 있는 사람은 자기 자신 외에 아무도 없기 때문이다. 말과 글에 논리라는 말을 사용하는 것은 생각과 사고에 사용하는 것과 별다른 것이 아니다. 논리적인 말과 글은 논리적으로 생각한 것을 언어로 표현한 것일 뿐이다. '언어는 사고의 표현이다.'라는 비트켄슈타인의 말도 이런 의미이다.

논리적으로 말하고 논리적으로 글을 쓴다는 것이 얼마나 중요한가! 중요하다 못해 어떤 경우에는 결정적일 때도 많다. 글을 읽고 이해하는 것, 자신의 생각을 말로 전달하고 다른 사람의 말을 듣고 이해하는 것, 사실상 우리의 일상은 이런 행위의 연속이자 반복이다. 인생에서 중요한 시험과 면접에서 혹은 매일같이 반복되는 일과 공부에서 논리적으로 생각하고 말하고 글 쓰는 능력은 결정적으로 중요할 때가 많다. 자신의 생각을 논리적으로 말하거나 글로 써서 상대방이 쉽게 이해하도록 하는 사람과 자신이 하는 말을 상대방이 이해하지 못해 계속 반문하도록 하는 사람의 차이는 논리의 유무 때문이다. 논리적으로 작성된 글이나 논리적인 말은 이해하기 쉽다. 상대방이 자신의 생각을 쉽게 이해하기를 원한다면 먼저 논리적으로 생각하고 논리적으로 이야기해야 한다. 논리적 사고에서 논리적인 말과 글이 나오기 때문이다.

논리는 본능이다
⋮

우리는 논리를 어떻게 알까? 어떤 길을 따라가야 생각이 올바르게 연결되고 어떤 틀에 맞춰 생각해야 생각이 올바르게 연결되는지 우리는 어떻게 알까? 논리학 서적을 보면서 공부하고 배워야 아는 것일까? 논리학을 공부하고 배워야만 논리를 알 수 있다면, 그런 공부를 전혀 하지 않은 사람들, 그런 공부를 해 볼 기회조차 없었던 사람들은 논리를 모르는 것일까? 나는 그렇지 않다고 생각한다. 대개 사람들은 어떤 글을 읽고 이야기를 들으면 그것이 논리적인지 아닌지 금세 안다. 마치 우리가 어떤 것을 직관적으로 아는 것처럼 말이다. 논리학을 공부하지 않고 배우지 않아도 사람들은 어떤 것이 논리적인 것인지 아닌지 본능적으로 구별한다. 논리는 본능과 같이 우리에게 내재되어 있기 때문이다. 논리는 이성과는 다른 차원으로 인간에게 자연적으로 주어져 있는 본능과 같은 것이다. 그래서 나는 논리는 본능이라고 생각하고 인간에게는 '논리 본능'이 있다고 생각한다. 이 생각은 앞서 언급한 라이프니츠의 주장이기도 하다. 하지만 내가 그를 따라 이렇게 주장하는 것은 아니다. 어쩌다 보니 일치하는 의견을 발견했을 뿐이다. 라이프니츠는 동일률과 모순율 같은 가장 기본적인 논리 법칙이 인간에게 내재되어 있는 것처럼 논리학의 추론 규칙 같은 자연적 논리는 인간에게 본능처럼 자연적으로 주어져 있다고 주장한다. 이런 논리 법칙들은 우리가 배워서 아는 것이 아니라 자연적으로 주어져 있는 것이다. 배우고 경험하는 과정은 그런 법칙들이 맞는지 틀리는지를 다시 확증하는 과정일 뿐이라는 것이다.

논리가 본능이라는 주장을 좀 더 정확하게 말하면, 내가 본능적으로 알고 있다고 말하는 논리는 연역 논리의 추론 규칙이나 동일률, 모순율 같은 원리에 적용된다(이 책 9장 4절 참조). 귀납 논리에서는 본능을 통해 인지하는 논리 법칙 외에 경험적 지식이 추가로 필요하다. 왜냐하면 개연성의 논리인 귀납 논증은 경험적 사실의 문제를 다루는 논리이기 때문이다. 그러나 귀납 논리에서도 논리 본능은 개연성의 정도를 판단하는 기준으로 작용한다. 인간은 동일률이 제공하는 일치, 불일치의 관념 없이 경험적 지식을 얻을 수 없기 때문이다.

그렇다면 논리학은 왜 필요할까? 논리를 배우지 않아도 무엇이 논리적인 것인지 안다면, 논리학은 왜 공부해야 하는 것일까? 그것은 논리학 언어를 알아야 하기 때문이다. 논리학을 공부하는 것은 논리학의 언어를 배우는 것과 같다. 누구나 다음과 같은 경험이 있을 것이다. 중학생 정도의 조카가 삼촌인 내게 질문을 했다. 나는 조카가 묻는 것이 무엇인지 분명 알고 있는데 설명하기가 어려웠던 경우가 있었다. 왜 설명하기가 어려웠을까? 그것은 알고 있는 바를 설명하는 언어를 몰랐기 때문이었다. 우리가 어떤 새로운 분야에 대해서 알고 싶으면, 먼저 그 분야의 언어, 용어를 알아야 한다. 예를 들어, 주식 투자를 시작하기로 했다면 주식에 관한 언어를 알아야 한다. 그렇지 않으면 주식에 관한 정보를 담고 있는 글을 이해하지 못하고 주식 전문가들이 하는 말을 이해하지 못한다. 최근 유행하는 뇌과학이나 AI 분야가 궁금하다면 그 분야에서 사용하는 언어를 알아야 한다. 논리학 책을 읽고 논리학을 공부하는 이유는 우선 논리학에서 사용하는 언어를 알기 위해서이다. 논리학 언어를 알아야 논리와 관련된 문제에 대해 설명할 수 있고 어떤 것이 왜 논리적인지 또는 왜 논리적이지 않은지 설명할 수 있다. 설명할 수 없다면, 대화도 토론도 어렵고 다른 사람을 이해시키기는 것도 어렵다. 그래서 논리학은 도구와 같은 것이다. 말하자면 논리학이 필요한 이유, 혹은 논리학 공부가 필요한 이유는 논리학 언어를 배워서 우리 안에 내재되어 있는 논리 본능을 깨우기 위함이다. 이 책의 제목을 "논리 본능을 깨우는 논리의 기초"라고 한 것도 이런 의미를 담기 위한 것이다.

이 책은 교양 수준의 논리학 교재이다. 논리학을 전문적으로 공부하고 연구하려는 사람은 이 책의 내용보다 더 많은 학습이 필요하다. 하지만 교양 수준에서 술어 논리나 양상 논리가 꼭 필요한 것은 아니라고 판단했다. 그렇지 않아도 지루해하고 흥미가 적은 논리학을 더 어렵게 만들 뿐이다. 그리고 교양 수준에 맞게 가급적 자세히, 많이, 반복적으로 설명하려고 노력했다. 중간중간 등장하는 글상자는 본문의 각 장에서 다루지 못했거나 추가적인 설명이 필요한 부분 혹은 독자의 흥미를 위해서 만든 것이다. 이 책의 내용 정도만 공부해도 논리학의 언어를 배우고 논리적 사고를 연습하는 데 충분하다고 생각한다. 논리학은 도구이지 목적이 아니다. 논리학 언어를 배워 각자가 하는 일에 활용하고 그 일에서 성과를 얻는 것이 더욱 중요하다. 논리적 사고는 연습하고 훈련하면 나아진다. 논리적 사고를 연습해서 합리적 판단을 하고 자신의 일에서 좋은 성과를 얻을 수 있다면 논리학은 도구로서의 역할을 다 하는 것이다. 그렇지만 꼭 그런 역할이 아니더라도 일상에서 사기당하지 않고 실속을 차리기 위해서라도 논리적 사고 연습은 필요하다. 이러한 연습을 하는 간편한 방법은 '왜?'라는 질문을 항상 던지는 것이다. '왜?'라고 질문하면 우리의 뇌는 그 질문에 답하기 위해 자연스럽게 이유, 근거, 원인 등을 찾는다. 이 질문이 효과적인 것은 세상 만물이 인과 관계로 연결되어 있고 인과법칙이 세상에 통용되기 때문이다. 연습은 각자의 몫이다. 이제부터 우리의 논리 본능을 깨워 보자.

2022년 2월
이상명

II. 개연성의 논리: 귀납

III. 논리적 오류

I. 논리의 기초

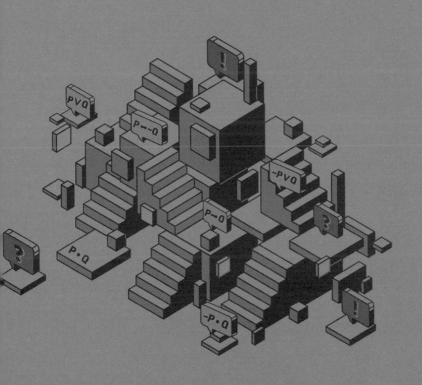

논증이란 무엇인가?

1. 명제와 논증

우리가 어떤 것을 '논리적이다.', '논리적이지 않다.'라고 판단하기 위해서는 판단의 대상이 분명하게 명시되어야 한다. 이 논리적 판단의 대상이 논증이고 논리적 사고는 논증을 통해서 전개된다. 일상적으로 우리는 논증이 아닌 것에 대해서도 '논리적이다.' 혹은 '논리적이지 않다.'라고 판단하지만 엄격하게 말하면 논증이 아닌 것에 대한 논리적 판단은 무의미하다. 어떤 이미지처럼 머릿속에 가지게 된 생각 하나만 놓고 '논리적이다 아니다.'라고 말할 수 없다. '논리적이다.', '논리적이 아니다.'라는 말은 그런 생각들이 이어지고 연결된 상태를 보고 평가하는 말이다. 따라서 논리의 재료는 논증이고 논리학은 논증을 정확하게 판단하게 해주는 도구이다. 따라서 논리학이 다루는 것은 논증이다. 논리학이 제공하는 가장 실제적인 역할은 좋은 논증과 그렇지 않은 논증을 구별하는 기준을 제시하고 논증의 형식과 규칙에 대해서 연구하는 것이다. 따라서 논리학을 공부함으로써 얻을 수 있는 것이 무엇인지 알기 위해서는 논증이 무엇인지 알아야 하고 논증이 무엇인지 파악하기 위해서는 문장, 명제, 진술이 각각 어떻게 다른지 구별하고 그런 구별이 왜 필요한지에 대하여 이해할 필요가 있다. 논증을 구성하는 것이 명제이기 때문이다.

우리는 의미 있고 이해할 수 있는 의사 표현을 하기 위해 문장을 사용한다. 온전한 문장을 사용하지 않고 낱말 하나만 말하거나 써 놓는다면 어떤 의사를 표현하는 것인지 이해할 수 없다. '지우개'라고 말하고 지우개를 달라는 것인지, 사야한다는 것인지 도대체 알 수 없다. 지우개에 관한 어떤 의사를 표현하기 위해서는 '이 지우개 참 잘 지워진다.'라든가 '지우개 좀 빌려줄래?'처럼 문법에 맞는 문장을 사용해야 한다. 여기에서 문장(sentence)이란 '이해될 수 있도록 문법에 맞게 배열된 언어적 기호들(낱말들)의 집합'이라고 할 수 있다. 즉 말과 글을 단어, 문장, 문단과 같은 단위로 나누는 것에서 사용된 일종의 어문법적 용어가 문장인 것이다. 그러면 다음 세 문장을 살펴보자.

> (a) 이효리는 이상순의 배우자이다.
> (b) 이상순은 이효리의 배우자이다.
> (c) 이효리와 이상순은 부부이다.

이 세 문장의 주어는 각각 다르다. 하지만 이 세 문장의 의미를 생각해 보면, (a), (b), (c)가 의미하는 것, 이 문장들이 주장하는 내용은 모두 같다. 즉 이 세 문장은 각각 다른 문장이지만 동일한 의미를 가지고 있고 동일한 주장을 하고 있다. 이 경우 논리학에서는 (a), (b), (c)는 각각 다른 문장이지만 하나의 명제라고 말한다. 이러한 구별을 더 명확하게 이해하기 위해서 다음 문장을 살펴보자.

> (d) 나는 너를 사랑한다.
>
> (e) I love you.
>
> (f) Ich liebe dich.
>
> (g) Je t'aime

앞의 (a), (b), (c) 세 문장과 마찬가지로 이 (d), (e), (f), (g)는 서로 다른 문장이다. 그런데 이번엔 각 문장을 구성하는 언어적 기호들이 다르다. (d)는 우리말 문장이고, (e)는 영어, (f)는 독일어, (g)는 프랑스어 문장이다. 그러나 이 네 문장이 나타내는 의미는 같다. 따라서 이 네 문장은 서로 다른 언어로 쓰였지만 동일한 의미를 가진 하나의 명제라고 할 수 있다. 이처럼 명제(proposition)는 '문장이 가지고 있는 의미' 또는 '문장이 주장하는 내용'을 가리킨다. 그리고 우리는 문장의 의미나 문장이 주장하는 내용에 대해서 참이라거나 거짓이라고 판단할 수 있다. 따라서 명제는 '참 혹은 거짓으로 진리값을 결정할 수 있는 문장'이라고 할 수 있다. 이것이 논리학에서 문장과 명제를 구별하는 이유이다. 왜냐하면 모든 문장이 참이나 거짓으로 결정되지는 않기 때문이다. 그러나 모든 명제는 참이거나 거짓이다.

명제는 진리값을 갖는 문장이라는 특징을 앞의 문장 (a), (b), (c)에 적용해 보자. 이 (a), (b), (c)가 서로 다른 세 문장이지만 하나의 명제라는 것의 의미는, 셋 중 한 문장의 진리값이 참일 때, 다른 문장의 진리값도 달라지지 않는다는 것이다. 즉 (a)가 참일 때, (b)도 (c)도 참이고 거짓일 수 없다. 반대로 (a)가 거짓일 때는 (b)와 (c)도 거짓이며, 참일 수 없다. 이것은 (d), (e), (f), (g)에도 동일하게 적용된다.

문장에는 평서문, 의문문, 감탄문, 명령문 등과 같이 여러 종류가 있다. 그런데 의문문, 감탄문, 명령문은 참, 거짓을 판단할 수 없다. 예를 들어 '이 상품의 가격은 얼마인가요?'라는 의문문이나 '아, 하늘이 정말로 파랗구나!'라는 감탄문은 그 자체로 참도 거짓도 아니다. 그리고 '빨리 뛰어' 같은 명령문도 참이나 거짓이라고 할 수 없다. 일반적으로 문장은 평서문만이 참, 거짓의 진리값을 가질 수 있다. 그리고 현재 시점에서는 참인지 거짓인지 알 수 없는 문장들도 있다. '화성에도 생명체가 존재한다.' 같은 문장의 경우 우리의 현재 지식으로는 참일 수도 거짓일 수도 있다. 그리고 미래에 더 많은 연구가 진행되면 진리값이 달라질 수도 있다. 그러나 어쨌든 이 문장은 참 아니면 거짓이고, 따라서 명제라고 할 수 있다.

동일한 서술문이라도 그것이 표현되는 상황이나 맥락에 따라서 또는 지시하는 대상에 따라서 다른 주장을 의미하는 문장이 있다. 다음 문장을 보자.

(h) 그것은 1만 원이다.

(i) 내일은 토요일이다.

(j) 짱구는 지금 초등학교 6학년이다.

(h)는 '그것'이 가리키는 대상의 가격이 1만 원일 때 참이지만 그렇지

않은 대상을 가리킨다면 거짓일 것이다. (i)도 말하는 사람이 금요일에 말했다면 참이지만 다른 요일에 말했다면 거짓이 된다. (j)도 짱구가 초등학교 6학년일 때 말했다면 참이지만 그 전 해나 다음 해에 말했다면 거짓일 것이다. 이처럼 지시어가 포함되어 있거나 특정한 시점이나 상황에서 말이나 글로 표현된 문장을 '진술(statement)'이라고 한다. 진술은 문법에 맞게 서술된 올바른 문장이지만 말한 상황이나 시점을 나타내는 표현이나 지시어가 포함되어 있어서 말한 시점이나 지시어가 가리키는 것에 따라 참이 될 수도 있고 거짓이 될 수도 있는 것이다.

어떤 논리학자들의 경우 문장, 명제, 진술을 구별하는 것에 큰 중요성을 부여하지 않기도 한다. 그래서 논증의 구성 요소를 명제라고 하지 않고 문장이나 진술로 보는 경우도 있고, '명제 논리'라고 하지 않고 '문장 논리'라고 쓰기도 한다. 하지만 논리학자들이 논증을 구성하는 것을 어떤 용어를 사용해서 부르든 간에 논증을 구성하는 것이 참, 거짓이라는 진리값을 갖는 것으로 구성된다는 것에는 동의할 것이다. 만약 논증이 의문문이나 감탄문으로 구성되어 있다면 우리는 그런 논증에 대해서 논리적 판단을 할 수 없고, 논증을 구성하는 진술에 포함되어 있는 지시어가 가리키는 것이 무엇인지 모르는 상황에서 또 시점이나 상황을 표현하는 말이 어떤 시점이나 상황을 나타내는지 모르는 상황에서 그러한 진술로 이루어진 논증을 평가할 수 없기 때문이다. 그러나 여러 가지 의미로 해석될 수 있는 진술에서 시점과 상황이 특정되어 그것이 의미하고 주장하는 바를 알 수 있다면 하나의 명제를 특정할 수 있고 우리는 그것에 참, 거짓이라는 진리값을 부여할 수 있다. 즉, 논증의 구성 요소를 명제라고 하고 문장, 명제, 진술을 구별하는 것은 참, 거짓이라는 진리값을 갖는 것이 논증의 논리적 평가에서 필요하기 때문이다.

2. 논증과 추론

⋮

논증을 구성하는 것은 명제, 즉 참이거나 거짓인 문장이다. 또한 논증은 어떤 주장과 그것에 대한 근거로 구성되어 있다. 왜냐하면 우리가 논증을 하는 이유는 어떤 주장이 참이라는 것을 정당화하거나 증명하기 위해서이기 때문이다. 따라서 논증은 주장을 담고 있는 명제와 그 주장을 정당화하기 위한 근거를 담고 있는 명제로 구성되어 있다고 할 수 있다. 이때 어떤 주장을 담고 있는 명제를 논리학에서는 '결론(conclusion)'이라고 하고 그 근거로 제시되는 명제를 '전제(premise)'라고 한다. 논증에서 전제와 결론에 해당하는 것을 다른 영역에서는 보통 '논거와 논지', '근거(혹은 이유)와 주장'이라고도 하는데, 이들의 의미와 역할은 거의 비슷하다. 중요한 것은 논증의 결론은 논증자가 주장하고자 하는 내용을 담고 있어야 하고 전제는 결론을 지지하거나 뒷받침하는 내용을 담고 있어야 한다는 것이다. 이것을 달리 말하면, 논증은 전제에서 제시된 내용에서 결론의 내용을 이끌어 내거나 도출하는 구조를 가져야 한다는 것이다. 단순히 명제들의 집합이라고 모두 논증이 되는 것은 아니다.

이제부터는 논증과 추론이 어떻게 다른지 살펴보자. 논증이 전제와 결론으로 구성되어 있고 전제에서 결론을 이끌어 내는 구조를 갖는 것이라면, 추론은 이러한 과정이 사고의 차원에서 일어나는 것을 가리킨다. 즉, 추론은 어떤 생각을 근거로 다른 생각을 이끌어 내는 사고의 과정이다. 그리고 이 사고의 과정을 언어로 표현한 것이 논증이다. 논증과 추론을 구별하지 않고 논리학의 대상을 논증이 아니라 추론이라고 하는 사람들도 있다. 이것이 잘못된 것은 아니다. 논증과 추론이 크게 다른 것은 아니다. 어떻게 보면 우리는 '전제에서 결론을 추론한다.'는 말을 더 자연스럽게 사용하기도 한다. 그리고 이것은 '어떤 것에서 다른 것을 추리한다.'는 뜻이어서 추론은 '추리'라는 말로도 사용한다. 그러나 사고 차원에서 어떤 생각으로부터 다른 생각을 도출하는 것과 그런 추론의 과정을 언어로 표현하는 것에는 큰 차이가 있다. 다음과 같은 상황을 생각해 보자. 어떤 사람이 머릿속에서만 특정 생각에서 다른 생각을 추론했다고 했을 때, 그런 추론을 했다는 것을 다른 누가 알 수 있을까? 그 추론이 누구든지 읽을 수 있는 언어적 기호로 표현되지 않는다면, 혹은 인공 언어적 기호로 쓰여 있지 않다면, 그것은 그 사람 혼자만 아는 생각이고 어떤 의미에서 그 생각은 존재하지 않는 것이라고 말할 수도 있는 상황이 된다. 사람들이 논증을 하는 이유가 무언가를 주장하고 정당화하기 위해서라면, 논증은 반드시 상대가 있어야 하고 상대와 논쟁이 가능해야 하는데, 머릿속에서 자기 자신만 아는 생각이나 추론은 사실상 아무 의미가 없는 것이 된다. 논증과 추론을 구별하는 것은 언어로 표현되어야 한다는 것의 중요성을 드러내기 위한 것이다. 현대 기호 논리학의 기본적인 아이디어를 제시했던 라이프니츠는 논리학에서 기호의 역할과 중요성을 주장한 바 있다. 그는 사람들이 추론하고 증명할 때, 사고 차원에 머무르지 않고 기호를 사용함으로써 사고의 과정을 가시적으로 인지할 수 있도록 만들어 누구든지 쉽게 판단하고 검증할 수 있다고 주장했다. 논리학에서 기호는 축약기능뿐 아니라 가시화 기능도 갖는다. 논증과 추론의 구별은 이 점에서 의미가 있고 필요한 것이라고 할 수 있다.

우리는 일상생활에서 매번 보고, 듣고, 말하고 생각하는 논증을 만난다. 정치, 사회, 과학, 스포츠, 종교, 법 등 거의 모든 영역에서 논증이 사용된다. 매일 상대와 대화하는 것도 실상은 논증인 경우가 많다. 다만 전제나 결론 중 일부가 생략되어 있거나 감춰져 있어서 논증이라고 생각하지 못하기도 하고, 반대로 논증이 너무 복잡해서 전제와 결론을 제대로 파악하지 못하고 단순히 정보의 전달이나 내용 이해 정도로만 여기는 경우가 많을 뿐이다. 우리가 매일 접하는 언론의 기사에서도 논증을 볼 수 있다. 특히 현재 우리나라 언론은 신뢰도가 낮기 때문에, 언론 기사를 보고 논리적 오류와 좋은 논증을 구별해 보는 방식으로 논리적 추론과 사고를 훈련할 수 있다.

논증을 보고 우리가 하는 것은 전제가 결론을 잘 지지하고 있는지, 결론은 주어진 전제를 근거로 충분히 도출될 수 있는지를 확인하는 것이다. 이렇게 하기 위해서는 먼저 전제와 결론을 구분해야 한다. 보통 논리학 교재들에서 예시로 제시된 논증들은 전제와 결론이 잘 구분되어 있어 쉽게 알 수 있다. 하지만 우리가 일상에서 만나는 논증들은 논증을 구별해 내기 어려울 정도로 복잡한 것도 있다. 즉, 하나의 전제와 하나의 결론만으로 이루어진 단순한 논증도 있지만 하나 이상의 전제와 결론으로 구성된 복잡한 논증도 있다는 것이다. 글 속에 여러 개의 논증이 연결된 구조로 포함되어 있는 사례도 있고, 독립적으로 여러 개의 논증이 포함되어 있는 사례도 있다. 다음 논증을 살펴보자.

(a) ㉠ ① 시험 전날 몸이 아파서 ② 시험공부를 하지 못했어요.
㉡ ① 시험공부를 했으면 시험을 잘 봐서 점수가 좋았을 텐데, ② 시험공부를 하지 못했기 때문에, ③ 시험 점수가 좋지 않습니다.

이 글에는 시험과 관련된 ㉠과 ㉡ 두 논증이 있다. ㉠ 논증에서 ①은

전제이고 ②는 결론이다. ⓛ 논증에서는 ①과 ②가 전제이고 ③이 결론
이다. 그리고 ㉠ 논증의 ①은 ⓛ 논증의 전제 ②의 근거로 제시되어 있어
서 ㉠과 ⓛ은 서로 독립적인 논증이 아니라 ③의 결론을 주장하기 위해
서 연결되어 있는 논증이다.

논증에서 전제와 결론의 순서는 상관이 없다. 전제가 앞에 나오고 결
론이 뒤에 나오는 논증도 있고 같은 내용의 논증도 결론이 앞에 나오고
전제가 뒤에 나올 수 있다. 중요한 것은 순서가 아니고 전제와 결론의 관
계이다. 전제와 결론의 연결 관계, 지지 관계, 상관관계가 어떠한가를 판
단하는 일이 논증을 평가하는 일이다. 따라서 좋은 논증인지 아닌지는
전제가 결론의 근거 역할을 어떻게 하고 있는지에 따라 결정된다.

3. 전제 지시어와 결론 지시어
:

논증과 논증이 아닌 것을 구분하고 또 전제와 결론을 구분하는 데에는
어느 정도 연습과 훈련이 필요하다. 이 과정에서 도움을 주고 또 실제로
매우 유용한 것이 논증에서 전제를 가리키는 말과 결론을 가리키는 말을
이용하는 것이다. 우리는 우리의 생각을 논리적으로 말하거나 글로 쓸
때, 자연스럽게 전제를 가리키는 '전제 지시어(premise indicator)'와 결론을
가리키는 '결론 지시어(conclusion indicator)'를 사용한다. 다음(28쪽 표)의 표
현들이 이런 지시어들이다.

우리의 생각을 주장하고 그 주장을 정당화하는 근거를 제시할 때, 우
리는 자연스럽게 이와 같은 표현을 사용하게 된다. 또한 우리가 누군가
의 주장을 논리적으로 파악하려고 할 때, 이런 표현은 어떤 명제가 전제

전제 지시어	결론 지시어
• 왜냐하면	• 따라서
• ~ 이므로	• 그러므로
• ~ 때문에	• 그래서
• ~ 인 까닭에	• 그러니까
• ~ 인 이유로	• ~ 이 도출된다.
• ~ 이니까	• ~ 라고 결론 내릴 수 있다.
• ~ 으로 인해서	• ~ 을 함축한다.

이고 어떤 명제가 결론인지 구분하여 논증의 구조를 파악하는 데 도움을 준다. 예를 들어 다음 논증을 검토해 보자.

(b) 손흥민은 토트넘의 축구 선수이다. 토트넘은 영국 프리미어 리그에 속한 축구 클럽 중 하나이다. <u>그러므로</u> 손흥민은 영국 프리미어 리그의 축구 선수이다.

(c) 이상적인 국가에서 재산과 재물은 가장 공평하게 분배된다. <u>왜냐하면</u> 이상적인 국가의 국민들은 어느 누구도 재산과 재물을 가지고 있는 것보다 더 가지려고 하지 않기 때문이다.

첫 번째 (b) 논증에서 '그러므로'는 그 앞의 명제들이 전제라는 것을 가리키고, '그러므로' 다음에 이어지는 명제가 결론이라는 것을 가리킨다. 그리고 두 번째 (c) 논증에서 '왜냐하면'은 반대로 '왜냐하면' 앞의 명제가 결론이라는 것을 가리키고, '왜냐하면' 다음에 이어지는 명제가 전제라는 것을 가리킨다. 이렇게 논증에서 전제와 결론을 구분하고 나면 각 명제의 의미를 이해하고 전제가 결론을 잘 지지하고 있는지, 결론을 도출하기에 충분한 전제가 제시되었는지를 판단해서 전제와 결론의 논리적 연결 관계가 어떠한지 평가하면 된다.

~ 전제   그러므로   ~ 결론

~ 결론   왜냐하면   ~ 전제

하지만 (b), (c)처럼 잘 구분된 논증은 논리학 교재에서나 볼 법한 것이고 우리가 일상생활에서 혹은 각자의 전공 분야를 공부하면서 대면하게 되는 글에서는 전제 지시어와 결론 지시어가 없지만 특정한 주장과 근거를 담고 있는 논증이 있을 수 있고, 전제 지시어와 결론 지시어가 있지만 논증이 아닌 글도 있을 수 있다. 다음 예를 살펴보자.

① 얼마 전 새로 이사 온 사람들이 우리 위층임에 틀림없어요.

② 전에 없던 층간 소음이 생겼고,

③ 엘리베이터에서 처음 보는 어린 아이들과 엄마로 보이는 사람
   이 우리집보다 한 층 위에서 내리는 것을 봤어요.

이 글에서 전제 지시어와 결론 지시어가 사용되지는 않았지만 이 글은 내용상 논증이다. ①이 결론이고 ②와 ③이 결합해서 ①을 뒷받침하고 있기 때문이다. 이렇게 전제 지시어와 결론 지시어가 사용되지 않은 논증의 경우, 각 문장의 의미를 파악해 논증인지 아닌지를 판단하고 어떤 명제가 전제 역할을 하고 어떤 명제가 결론 역할을 하는지 파악해야 한

다. 논증은 전제와 결론으로 이루어져 있어야 할 뿐만 아니라 결론의 주장을 증명하거나 정당화하려는 의도를 가지고 그 근거나 이유를 제시하는 명제인 전제를 포함하고 있어야 하기 때문이다. 그러나 아마도 전제 지시어와 결론 지시어가 있으면서도 논증이 아닌 것을 구별하는 것이 더 중요할 것이다. 주장이나 의견이 포함되어 있는 여러 종류의 글이 있지만, 이 지시어들을 사용하면서도 논증이 아닌 대표적인 글이 설명이다. 논증과 설명이 어떻게 구별되는지 살펴보자.

비판적 독서

우리가 읽는 책이나 글에서 논증을 발견할 경우, 전제 지시어와 결론 지시어에 집중해서 글을 읽으면 비판적으로 독서하는 데 유용하다. 글쓴이가 자신의 생각을 주장하기 위해 이 지시어들을 사용해 논증을 했더라도 독자가 전제의 충분성이나 결론의 신뢰성을 의심할 수 있고, 전제와 결론의 연결 관계에 대해서도 의문을 제기할 수 있다. 또는 독자 입장에서는 다르게 생각하더라도 글쓴이의 견해를 적극적으로 수용할 경우, 글쓴이의 견해가 어떠한 이론을 나타내는지 어떤 경향을 보이는지 판단할 수 있다. 비판적 독서란 글쓴이의 주장을 단순히 부정하는 것이 아니다. 어떤 견해를 비판하는 것을 그 견해를 부정하는 것으로 잘못 이해하는 것은 비판과 비난을 구별하지 못하기 때문이다. 비판적 독서는 글쓴이의 주장을 '왜?'라는 의문을 갖고 답을 찾아가며 적절하고 충분한 근거를 찾으려는 것이기 때문이다. 예를 들면, 세계가 존재하지 않는다고 주장하는 현대 철학자 마르쿠스

가브리엘의 다음 논증은 개념과 이론의 문제점을 지적하며 누구든지 얼마든지 비판적으로 평가할 수 있다.

"나는 세계가 존재하지 않는다는 결론을 이끌어 내고자 한다. 왜냐하면 첫째로 세계는 모든 특성을 가지는 대상이고, 둘째로 세계 안에서 모든 대상은 모든 다른 대상과 구분되어야 하기 때문이다."

— 『왜 세계는 존재하지 않는가』, 2017, 열린책들, 89쪽 —

4. 논증과 설명

논증처럼 '왜냐하면'이나 '따라서' 같은 전제 지시어와 결론 지시어가 사용되기 때문에 흔히 논증과 혼동하게 되는 대표적인 글이 설명이다. 그래서 논증과 설명을 구별하는 것은 논증을 더 구체적으로 이해하는 데 도움이 된다. 논증의 구성 요소인 전제와 결론에 빗대어 보면, 설명은 설명되는 문장(피설명항)과 설명하는 문장(설명항)으로 구성되어 있다. 다음의 예를 살펴보자.

선생님, 제가 어제 실시간 화상 수업에 참여하지 못했습니다. 왜냐하면 실시간 화상 수업에 참여하기 위해 컴퓨터를 켜보니 와이파이가 안 되었어요. 평소에 아무 이상 없이 잘 되었는데, 확인해 보니 공유기가 고장이었어요.

여기서 '왜냐하면'이 사용되었지만 '왜냐하면' 앞의 문장은 논증의 결론이 아니라 설명되어야 할 사건, 즉 자신이 실시간 화상 수업에 참여하지 못했다는 사실을 기술한 문장이다. 마찬가지로 '왜냐하면'이 이끄는 문장과 다음 문장도 논증의 전제가 아니라 왜 실시간 화상 수업에 참여하지 못했는지 이유를 말하는 문장이다. 따라서 전제 지시어가 사용되었지만 이 글은 논증이 아니라 설명이다. 이 예에서 볼 수 있듯이 설명은 어떤 확정된 사실과 그것이 그렇게 되는 이유로 구성된다. 그래서 설명에서 설명되는 문장은 확정된 사실이고 설명하는 사람은 그 확정된 사실이 참인지 거짓인지 논하지 않는다. 반면 논증은 결론의 참을 증명하기 위해서 이미 알려져 있는 사실을 근거로 제시한다. 따라서 논증에서 결론의 참은 아직 확정되지 않은 상태이다.

전제 지시어와 결론 지시어가 사용된 글들 중에는 내용상 논증인지 설명인지 구분하기 어려운 글이 있고 논증으로 해석될 수도 있고 설명으로 해석될 수도 있는 글도 있다. 그럴 경우 글쓴이가 그 글을 쓴 목적과 의도를 통해서 구분해야 한다. 결론으로 제시된 명제가 참이라는 것을 보이기 위해서 증명의 목적으로 근거를 제시하는 것인지 아니면 결론으로 제시된 명제의 참은 확정된 것이고 그 확정된 사실이 왜 그렇게 되었는지 이유를 보여주는 것인지를 판단하는 것이다. 다음의 예를 보자.

주식 시장의 종합 주가 지수가 연일 상승세를 거듭해 3개월 동안 30% 이상 상승했다. 그 이유는 시장에 유동 자금이 넘쳐나면서 여유 자금이 있는 개인들이 마땅한 투자처를 찾지 못하다가 주식 시장에 자금이 모여들었고, 투자 경험이 없는 사람들까지도 주식 시장에 가세했기 때문이다.

이 글은 분명 설명이다. 왜냐하면 결론 부분에서 종합 주가 지수가 3개월 동안 30% 이상 상승했다는 사실을 제시하였고, 그 이유 부분에서 그렇게 상승한 원인을 말하고 있기 때문이다. 그런데 이와 유사한 내용을 동일한 이유를 사용해서 다음과 같이 논증으로 구성할 수 있다.

> 향후 주식 시장은 상승세가 거듭되어 3개월 정도 지나면 30% 이상 주가 지수가 상승할 것이다. 왜냐하면 시장에 유동 자금이 넘쳐나면서 여유 자금이 있는 개인들이 마땅한 투자처를 찾지 못하다가 주식 시장으로 모여들고 있으며, 투자 경험이 없는 사람들까지도 주식 시장에 가세하고 있는 상황에서 별다른 변화가 없다면 이 같은 추세는 지속될 것으로 보이기 때문이다.

위와 같이 결론 부분에서 향후 주식 시장에 대한 예측을 말하면 그것은 확정된 사실이 아니라 글쓴이의 의견이 되기 때문에 유사한 내용이라도 논증이 될 수 있고 제시된 이유는 논증자의 의견을 정당화하는 근거 역할을 한다. 이런 상황은 앞으로 밝혀질 과학적 연구 결과나 사실의 확정성에 대해서 이론(異論)이 제기될 수 있는 것들에서 흔히 볼 수 있다. 그래서 설명은 귀납 논증의 한 방법으로 사용되기도 한다.

정리해 보면, 설명은 설명하는 문장에서 이유나 원인을 말하면서 설명되는 문장을 더 이해하기 쉽게 밝혀 주려는 목적으로 쓴 글이고 이때 설명되는 문장은 확정된 사실이거나 확정된 사실로 간주된다. 반면 논증은 결론의 명제가 확정된 사실이 아니기 때문에 그 결론의 주장을 정당화하거나 결론의 참을 증명하기 위해서 전제에서 근거를 제시하는 것이다.

01 문장, 명제, 진술

문장: 이해될 수 있도록 문법에 맞게 배열된 언어적 기호들(낱말들)의 집합

명제: 문장이 가지고 있는 의미, 문장이 주장하는 내용, 참 혹은 거짓으로 진리값을 결정할 수 있는 문장

진술: 지시어가 포함되어 있거나 특정한 시점이나 상황에서 말이나 글로 표현된 문장

02 추론과 논증

추론: 어떤 생각을 근거로 다른 생각을 이끌어 내는 사고의 과정

논증: 주장을 담은 명제(결론)와 주장을 정당화하기 위한 근거를 담은 명제(전제)로 구성된다. 추론 과정을 언어로 표현한 것으로 언어적 기호로 표현해 사고 과정, 추론 과정을 가시적으로 만들어 소통과 논쟁이 가능하도록 함

03 전제 지시어와 결론 지시어

전제 지시어: 왜냐하면, ~ 이므로, ~ 때문에, ~ 인 까닭에, ~ 인 이유로, ~ 이니까, ~ 으로 인해서

결론 지시어: 따라서, 그러므로, 그래서, 그러니까, ~ 이 도출된다,
~ 라고 결론 내릴 수 있다, ~ 을 함축한다

04 논증과 설명

논증: 결론의 주장을 정당화하거나 결론의 참을 증명하려는 목적
으로 전제에서 근거를 제시함(결론 명제가 확정된 사실이 아님)

설명: 설명하는 문장(설명항)에서 이유나 원인을 말하면서 설명되
는 문장(피설명항)을 더 이해하기 쉽게 밝혀주려는 목적으로 사용
(설명되는 문장: 확정된 사실이거나 확정된 사실로 간주함)

1. 다음 문장 중 진리값을 갖지 <u>않는</u> 것을 말하시오.

① 미세먼지가 심한 날에는 외출할 때 마스크를 꼭 써야 한다.

② 어머니, 식사하셨어요?

③ 올가을 하늘은 정말 파랗구나!

④ 테슬라의 오늘 주가는 1,183달러이다.

⑤ 애야, 지금 밖에 비가 오니 우산을 가지고 가거라.

⑥ 민주주의 국가에서 대통령은 국민 위에 군림하는 통치자가 아니라 국민이 부여한 권한을 대신 행사하는 머슴입니다.

⑦ 실례지만 저에게 소금 좀 건네주시겠어요?

⑧ 내일 우리 팀은 경기에서 이기거나 질 것이다.

⑨ 오늘 저녁 메뉴는 무엇인가요?

⑩ 자, 이제 우리 그만 마치고 다 같이 청소합시다.

2. 다음 논증에서 전제 지시어와 결론 지시어가 있으면 해당 부분에 밑줄을 긋고 전제와 결론을 각각 구분해 보자.

① 난 이제 집에 가야겠어. 내일 중요한 시험이 있어서.

② 내일 경기는 우리 팀이 질 것 같다. 왜냐하면 우리 팀 주전 선수가 부상으로 2명이나 경기에 나갈 수 없기 때문이다.

③ 경제적 양극화 문제는 비단 우리나라만의 문제가 아닙니다. 전 세계 주요 언론이 지목한 세계 각국이 해결해야 할 가장 시급한 문제로 양극화를 지적했기 때문입니다.

④ 다수가 동의하는 의견을 따르는 사람은 스스로 생각하고 판단하지 않는다. 왜냐하면 스스로 생각하고 판단하는 사람은 다수의 의견을 따르지 않기 때문이다.

⑤ 기후 변화로 머지않은 미래에 인류가 소멸할 것이라고 걱정할 필요는 없다. 인간이 과도하게 화석 연료를 사용해서 기후 재난이 시작되었지만 이 또한 과학 기술의 발전으로 해결할 수 있을 것이다.

⑥ 네가 만약 이 수학 문제를 푼다면, 내가 오늘 저녁을 사 줄게. 그런데 네가 수학 문제를 풀지 못했으니까 내가 오늘 저녁을 사지 않아도 된다.

⑦ 어떤 글에 전제 지시어와 결론 지시어가 있다고 그 글이 꼭 논증이라는 보장은 없다. 설명하는 글에서도 전제 지시어와 결론 지시어가 사용될 수 있기 때문이다.

⑧ 친구야, 우리 반 친구들 모두 「기생충」이라는 영화를 봤대. 그러니까 우리도 오늘 「기생충」 보러 가자.

⑨ 인간의 욕망은 끝이 없다. 결핍된 욕망이 채워 지면 다시 새로운 욕망이 생기고 또 그 새로운 욕망이 만족되면, 또 다시 새로운 욕망이 생겨날 것이기 때문이다. 따라서 인간은 스스로 자신의 욕망을 통제하고 절제해야 한다.

⑩ 선생님이 아는 것이 힘이라고 하셨지만 저는 아는 것이 힘이 아니라고 생각합니다. 우리 할머니께서 항상 모르는게 약이라고 하셨거든요.

3. 우리가 일상에서 접하는 신문 기사나 책에서 전제 지시어와 결론 지시어를 찾아보고, 그것이 논증인지 설명인지 확인해 보자. 또한 논증이면 전제와 결론을, 설명이면 설명항과 피설명항으로 각각 구분해 보자.

논증의 종류와 평가

1. 연역 논증과 귀납 논증

논증은 전제가 결론을 뒷받침하는 근거를 제공한다고 주장한다. 그리고 전제가 결론을 뒷받침하는 방식에 따라 논증은 연역 논증(deductive argument)과 귀납 논증(inductive argument)으로 구분된다. 하지만 '연역'과 '귀납'이라는 용어를 논리학에서만 사용하는 것은 아니다. 일반적으로 알려진 연역과 귀납의 의미는 논리학에서 사용하는 것과는 사뭇 다르다. 대체로 연역이라고 하면 일반적 원리나 법칙을 전제로 개별적이고 특수한 사실을 이끌어 내는 추론으로 알려져 있고, 귀납은 개별적이고 특수한 사례에서 일반적이고 보편적인 원리나 법칙을 이끌어 내는 추론 방식으로 알려져 있다. 그래서 연역과 귀납을 일반적인 것과 특수한 것의 추론 방향이 역으로 진행되는 것으로 생각하는 경향이 많다. 이런 의미가 완전히 틀린 것은 아니지만 그렇다고 정확하고 완벽하게 들어맞는 것도 아니다. 왜냐하면 특수한 것에서 일반적인 것을 도출하는 연역 논증도 있고 일반적인 것에서 특수한 것을 도출하는 귀납 논증도 있기 때문이다.

논리학에서 연역 논증과 귀납 논증을 구분하는 기준은 전제가 결론을 뒷받침하는 지지 관계가 어떠한가에 달려 있다. 연역 논증은 전제로부터 결론이 필연적으로(절대적으로, 확실하게) 도출된다고 주장하는 논증이고, 귀납 논증은 전제로부터 결론이 개연적으로 도출된다고 주장하는 논증이다. 즉 연역 논증에서 전제와 결론의 지지 관계는 '필연성(necessity)' 개념으로 설명되고, 귀납 논증에서는 '개연성(probability)' 개념으로 설명된다.

연역 논증은 전제가 결론에 결정적 근거를 제공하기 때문에 전제로부터 결론이 필연적으로 도출된다고 주장한다. 연역 논증은 전제와 결론의 필연적 연결 관계를 주장하는 논증이다. 다음 연역 논증의 예를 보자.

> 한국의 대학생들은 모두 노트북을 사용한다.
> 짱구는 한국의 대학생이다.
> 따라서 짱구는 노트북을 사용한다.

이 논증에서 짱구가 노트북을 사용한다는 결론은 전제에 의해서 확실하게 보증된다. 우리는 짱구가 한국의 대학생이고, 한국의 대학생들이 모두 노트북을 사용한다는 것을 참이라고 볼 때, 짱구가 노트북을 사용한다는 것을 당연히 참으로 인정하기 때문이다. 따라서 이 논증에서 전제와 결론의 필연적 연결 관계는 인정될 수 있다.

반면 귀납 논증은 전제가 결론에 결정적인 근거가 아니라 그럴듯한 근거를 제공한다고 주장한다. 귀납 논증에서 제시된 전제는 결론을 필연적 참으로 보증해 주는 것이 아니라 개연적으로 받아들일 수 있을 만한 근거를 제공한다. 따라서 귀납 논증에서는 전제가 참이라 하더라도 결론이 참일 개연성이 있을 뿐, 결론이 절대적으로 참이라고 주장하지 않는다. 즉, 결론이 거짓일 가능성도 있는 논증이다. 이러한 귀납 논증의 특징은 역으로 결론이 거짓일 경우에도 적용된다. 즉, 귀납 논증에서 전제는 결론이 거짓이라는 것도 절대적으로 보증하지 않는다. 따라서 결론이 참일 가능성도 있는 것이다. 다음 귀납 논증의 예를 살펴보자.

> 지난 30년 동안 우리나라의 여름 평균 기온은 25.4℃였다.
> 따라서 내년 우리나라의 여름 평균 기온도 아마 25.4℃가 될 것이다.

우리는 날씨에 관한 뉴스에서 이런 기상 예측을 쉽게 접한다. 이 논증은 과거 30년간의 여름 평균 기온을 근거로 내년에도 같은 평균 기온이 나타날 것이라는 주장을 담고 있다. 그러나 과거에 축적된 기상 자료와 달리 평균 기온의 변화가 일어날 가능성은 얼마든지 있다. 지구 온난화로 기상 이변이 자주 발생하는 최근에 이러한 변화 가능성은 더 높을 것이다. 이처럼 귀납 논증은 전제가 결론의 참을 확실하게 보증하지 못하는 논증이다. 따라서 결론의 참이 전제로부터 필연적으로 도출되지 않는다. 하지만 내년 여름 평균 기온이 실제로 25.4℃가 될 가능성도 전혀 배제할 수 없다. 과거 30년간의 기상 자료가 결론의 참도 확실하게 보증하지 못하지만 결론의 거짓도 절대적으로 확신할 수 없게 한다. 귀납 논증은 전제가 결론을 받아들일 수 있는 정도의 근거를 제시하는 논증인 것이다.

논리학 공부에서 연역 논증과 귀납 논증을 구별하는 것은 매우 중요하다. 필연적 지지 관계와 개연적 지지 관계로 인해 생기는 두 논증의 차이점을 알아보는 것이 도움이 될 것이다. 연역 논증은 전제가 참일 때, 결론의 참이 필연적으로 도출되거나 그렇지 않거나 두 가지 경우 밖에는 생각할 수 없다. 연역 논증은 두 경우의 중간이나 다른 경우는 인정하지 않는다. 하지만 귀납 논증은 전제가 참일 때 결론의 참이 개연적으로 도출된다. 따라서 결론이 참일 가능성이 높을 수도 있고 낮을 수도 있다. 그래서 결론의 참, 거짓을 논할 수 있다. 그리고 귀납 논증의 개연성은 정도의 차이를 인정한다.

연역 논증에서 결론은 전제의 내용을 넘어서는 내용을 주장하지 않는다. 그래서 결론의 내용은 전제에 이미 함축되어 있다. 왜냐하면 연역 논증은 전제로부터 결론의 필연적 참을 보장하는 것이 목적이기 때문이다. 그래서 연역 논증은 진리를 증명하기 위한 방법으로 사용되고, 우리는 논리학의 연역 논리 체계와 수학에서 주로 연역 논증을 만날 수 있다. 또한 연역 논증은 수학이나 명제 논리, 술어 논리 체계에서 볼 수 있는 것처럼 기호로 형식화할 수 있다. 반면 귀납 논증은 결론의 내용이 전제의 내용을 넘어서는 새로운 주장이나 더 포괄적인 주장을 하는 것이 목적이다. 따라서 귀납 논증은 항상 전제와 결론 사이에 어느 정도의 논리적 비약을 감수한다. 이런 귀납 논증은 지식의 확장, 즉 새로운 지식을 발견하기 위한 방법으로 사용되며, 자연 과학에서 사용하는 대부분의 이론이나 학설들은 대부분 귀납 논증이라고 할 수 있다. 과거에 천동설이 지동설로 바뀐 것처럼 과학 이론이 변화 가능한 것도 과학의 주장들이 귀납 논중이기 때문이다.

이렇듯 연역 논증과 귀납 논증은 논증의 목적과 방식에 차이가 있고 각 논증이 사용되고 적용되는 영역 자체가 서로 다르다고도 볼 수 있다. 필연적 진리를 말할 수 있는 영역과 개연적 진리를 말할 수 있는 영역은 서로 겹치지 않는다. 말하자면 귀납 논증의 개연성은 가능성의 무한한 정도를 포함하는 개념인데, 귀납 논증에서 결론이 참일 개연성이 아무리 높더라도 결코 필연적 진리가 될 수 없다. 즉, 참일 개연성의 정도가 아무리 높더라도 결코 연역 논증의 필연성에 이르지 못한다. 이것은 쌍곡선과 점근선이 아무리 연장되어도 결코 0에 이르지 못하는 것과 같은 원리이다.

필연성과 개연성

연역 논증과 귀납 논증에서 전제와 결론의 지지 관계를 설명하는 필연성과 개연성 개념에 대해서 알아보자. 사실 필연성의 반대는 우연성(contingency) 혹은 가능성(possibility)이다. 그런데 인과의 관점에서 우연성을 원인을 규정하기 어려워 아예 원인이 없는 것으로 이해하는 경향이 많아서 귀납 논증의 성격을 가능성의 정도가 좀 더 높은 개연성으로 설명한다. 하지만 필연적 원인을 말할 수 있다면, 분명 우연적 원인도 말할 수 있다. 필연적 원인을 증명하는데 동일률(principle of identity)이나 모순율(principle of contradiction)이 적용된다면, 우연적 원인을 입증하는 데에는 충족이유율(principle of sufficient reason)이 적용된다.

논증은 전제를 근거로 결론을 주장하는 것이다. 연역 논증은 전제로부터 결론이 필연적으로 도출된다고 주장하는 논증이다. 다시 말하면, 연역 논증은 결론을 도출하기 위해서 전제가 필연적 근거를 제공한다고 주장하는 논증이다. 그래서 어떤 연역 논증이 성공적이면, 전제가 참일 때 결론도 반드시 참이며 거짓일 가능성은 없다. 여기서 성공적인 연역 논증의 전제와 결론의 지지 관계가 필연적이라는 말은 결론의 참을 부정할 수 없다는 의미이다. 만약 **결론의 참을 부정하면 논리적 모순이 발생**하기 때문이다. 이것을 다르게 말하면, 논증을 구성하는 전제 명제와 결론 명제로 구성된 집합에서 결론을 부정하면, 그 집합은 논리적 일관성이 없는 것이 된다. 어떤 명제들의 집합이 논리적 일관성이 있다는 것은 그 집합을 구성하는 명제들이 동시에 참일 가능성이 있다는 것을 말한다. → (논리적 일관성 개념에 대해서는 4장에서 자세히 설명한다.)

반면에 개연적 지지 관계를 갖는 귀납 논증에서는 전제가 참일 때 결론의 참은 개연성 밖에 가질 수 없기 때문에, 결론의 참을 부정해도 논리적 모순이 발생하지 않는다. 결론이 참일 가능성이 높지만 결론이 거짓일 가능성도 있을 수 있기 때문이다. 즉, 결론이 참이라는 판단과 거짓이라는 판단이 양립 가능하다는 특징이 있다. 그래서 귀납 논증에서는 결론을 부정해도 논리적 일관성이 있을 수 있다. 정리하면, 연역 논증을 설명하는 필연성의 논리적 의미는 논증을 통해서 도출된 결론의 필연적 참을 부정하면 논리적 모순이 발생한다는 것이고 귀납 논증을 설명하는 개연성의 논리적 의미는 결론의 개연적 참은 부정해도 모순이 발생하지 않으며, 결론의 반대도 가능하다는 것이다.

전제의 참에서 결론의 참이 필연적으로 도출되는 연역 논증에서는 전제에 어떠한 다른 명제를 추가해도 결론이 참임은 변하지 않는다. 연역 논증은 참일 가능성이나 거짓일 가능성을 허용하지 않고 필연적으로 참 아니면 거짓만을 허용한다. 하지만 귀납 논증은 전제에 어떤 명제를 추가할 경우 논증이 강해지거나 약해질 수 있어서 결론의 진리값에 영향을 줄 수 있다. 즉 결론이 참이거나 거짓일 가능성이 높아지거나 낮아질 수 있다. 또 같은 전제에서 다른 결론을 도출하면 진리값이 변할 수 있다. 귀납 논증은 전제와 결론의 지지 관계에 정도의 차이를 허용하기 때문이다.

연역 논증의 필연적 지지 관계와 귀납 논증의 개연적 지지 관계를 약간 다른 방식으로 접근해서 이해하면, 또 다른 유용함을 알게 된다. 이것은 답이 정해져 있는 문제와 답이 정해져 있지 않은, 많은 가능한 답이 있는 문제의 차이로 볼 수 있다. 이 두 문제는 문제의 성격 자체가 다른 것이어서 구별해야 한다. 그러나 일상생활에서나 학문의 연구에서 이렇게 성격 자체가 다른 두 문제를 혼동하는 경우가 많다. 답이 정해져 있는 문제에서 다른 것도 답이 될 수 있다고 주장하거나 여러 종류의 답이 있는 문제에서 오직 하나의 답만 찾으려고 하거나 자신이 알고 있는 답만이 하나의 유일한 답이라고 주장하는 것이 그러한 혼동이다. 논리학은 이러한 혼란에 빠지지 않고 문제의 성격을 구별해 주는 길을 제공한다. 논리와 비판적 사고를 통해 우리가 사는 세상의 문제와 일들을 잘 구별하는 것은 삶을 살아가는 데 매우 유용할 것이다.

연역 논증	귀납 논증
• 전제로부터 결론이 필연적으로 도출된다고 주장 • 전제가 결론에 결정적 근거를 제공함 (전제가 참일 때 결론도 필연적으로 참이라고 주장) • 전제가 결론의 내용을 함축한다. • 정도의 차이 없음 • 기호로 형식화 가능 • 논리학의 연역 논리 체계, 수학 • 진리의 증명이 목적	• 전제로부터 결론이 개연적으로 도출된다고 주장 • 전제가 결론에 개연적(그럴듯한) 근거를 제공함(전제가 참일 때 결론은 개연적으로 참이라고 주장 → 참일 가능성도 있고 거짓일 가능성도 있음) • 결론이 전제의 내용 이상을 주장한다. • 정도의 차이 있음 • 자연 과학, 경험 과학 • 지식의 확장이 목적

2. 좋은 연역 논증: 타당성과 건전성

반복해서 말하지만, 논증은 전제로부터 결론을 도출하여 정당화된 결론의 내용을 주장하기 위한 목적으로 사용된다. 논증은 성공할 수도 있고 실패할 수도 있다. 이 성공과 실패 여부를 평가하는 기준은 두 가지가 있다. 첫 번째 기준은 전제와 결론의 논리적 연결이 성공적인지 아닌지에 따른 기준이다. 두 번째 기준은 전제와 결론의 진리값, 즉 참, 거짓에 따라 평가하는 것이다. 전자가 전제와 결론 간의 논리적 연결에 대한 형식을 따지는 기준이라면, 후자는 전제 명제와 결론 명제의 내용에 기준을 두는 것이다.

연역 논증은 전제가 결론에 결정적 근거를 제공해서 전제와 결론의 논리적 연결이 필연적이라고 주장하는 논증이다. 전제와 결론의 필연적 연결 관계가 성공적일 때, 우리는 그 논증을 '타당한(valid) 논증'이라고 말한다. 타당한 논증은 전제를 참이라고 가정할 때, 결론도 반드시 참인 논증이다. 그래서 전제와 결론의 필연적 연결 관계가 성공적인지 아닌지 확인할 수 있는 방법은 전제가 참일 때 결론도 반드시 참인지 아니면 결론이 거짓이 될 수 있는지 확인하는 것이다. 즉, 전제가 참일 때 결론도 반드시 참인지 확인하는 것은 연역 논증이 주장하는 전제와 결론의 논리적 필연성이 성립하는지 아닌지 확인하는 방법이라고 할 수 있다.

논증의 타당성은 다음과 같이 정의된다.

> 타당성: 한 논증 A는 타당하다. ➡ A의 전제들이 모두 참이라면, 결론도 반드시 참이다. 즉, A의 전제들이 모두 참일 때 결론이 거짓일 가능성이 없다.

한편 어떤 연역 논증에서 전제가 결론에 결정적 근거를 제공한다고 주장하지만, 즉 전제의 참에서 결론의 참이 필연적으로 도출된다고 주장하지만, 실제로 그렇지 않은 경우도 있을 수 있다. 우리는 이런 논증을 '타당하지 않은(invalid) 논증'이라고 부른다.[1] 즉 전제가 결론을 필연적으로

---

1 많은 논리학 교재에서 '타당하지 않은' 논증을 부당한 논증이라고 표현한다. 나는 이 '부당한'이라는 표현이 적절하지 않다고 생각한다. '타당한'은 'valid'의 논리적 의미를 우리말로 번역한 것이다. 그리고 그에 반대 개념이 'invalid'인데, 이것을 우리말로 '부당한'이라고 옮긴다면, 우리말 의미상 오해가 발생할 여지가 크다. 왜냐하면 우리말에서는 '부당한'의 반대말로 '타당한'이 아니라 '정당한'이 더 먼저 떠오르기 때문이다. 또한 타당성은 논리적 개념인데 그 반대를 부당성이라고 함으로써 윤리적 개념과 혼동할 가능성이 크다. 타당하지 않은 논증이 부정적인 것은 아니다. 많은 논리학 교재에서 '부당한' 논증이라는 용어를 사용하기는 하지만 나는 이것을 필연적 연결 관계에 실패했다는 의미로 '타당하지 않은' 논증이라고 하는 것이 더 적절하다고 본다.

뒷받침하는 지지 관계를 주장하지만 실패한 경우라고 할 수 있다. 따라서 '타당하다'와 '타당하지 않다'는 전제와 결론의 필연적 연결 관계의 성공과 실패에 대해 평가하는 표현이며 연역 논증에만 적용되는 용어이다. 다음 예를 통해서 타당한 논증과 타당하지 않은 논증을 구별해 보자.

(a) 모든 사람은 죽는다.

　　소크라테스는 사람이다.

　　그러므로 소크라테스는 죽는다.

(b) 모든 도마뱀은 포유류이다.

　　우리 집 개는 도마뱀이다.

　　그러므로 우리 집 개는 포유류이다.

(c) 내가 가지고 있는 주식 가격이 1,000배 오른다면, 나는 부자가 될 것이다.

　　내가 가지고 있는 주식 가격이 1,000배 오르지 않았다.

　　그러므로 나는 부자가 되지 못할 것이다.

(d) 어떤 사람은 여자이다.

　　어떤 여자는 머리가 길다.

　　그러므로 어떤 사람은 머리가 길다.

　(a)와 (b)는 전제를 참이라고 가정할 때, 결론도 필연적으로 참이 되는 타당한 논증이다. 하지만 (c)와 (d)는 전제를 모두 참이라고 가정할 때,

결론의 참이 필연적으로 도출되지 않기 때문에 타당하지 않은 논증이다. 그런데 (b) 논증을 타당한 논증이라고 하는 것을 의아해할 수 있을 것 같다. 왜냐하면 첫 번째 전제와 두 번째 전제가 분명 거짓 명제로 보이는데 참이라고 가정하고 결론의 참이 필연적으로 도출된다고 하니 말이다. 그런데 연역 논증의 타당성을 판단할 때 전제와 결론이 실제로 참이어야만 하는 것은 아니다. 사실 논증의 타당성을 판단하는데 논증의 전제와 결론이 실제로 참인지 거짓인지는 문제가 되지 않는다. (a) 논증의 두 번째 전제인 '소크라테스는 사람이다.'의 경우에도 이 '소크라테스'를 고대 그리스 철학자라고 생각하는 사람은 이 명제가 참이라고 생각하겠지만 자신이 키우는 반려견의 이름이 '소크라테스'인 사람에게 이 명제는 거짓일 것이다. 그 사람에게 소크라테스는 사람이 아니라 개일 것이기 때문이다. 그럼에도 (a) 논증이 타당하다는 것은 전제들이 모두 실제로 참인지와 관계없이 전제들을 모두 참으로 가정할 때, 결론의 참이 확실하게 보장된다는 의미이다. 논증의 타당성 평가는 논증을 구성하는 명제들이 내용적으로 참인지 거짓인지 판단하는 것이 아니라 전제와 결론의 논리적 연결 관계에 대해서 형식적 기준을 적용한 것이다. 그래서 앞으로 보게 되겠지만 논증의 타당성은 형식적으로 증명될 수 있고, 타당하지 않음도 형식적으로 증명될 수 있다. 우리는 이 형식을 머리말에서 언급한 '생각하고 추론하는 길 혹은 틀'이라고 이해할 수 있다.

참, 거짓의 판단은 명제에 대한 것이다. 참, 거짓은 명제인 전제와 결론에 적용하는 것이지 논증 자체에 적용하는 것이 아니다. 즉 참인 논증, 거짓인 논증이라는 말은 잘못 사용된 것이라고 할 수 있다. 논증의 전제와 결론이 실제로 참인지 거짓인지를 기준으로 논증을 평가하는 것은 논증의 건전성과 관련이 있다. '건전한(sound) 논증'이란 논증이 타당하면서, 전제가 실제로 참인 논증이다. 그리고 어떤 논증이 타당한 논증이면서 전제가 실제로 참이면 결론은 반드시 참이 된다. 건전한 논증이 되기 위해서는 두 가지 조건을 만족시켜야 한다. 첫째 조건으로 논증이 타당해야 하고, 둘째 전제가 참이어야 한다. 따라서 타당하지 않은 논증은 모두 '건전하지 않은(unsound) 논증'이다.

> **건전성**: 한 논증 A가 건전하다. ➡ A가 타당한 논증이고 또한 A의 전제들이 모두 참이다.

건전성 기준을 앞에서 예로 제시한 논증 (a), (b), (c), (d)에 적용해 보면, (a)는 타당한 논증이고 일반적으로 보았을 때, 두 전제가 모두 참이다. 따라서 (a)는 건전한 논증이다. (b)는 타당한 논증이지만 두 전제가 모두 거짓이다. 따라서 (b)는 건전하지 않은 논증이다. 그리고 (c)와 (d)는 타당한 논증이 아니기 때문에, 동시에 건전하지 않은 논증이다.

이렇게 연역 논증을 타당성만이 아니라 건전성의 기준으로도 평가하는 이유는 실제로 좋은 논증을 구별하기 위해서이다. 아무리 전제와 결론이 필연적 지지 관계로 연결되어 있는 타당한 논증이라 해도 전제와 결론이 실제로 거짓이라면, 결코 좋은 논증이라고 할 수 없을 것이기 때문이다. 따라서 좋은 연역 논증이란 논증이 타당하면서 전제가 실제로 참인 건전한 논증이라 할 수 있다.

실제로 타당한 논증의 형식적 구조를 가지고 있으면서도 전제가 거짓이거나 결론이 거짓인 논증 혹은 전제와 결론 모두 거짓인 논증은 얼마든지 있을 수 있다. 다음 논증을 검토해 보자.

모든 말은 뿔을 가지고 있다. (F)

모든 코뿔소는 말이다. (F)

그러므로 모든 코뿔소는 뿔을 가지고 있다. (T)

모든 거북이는 다리가 두 개이다. (F)

모든 도마뱀은 거북이이다. (F)

그러므로 모든 도마뱀은 다리가 두개이다. (F)

이 두 논증은 타당한 논증이지만 전제가 거짓이거나 전제와 결론 모두가 거짓이다. 전제가 거짓이어도, 전제와 결론이 모두 거짓이어도 타당한 논증일 수도 있고 타당하지 않은 논증일 수도 있다. 따라서 논증의 타당성을 평가하는데 전제와 결론의 참, 거짓은 직접적으로 관련이 없다. 즉 전제와 결론의 참, 거짓은 논증의 타당성을 평가하는 직접 증거는 아니다. 직접 증거가 아니면서도 전제와 결론의 진리값을 타당성의 판단 근거로 말하는 것은 타당한 논증의 형식적 구조가 전제가 참일 때 결론도 반드시 참이 되는 구조, 즉 결론이 거짓일 가능성이 없는 형식적 구조를 가지고 있기 때문이다. 연역 논증의 타당성 평가와 전제와 결론의 참, 거짓의 관계는 다음 자료로 설명할 수 있다.

전제	결론	타당한 논증	타당하지 않은 논증
T	T	○	○
T	F	×	○
F	T	○	○
F	F	○	○

위의 자료에서 나타나듯이 오직 한 경우에만 전제와 결론의 진리값이 타당성과 관련해서 구별될 수 있다. 그것은 전제가 참일 때, 결론이 거짓이라면 그것은 타당하지 않은 논증이라는 것이다. 전제가 참일 때, 결론이 거짓인 타당한 논증은 없기 때문이다.

논증의 타당성은 전제와 결론의 형식에 대한 평가라고 했다. 그래서 타당성은 참인 정보를 입력하면 항상 참인 결과를 얻을 수 있는 형식적 틀이라고 생각하면 좋을 것 같다. 참인 정보를 입력하면 반드시 참인 정보를 출력하는 컴퓨터처럼 말이다. 참인 정보를 입력했는데도 거짓 정보를 출력한다면, 누구도 그런 컴퓨터를 신뢰하지 않을 것이고 사용하지도 않을 것이다. 그러나 거짓 정보를 입력했기 때문에 컴퓨터가 거짓 결과를 출력했다면, 그것은 정상적인 연산의 결과일 것이다. 타당성도 이와 마찬가지이다. 즉 참인 전제들로부터 항상 참인 결론을 도출한다는 것을 보증해 주는 논리적 연결이 타당성인 것이다. 타당성은 참인 전제들로부터 거짓인 결론이 도출될 수 있는 가능성을 배제시키면서 사고하고 추론하게 해 주는 기준이라고 생각하면 적절하다.

3. 좋은 귀납 논증: 강도
⋮

연역 논증과 달리 귀납 논증은 전제가 결론에 개연적 근거를 제공한다. 따라서 전제가 참이라고 가정했을 때, 결론의 참은 확실하게 도출되지 않고, 전제는 단지 결론을 받아들일 수 있을 정도의 그럴듯한 근거만을 제공한다. 따라서 전제가 결론을 지지하는 정도의 차이에 따라 강한 귀납 논증과 약한 귀납 논증이라고 평가할 수 있다. 다음 귀납 논증들이 어떤 강도를 갖는지 분석해 보자.

열과 몸살을 동반한 감기로 병원에 온 환자에게 나는 항상 ○○○ 약을 처방했다. 그 환자들 중 90%가 증상이 완화되다가 완쾌했다고 이야기한다. 오늘 내원한 김○○ 씨도 같은 증상이 있다고 말했다. 그래서 나는 김○○ 씨에게도 같은 약을 처방했고 그도 곧 감기가 나을 것이다.

이 논증을 보면 지금까지 이 의사의 처방으로 효과를 본 사람이 90%라는 것은 새로운 환자도 같은 처방으로 효과를 볼 확률이 매우 높다고 할 수 있다. 따라서 이 논증은 강한 귀납 논증이다. 그러나 새로운 환자가 반드시 나을 것이라는 기대는 할 수 없다. 효과를 보지 못할 확률도 효과를 볼 확률에 비해 매우 적지만 10%나 된다. 즉, 감기가 나을 것이라는 결론은 거짓일 가능성도 있는 것이다. 김○○ 씨의 열과 몸살이 단순히 감기 증상이 아니라 더 큰 질병에 대한 증상일 수도 있고 그가 특수 체질이어서 처방받은 약의 부작용이 나타날 수도 있기 때문이다.

○○고등학교 학생들 중 50%가 우리 역사에서 가장 존경하는 위인이 이순신 장군이라고 응답했다. 짱구는 ○○고등학교 학생이다. 따라서 짱구가 가장 존경하는 역사적 인물도 이순신 장군일 것이다.

이 논증은 약한 귀납 논증이다. 단지 50%의 확률로 이 학생도 이순신 장군을 우리 역사에서 가장 존경하는 인물로 생각할 것이라고 주장하는 것은 개연성이 높지 않기 때문이다. 물론 논증하는 대상에 따라 50%의 확률이 높은 개연성을 갖는 것으로 인정될 수 있는 분야도 있을 것이고 개인적 기준에 따라 다르게 판단할 수도 있다. 그러나 이 논증은 약한 귀납 논증이라고 봐야 할 것이다.

연역 논증이 논증의 형식적 구조에 따라 타당한 논증과 타당하지 않은 논증으로 평가되는 것과 달리 귀납 논증은 전제와 결론의 내용이 어떠한가에 따라 강한 논증과 약한 논증으로 평가된다. 그리고 이 귀납 논증의 강도도 절대적인 기준을 가지고 있는 것은 아니다. 전제가 어떤 근거를 제공하느냐에 따라 결론의 진리값이 달라질 수 있고 또 사람마다 진리값을 다르게 판단할 수도 있다. 그래서 귀납 논증은 기존 전제에 다른 전제를 추가하면 더 강한 논증이 될 수도 있고 더 약한 논증이 될 수도 있는 특징이 있다. 필연적으로 도출될 수 있는 결론은 아니더라도 대부분의 경우에 충분히 받아들일 수 있는 결론을 제공하는 논증이 강한 논증이라고 할 수 있고, 그 강한 논증의 전제가 실제로 참이라면 설득력도 높은 논증이라고 할 수 있다. 귀납 논증은 논리적으로 전제와 결론의 참, 거짓을 확정할 수는 없지만 실제로 거짓인 전제를 사용한다면, 그 논증은 아무리 강한 논증이더라도 설득력을 갖출 수 없을 것이다.

그러나 실제로 우리가 귀납 논증의 강도를 쉽게 결정할 수 없는 경우가 많다. 왜냐하면 논증을 판단하는 우리의 지식과 정보가 부족할 경우, 혹은 논증이 고도의 전문적인 지식을 요구할 경우에 우리는 논증이 강한지 약한지 판단하기 어렵기 때문이다. 이런 상황은 귀납 논증이 주로 사용되는 분야가 경험과 관련되어 있고 의학, 통계를 사용하는 사회 과학,

자연 과학, 기상 예보 등 경험적 탐구를 통해 우리 행동에 중대한 영향을 주는 사실을 확인하는 일에 주로 사용되는 논증이기 때문이다. 강한 논증인지 약한 논증인지에 대한 판단에 절대적인 기준이 없다는 점은 귀납 논증의 오류에 대한 해석에서도 문제가 되는데, 이것은 이 책의 오류 부분(Ⅲ. 논리적 오류)에서 설명할 것이다.

4. 타당한 논증과 개연적 논증

논증을 연역 논증과 귀납 논증으로 구분하고 평가하는 것은 널리 사용되고 있는 방식이다. 그렇다면 우리가 현실에서 생각하고 주장할 때, 연역과 귀납의 구분에 따라 추론하고 논증할까? 우리가 실제로 연역 논증과 귀납 논증을 분리해서 생각하고 추론할까? 다음 대화를 검토해 보자.

퇴근길 상황

(오늘 저녁은 엄마가 외출했기 때문에, 아빠가 딸과 함께 저녁 식사를 해야 한다.)

아빠: 오늘 내가 저녁 식사를 챙겨야 하니 배달시켜 먹는 것이 편하겠지. 내가 집에 도착하면 딸은 이미 집에 와 있을 테니까 퇴근길에 전화로 주문하고 도착하면 바로 식사를 할 수 있을 거야. 우리 딸은 해산물이 들어간 짬뽕을 좋아하니까 동네 중국 음식점에서 짬뽕 하나, 자장면 하나, 작은 탕수육 하나 이렇게 주문하면 충분하겠지.

(아빠가 집에 도착할 때 쯤 주문한 음식도 같이 도착했고 포장을 뜯고 식
　사를 하려고 할 때)

아빠: 아빠가 집에 오면서 미리 전화 주문을 했어. 네가 짬뽕을 좋
　아하니 짬뽕하고 탕수육도 주문했단다.

딸: 아빠, 왜 짬뽕이에요? 전 자장면이 먹고 싶었는데 ….

아빠: 그래? 난 네가 중국 음식을 먹을 때면 항상 짬뽕을 먹길래
　자장면보다 짬뽕을 더 좋아하는 줄 알고 짬뽕을 시킨 건데. 그
　리고 넌 요즘 매운 음식을 아주 좋아하잖아!

딸: 아니, 아빠 제가 짬뽕을 더 자주 먹긴 하고, 매운 음식을 좋아
　하기는 하지만 항상 짬뽕만 먹고 또 매운 음식만 먹는 건 아니
　잖아요. 가끔 자장면이 더 땡길 때도 있을 수 있는 거잖아요.

아빠: 그렇지! 그럴 수도 있지만, 아빠처럼 너를 15년 동안 키우면
　서 보아 온 결과 넌 아마 이번에도 짬뽕을 먹을 거라고 생각할
　수 있잖아!

딸: 아빠, 그럼 아빠의 생각대로면, 전 앞으로 자장면을 먹으면 안
　되는 거에요?

　일상생활에서 흔히 일어날 수 있는 상황이다. 이 대화가 약간은 아빠
와 딸의 다툼으로 보일 수도 있는데, 그것은 아빠와 딸이 생각하는 논리
적 판단의 기준이 서로 다르기 때문이다. 딸이 짬뽕을 먹을 것이라는 아
빠의 예측은 개연성에 기반을 둔 추론인데, 딸은 필연성의 잣대를 가지
고 아빠의 추론이 잘못되었다고 말한다. 사실 아빠는 딸이 무엇을 먹을

지 예측할 때 사용할 수 있는 수단은 자신의 경험뿐이다. 즉 아빠 입장에서는 그렇게 예측할 수밖에 없다. 다만 자신의 경험에 바탕을 둔 추론의 결과가 반드시 맞을 수는 없다는 점을 고려했어야 했다. 실제로 딸이 짬뽕을 먹더라도 그것은 높은 개연성에 의한 것이지 항상 그 예측이 맞지는 않을 것이다. 딸은 바로 그 점을 말하며 불만을 토로한 것이다. 앞에서 구분한 연역 논증과 귀납 논증을 적용하면, 아빠는 귀납 추론으로 결론을 도출한 것인데, 딸은 연역 논증의 타당성을 판단하는 필연성을 잣대로 아빠의 결론이 잘못될 수 있다고 말하는 것이다.

우리가 실제로 생각하고 추론할 때, 우리는 논리학의 가르침대로 연역이나 귀납의 구분에 따르기보다는 필연성과 개연성을 논리적 추론과 판단의 기준으로 삼는다. 필연성과 개연성이 실제로 모든 논리적 추론과 논증을 구분하고 평가하는 기준으로 사용되고 있는 것이다. 이 두 기준에 따르면, 논증은 타당한 논증과 개연적인 논증, 두 가지로 분류될 수 있으며 다음과 같이 정의된다.

> **타당한 논증**: 전제들이 참이라고 가정할 때 결론도 반드시 참인 논증(전제들이 참이고 동시에 결론이 거짓일 가능성이 없음).
>
> **개연적 논증**: 전제들이 모두 참이라고 가정할 때 결론도 참일 가능성이 높은 논증(전제들이 모두 참이고 동시에 결론이 거짓일 가능성이 있음).

이 구분은 논증을 전제와 결론의 논리적 연결 관계인 필연성과 개연성으로 나눈 것이다. 타당한 논증은 타당한 연역 논증과 같다. 그리고 개연적 논증은 귀납 논증의 정의와 같다. 그런데 이 구분에 따르면 타당하지 않은 논증은 개연적 논증, 즉 귀납 논증에 해당한다. 왜냐하면 타당하지 않은 논증은 전제의 참에서 결론의 참이 필연적으로 도출되지 않는 논증, 즉 결론이 거짓일 가능성이 있는 논증이기 때문이다. 앞의 타당하지 않은 논증으로 제시된 논증 (c)에서도 주식 가격이 1,000배 오르지 않더라도 부자가 될 가능성은 있기 때문에 타당하지 않은 논증이 된 것이다. 그래서 논리적으로 엄밀하게 말하면, 타당하지 않은 논증은 귀납 논증이라고 해야 한다. 앞의 구분에서 연역 논증에 속했던 타당하지 않은 논증을 귀납 논증으로 분류하는 것이 이상해 보일 수도 있지만, 모든 논증을 필연성의 잣대로 구분하면 타당하지 않은 논증은 결국 개연적 논증, 즉 귀납 논증이라고 할 수 있다. 그래서 타당하지 않은 논증을 부당한 논증이라고 부르는 것이 더더욱 부적절한 것이다. 타당하지 않은 논증은 주어진 전제의 내용에서 결론의 내용을 도출할 필연성을 확보하지 못한 논증, 즉 필연성 확보에 실패한 논증일 뿐이다. 이 분류에 따르면 논증은 다음과 같이 구분할 수 있다.

01 논증의 종류

구별 기준: 전제가 결론을 뒷받침하는 지지 관계

연역 논증: 전제에서 결론이 필연적으로(절대적으로, 확실하게) 도출된다고 주장하는 논증이며 전제가 참일 때 결론의 참이 필연적으로 도출되거나 그렇지 않거나 두 경우 밖에 없음

귀납 논증: 전제에서 결론이 개연적으로 도출된다고 주장하는 논증으로 전제가 참일 때 결론이 참일 가능성이 높을 수도 있고 낮을 수도 있음. 결론이 참일 개연성에는 정도의 차이가 있음

02 연역 논증의 평가: 타당성과 건전성

타당한 논증: 전제들이 모두 참이라면, 결론도 반드시 참인 논증으로 전제들이 모두 참일 때, 동시에 결론이 거짓일 가능성이 없음

타당하지 않은 논증: 전제의 참에서 결론의 참이 필연적으로 도출된다고 주장하지만, 실제로 그렇지 않은 논증

건전한 논증: 타당한 논증이고 또한 전제들이 모두 참인 논증

건전하지 않은 논증: 타당하지 않은 논증 혹은 타당한 논증이지만 적어도 하나의 전제가 실제로 거짓인 논증

03 / 연역 논증의 타당성과 전제와 결론의 진리값 관계표

전제	결론	타당한 논증	타당하지 않은 논증
T	T	○	○
T	F	×	○
F	T	○	○
F	F	○	○

04 / 귀납 논증의 평가: 강도(개연성의 정도)

강한 귀납 논증: 전제의 참이 결론의 참을 뒷받침하는 강도가 강한
논증, 개연성이 높은 논증

약한 귀납 논증: 전제의 참이 결론의 참을 뒷받침하는 강도가 약한
논증, 개연성이 낮은 논증

05 / 타당성과 개연성을 기준으로 한 논증의 분류

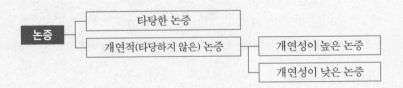

1. 다음 논증이 연역 논증인지 귀납 논증인지 구분하고, 그 이유를 말해 보자.

① 우리 학교 학생들은 모두 스마트폰을 가지고 있다. 정국이는 우리 학교 학생이다. 그러므로 정국이는 스마트폰을 가지고 있다.

② 나는 토요일 아침 식사로 항상 라면을 먹었다. 내일은 토요일이다. 그래서 나는 내일 아침 식사로 라면을 먹을 것이다.

③ 이번 겨울 강원지역 산불은 건조한 기후 때문이거나 등산객들의 부주의 때문일 것이다. 겨울에는 등산객들이 거의 없어서 등산객들의 부주의 때문은 아니라고 밝혀졌다. 그러므로 기후 변화로 겨울철이 계속 건조해지고 있기 때문일 것이다.

④ 이 술을 마시면 이제부터 우리는 사귀는 거다. 이 술을 마셨다. 이제부터 우리는 사귀는 거다.

⑤ 우리 엄마는 매일 아침 우유와 샌드위치를 준비해 주셨다. 내일도 나는 아침에 우유와 샌드위치를 먹게 될 것이다.

⑥ 많은 의사들이 음주와 흡연이 암의 원인이라고 말한다. 나는 음주와 흡연 둘 다 끊지 못했다. 따라서 나는 암에 걸릴 확률이 높다.

⑦ 배철수 씨가 음악 캠프의 진행자라면, 그는 라디오 DJ이다. 그는 음악 캠

프의 진행자이다. 그러므로 그는 라디오 DJ이다.

⑧ 우리나라는 2000년대 이후 매년 3%씩 경제 성장을 하였다. 내년에도 우리나라의 경제는 3% 성장할 것이다.

⑨ 만약 네가 다이어트에 성공하면, 패션모델이 될 수 있을 것이다. 그리고 패션모델이 된다면, 너는 유명 인사가 될 것이다. 따라서 만약 네가 다이어트에 성공하면 너는 유명 인사가 될 것이다.

⑩ 만약 내가 비트코인 투자에 성공한다면, 나는 파이어족이 될 것이다. 나는 파이어족이 되지 못했다. 그러므로 나는 비트코인 투자에 성공하지 못했다.

2. 앞의 1에서 연역 논증인 것과 다음 연역 논증이 타당한 논증인지 타당하지 않은 논증인지 구분해 보시오.

① 어떤 남자는 키가 크다. 서장훈은 남자이다. 그러므로 서장훈은 키가 크다.

② 물과 공기가 있는 모든 곳에는 생명체가 존재한다. 화성에는 물과 공기가 존재한다. 그러므로 화성에는 생명체가 존재한다.

③ 거짓말을 하는 사람들은 모두 자기 합리화를 잘 한다. 책임감이 없는 사람들은 모두 자기 합리화를 잘 한다. 그러므로 거짓말을 하는 사람들은 모두 책임감이 없다.

④ 지구 온난화는 소와 돼지의 대량 집단 사육에서 배출된 배설물에서 유해 가스가 방출되었기 때문이거나 화석 연료를 많이 사용함으로 인해 탄소 배출량이 증가하였기 때문이다. 조사 결과 지구 온난화의 원인은 화석 연료로 인한 탄소 배출량의 증가 때문이었다. 그러므로 소와 돼지의 대량 집단 사육으로 인한 배설물의 유해 가스 때문은 아니라고 할 수 있다.

3. 앞의 1에서 귀납 논증인 것과 다음 귀납 논증을 대상으로, 어떤 전제를 추가하면 강한 논증이 되는지 또한 어떤 전제를 추가하면 약한 논증이 되는지 분석해 보자.

① 이번에도 우리나라는 월드컵 본선에 출전할 것이다. 1986년 이후 우리나라가 월드컵 본선에 진출하지 못한 적이 없다.

② 논리적인 사람들은 대부분 매사에 너무 정확하고 차갑다고 한다. 내일 업무 관계로 처음 만나는 사람도 논리적인 사람이라고 들었는데, 그 사람도 아마 그럴 것 같다.

③ 우리 부모님은 매일 아침 6시에 일어나셔서 우리를 깨워 주신다. 그래서 우리는 알람 시계가 필요 없다. 내일도 부모님이 깨워 주실 것이다.

④ 나는 녹색 볼펜으로 시험을 보면 항상 시험을 잘 봤다. 내일부터 중간고사가 시작된다. 내일을 위해 녹색 볼펜을 준비했다. 나는 내일 시험을 잘 볼 것이다.

논증 구조 분석

일반적으로 우리가 접하는 말이나 글에서 논증을 찾아내어 평가하는 일은 간단치 않다. 논리학 교재에서 예로 제시된 짧고 형식을 갖춘 논증을 사용하여 말하고 글을 쓰는 경우가 매우 드물고, 길이가 길고 복잡한 구조를 가진 논증을 만나게 되는 경우도 많기 때문이다. 이런 상황에서 논증을 이해하고 평가하기 위해서는 우선 논증이 있는지 없는지 확인해야 하고, 논증이 있다면 무엇이 전제이고 무엇이 결론인지를 구분하여 논증의 구조를 분석하는 방법을 사용하는 것이 좋다. 모든 논증은 전제와 결론의 지지 관계 혹은 논리적 연결 관계를 가지고 있기 때문에, 항상 어떤 구조를 지니고 있으며 그 구조를 분석함으로써 논증을 이해하고 평가할 수 있기 때문이다. 논증 구조를 분석하는 방법에는 두 가지가 있다. 하나는 논증을 찾아내어 기본 형식에 맞게 재구성하는 방법이고, 다른 방법은 논증의 구조를 파악해 구조도를 그려 보는 것이다.

1. 논증의 재구성

⋮

우리가 접하는 말이나 글에서 논증의 논리적 구조를 기본 형식에 맞게 재구성하면 전제와 결론 간의 논리적 연결 관계를 더 잘 이해하고 평가할 수 있다. 이때 논증을 분석하는 과정은 다음과 같은 순서를 따르는 것이 좋다.

논증 분석 순서

1. 주어진 글이 논증인지 아닌지 혹은 논증이 포함되어 있는지 아닌지 확인한다.

2. 논증이라면 또는 논증이 포함되어 있다면 결론을 먼저 찾는다.

3. 글에서 논증과 관련 없는 문장들은 빼고 전제를 찾는다.

4. 전제와 결론을 기본 형식에 맞춰 나열하고 써 본다. 이때 전제의 순서가 중요할 경우 순서를 고려해서 쓴다.

위의 순서에 따라 논증을 분석하고, 다음과 같은 형식에 맞춰 재구성해 보면 논증의 논리적 구조를 더욱 쉽게 파악할 수 있다.

전제 1: _____

전제 2: _____

⋮

전제 n: _____

_____

결론: 그러므로 _____

다음은 아무 전제 지시어도 결론 지시어도 없지만 주장과 근거를 담고 있다. 이 글을 읽고 기본 형식에 맞게 논증을 재구성해 보자.

> 에너지 전환에 투자해야 한다. 에너지 생산과 관련된 온실가스는 전 세계 온실가스 배출량의 3분의 2 이상을 차지한다. 온실가스 증가는 지구 환경 위기와 기후 변화의 중요한 원인이 되고 있다. 화석 연료에 대한 의존을 멈추지 않으면 온실가스 배출량을 줄일 수 없다. 대체 연료, 전기차, 신재생 에너지 개발에 투자해야 한다.

> **전제 1:** 에너지 생산과 관련된 온실가스는 전 세계 온실가스 배출량의 3분의 2 이상을 차지한다.
> **전제 2:** 온실가스의 증가는 지구 환경 위기와 기후 변화의 중요한 원인이 되고 있다.
> **전제 3:** 화석 연료에 대한 의존을 멈추지 않으면 온실가스 배출량을 줄일 수 없다.
> **전제 4:** 대체 연료, 전기차, 신재생 에너지에 투자해야 한다.
> **결 론:** 그러므로 에너지 전환에 투자해야 한다.

분석을 통해 논증을 재구성할 때, 생략되거나 숨겨진 전제나 결론이 있다면, 논증이 자연스럽게 전개되도록 숨겨진 전제나 결론을 찾아 채우는 것이 좋다. 대체로 논증에서 전제나 결론을 생략하는 경우는 논증자가 생각하기에 상대에게도 너무나 상식적이고 명백한 내용이라서 반드시 쓰거나 말할 필요가 없다고 생각할 때이다. 위의 사례에서 생략된 전제를 알아보면, '온실가스 배출량을 줄이지 않으면 지구 환경 위기와 기후 변화를 막을 수 없다.' 정도가 있을 것이다. 또 반대로 논증자가 자신의 주장을 정당화하기 어렵거나 상대를 설득시키기 어렵다고 판단될 때, 그럼에도 자신의 주장을 관철시키기 위해 사실이 아니거나 논란의 여지가 있는 전제를 의도적으로 숨기기도 한다. 이런 경우 대부분 논리적 오류가 발생한다. 선결 문제의 오류라든가 증거 은폐의 오류가 발생할 수 있다. 또한 전제를 숨기거나 생략한 연역 논증의 경우에 아무리 그 논증이 형식적으로 타당하더라도 숨긴 전제의 진리값이 참이 아니거나 논란의 여지가 있을 경우 건전한 논증이 아니어서 실제로 좋은 논증이 아닐 가능성이 높다. 따라서 생략하거나 감추려는 의도가 있는 논증일 경우, 논증을 분석하고 재구성하여 논증자의 숨겨진 의도를 파악하는 것이 중요하다.

생략과 사기

논증에서 전제나 결론을 생략하거나 숨기는 일은 아주 흔한 일이다. 어쩌면 우리의 일상적인 대화가 사실은 논증인데도 그것이 논증이라고 생각하지 못하는 것도 전제나 결론을 생략하고 대화를 나누기 때문일 수 있다. 예를 들어, 이런 상황을 가정해 보자. 퇴근하고 들어오시는 아버지를 보고 인사를 하는 딸이 대뜸 아버지에게 이런 말을 한다.

딸: 아빠, 오늘 기말시험 성적이 나왔는데요. 저 아주 좋은 성적을

받았어요. 전보다도 많이 올랐어요.

아버지: 오, 그래, 정말 잘 했구나! 기분 좋겠다. 아빠도 기분이 좋다.

딸: 아버지! 그러니까 제가 시험을 잘 봤다니까요.

아버지: 그래, 네가 방금 말했잖아.

딸: 네, 그러니까, 제가 시험을 잘 봤다니까요.

아버지: 응?!

이 대화에서 딸은 결론을 생략하고 자신이 원하는 결론을 아버지가 당연히 추론해 주기를 바라면서 말하고 있다. 아마도 그 결론은 용돈을 달라는 것쯤이 될 것이다. 즉, 딸은 시험을 잘 봐서 좋은 성적을 받았으니 용돈을 달라는 논증을 하는 것인데 자신이 용돈을 달라고 말하지 않아도 아버지가 당연히 그렇게 추론해서 줄 것을 기대한 것이다. 우리의 일상적인 대화를 이렇게 분석해 보면 논증으로 이루어져 있는 경우가 많다. 단, 자신의 의견이나 주장을 말하는 경우에 그렇다.

그래서 논증을 잘 파악하기 위해서는 생략되거나 숨겨진 전제나 결론을 찾아내어 재구성해 보고 판단하는 것이 좋다. 그런데 논증자가 의도적으로 전제나 결론을 숨기는 경우가 있으며 우리가 논증 분석을 통해 감추거나 숨겨진 내용을 간파하지 못하면 피해를 입을 수도 있다. 우리는 이렇게 의도적으로 전제나 결론을 숨기는 경우를 정치인들의 선동적 주장, 언론의 왜곡된 보도 등에서 경험할 수 있으며, 보이스 피싱 같은 사기에서도 볼 수 있다. 대개 자신의 이익을 위해 타인의 무지를 이용하는 사기꾼들은 매우 논리적이다. 그래서 논리적으로 생각하고 판단하는 능력을 키우고 습관화하는 것은 사기와 속임에 당하지 않기 위해서라도 필요하다. 단순히 상대방의 주장을 무턱대고 믿는 것이 아니라 근거를 면밀히 검토해 사기와 같은 피해를 면할 수 있다. 논리의 힘은 논리적인 것을 논리적으로 증명하는 것에만 국한되는 것이 아니라, 논리적이지 않은 것에서 무엇이 잘못된 것인지 찾아내는 것에도 효과가 있다. 논리는 올바른 판단의 중대한 도구인 것이다.

2. 논증 구조도

논증을 분석한다는 것은 논증을 구성하고 있는 각각의 명제들이 어떤 의미를 갖고 어떤 역할을 하는지를 가려내는 일과 같다. 말하자면, 주장 역할을 하는 명제가 무엇이고 그 주장을 뒷받침하는 것이 무엇인지 찾아내는 것이다. 또한 근거로 제시된 내용이 주장을 어떻게 뒷받침하는지 평가하고 판단하는 일이기도 하다. 논증자의 주장을 받아들이기에 충분한 근거가 제시되었는지, 무엇이 어떻게 부족한지 또한 부족한 근거는 어떻게 채울 수 있는지 등을 분석하는 일이 모두 논리적 사고에 포함된다. 이를 위해서는 논증의 전제와 근거 간의 지지 관계를 뚜렷하게 밝히는 것이 필요하다. 그래서 논증을 분석하는 또 다른 방법으로 전제와 결론의 지지 관계를 화살표를 사용해 표기하는 논증 구조도를 사용할 수 있다. 논증 구조도를 그리는 과정은 앞의 논증 분석 순서에 따라 시작하고 논증을 구성하는 명제들에 번호를 붙여 전제와 결론의 관계를 나타내면 된다. 논증에 전제 지시어와 결론 지시어가 있다면 논증 구조도를 그리는 것도 비교적 수월하다. 그러나 논증 지시어가 없다면 논증을 구성하는 각각의 명제를 파악하고 지지 관계를 분석해야 한다. 가장 단순한 구조를 가진 논증부터 살펴보자.

> ① 부의 불평등이 단지 경제적 문제는 아니다.
> ② 부의 대물림은 교육, 직업, 소득, 여가, 건강, 대인 관계, 수명 등 인간 삶의 전반에 걸쳐 격차를 만들어내기 때문이다.

두 문장으로 이루어진 이 논증의 구조는 다음과 같이 나타낼 수 있다.

전제가 둘 이상일 경우 두 전제가 결론을 지지하는 방식은 대략 두 가지이다. 하나는 둘 이상의 전제가 각각 독립적으로 결론을 지지하는 것이고, 다른 하나는 둘 이상의 전제가 결합하여 결론을 지지하는 것이다. 이 두 가지 지지 방식은 구조도에서 각각 다르게 표시된다. 먼저 전제들이 독립적으로 결론을 지지하는 논증을 살펴보자.

> ① 대도시의 대기 상태는 매우 좋지 않다.
> ② 대도시에는 매연을 발생시키는 자동차가 많고,
> ③ 많은 주택들이 사용하는 난방 연료는 이산화탄소와 아황산가스 등을 많이 뿜어내기 때문이다.

이 예는 전제 ②와 ③이 결론 ①을 각각 독립적으로 지지하는 구조를 지니고 있다. 그래서 화살표를 각각 그려서 위와 같이 나타낸다. 다음 논증은 전제가 둘이지만 둘 중 하나만으로 결론을 지지할 수 없는 구조를 가지고 있다. 두 전제가 결합해야 결론을 지지할 수 있는 구조이다. 이런 구조는 다음과 같이 나타낸다.

① 민주 공화국의 주권은 국민에게 있고 모든 권력은 국민으로부터 나온다.
② 대한민국은 민주 공화국이다.
③ 따라서 대한민국의 주권은 국민에게 있고 모든 권력은 국민으로부터 나온다.

$$
\begin{array}{cc}
① & ② \\
\hline
& \downarrow \\
③
\end{array}
$$

우리가 일상에서 보게 되는 논증들은 단순한 것에서 아주 복잡한 것까지 다양하다. 그리고 복잡한 논증일수록 이해하고 평가하기 더 어렵다. 그럴 때 논증을 구성하는 전제와 결론을 구분하고 논리적 연결 관계를 파악해 논증 구조도를 그려 보는 방법은 효과적으로 논증을 이해하고 평가할 수 있게 해 준다. 다음 논증은 1장 2절에서 예로 제시한 논증인데, 앞에서 다룬 논증들보다 좀 더 복잡하다. 이 논증을 분석해 구조도를 그려보면 다음과 같다.

① 시험 전날 몸이 아팠다.
② 그래서 시험공부를 하지 못했다.
③ 시험공부를 했다면 시험 점수가 좋을 것이다.
④ 그런데 시험공부를 하지 못했기 때문에,
⑤ 시험 점수가 좋지 않다.

01 논증 분석 순서

① 주어진 글이 논증인지 아닌지, 혹은 논증이 포함되어 있는지, 아닌지 확인한다.

② 논증이라면 혹은 논증이 포함되어 있다면 결론을 먼저 찾는다.

③ 글에서 논증과 관련 없는 문장들은 빼고 전제를 찾는다.

④ 전제와 결론을 기본 형식에 맞춰 나열해 쓴다. 이때 전제의 순서가 중요할 경우 순서를 고려하여 쓴다.

02 논증 구조도

논증을 순서에 따라 구조를 분석하여 전제와 결론에 번호를 붙여 지지 관계를 화살표를 사용해 나타낸 그림

03 전제들이 독립적으로 결론을 지지하는 논증

01 전제들이 결합해서 결론을 지지하는 논증

연습 문제

정답 ··· ▶ 335쪽

※ 다음 논증을 전제와 결론으로 구분해 보고, 논증 구조도를 그려 보자.

1. ① 우리 학교 선생님은 꼭 새 책을 사서 볼 필요가 없다고 하신다. ② 책을 산다고 다 보는 것도 아니고 ③ 그저 한 번밖에 읽지 않을 거라면 도서관에서 빌려서 봐도 되기 때문이다. 그리고 ④ 오래 소장하고 싶은 책이 아니면 중고책을 사는 것도 좋은 방법이다.

2. ① 언론의 기계적 중립으로 가짜 뉴스와 탈진실 문제를 해결할 수 없다. ② 중립을 지키고 있다고 주장하는 언론은 중립을 지킨다고 말하면서 진실과 가짜를 섞어서 가짜를 진실과 동등한 것으로 만들어버리기 때문이다. ③ 또한 가짜 뉴스와 탈진실 현상은 기존의 대중 매체보다 SNS나 유튜브 같은 뉴미디어에서 더욱 심각하다.

3. ① 지구 기후 변화 위기 때문에 개발도상국에게도 탄소 중립을 요구하는 것은 정당하지 않다. ② 실제로 현재의 기후 위기 상황이 만들어진 것은 개발도상국의 책임이 아니다. ③ 지금까지 엄청난 양의 온실가스를 배출한 국가들은 대체로 선진국이다. ④ 그리고 현재에도 다량의 화석 연료를 사용하는 국가는 미국과 중국 같은 강대국들이다. ⑤ 강대국들이 약소국에게 탄소 중립을 요구하는 것은 결국 자국은 지속적으로 발전하고 다른 개발도상국의 발전은 막겠다는 것과 다름없다.

4. ① 코로나 팬데믹을 거치면서 전 세계적으로 경제적 양극화는 더욱 심화되었다. ② 전 세계적 위기가 부자들에게는 부를 더욱 키우는 기회가 되었고, 가난한 사람들은 소득이 줄었기 때문이다. ③ 이렇게 경제적 양극화가 심화됨에 따라 머지않아 세계 경제는 침체를 맞을 가능성이 크다. ④ 위기를 벗어나기 위해 선진국들은 많은 유동성을 공급한 덕분에 자산 가치는 올라갔지만 물가 상승으로 인플레이션이 심화될 것이고, ⑤ 이로 인해 소비와 유통이 줄어들면, ⑥ 산업 생산도 감소하게 될 것이고, ⑦ 경제는 악순환을 거듭하다가 대공황 같은 장기 침체에 빠질 수 있기 때문이다.

5. ① 최근 원자력 발전에 대한 이슈가 다시 대두되고 있다. ② 기후 변화에 대한 대응책으로 저탄소 발전을 하려면 전체 에너지를 신재생 에너지로 전환하는 과정에서 과도기적으로 원전 사용을 늘려야 한다는 주장인 것이다. ③ 그러나 원전을 늘리는 것에 반대하는 입장도 적지 않다. ④ 이들은 원전이 탄소를 배출하지는 않지만 탄소 배출보다 더 큰 위험을 동반하는 에너지라고 주장한다. ⑤ 원전이 경제적인 에너지라는 주장도 잘못되었다고 한다. ⑥ 막대한 발전소 건축 비용과 전혀 가능할 수 없는 핵폐기물 처리 비용, 노후 핵발전소 해체 비용 등은 빼고 값싼 에너지라고 주장하기 때문이다. ⑦ 더구나 친환경, 신재생 에너지로 전환하려고 하면 많은 기술 연구 투자가 필요한데 원전 사용을 늘릴 경우 신재생 에너지 기술 발전을 늦출 수 있기 때문이라고 한다.

논리학의 기본 개념

1. 모순, 반대, 소반대
⋮

우리는 일상생활에서 '모순' 혹은 '반대'라는 말을 자주 사용한다. 또한 어떤 것이 참이라거나 거짓이라는 의미를 다양한 방식으로 표현한다. 이 개념들을 아주 잘못 사용하는 경우는 드물지만 그렇다고 적확하게 사용하는 것도 아니어서 애매모호하게 사용하는 경우도 많다. 그래서 각각의 의미도 대략적으로 이해하거나 잘못 알고 있는 경우도 많다. 모순, 반대, 참, 거짓 같은 개념들은 논리학에서 사용되는 기초적인 개념이고 또 논리학에서 가장 정확하게 정의된다. 논리학에서는 이들 개념을 어떻게 정의하고 어떻게 사용하는지 알아보자.

모순(contradiction), 반대(contrariety), 소반대(subcontrariety)는 명제들 간의 관계에 적용되는 개념이다. 두 개의 명제 A와 B가 있을 때, 이 두 명제가 모순 관계라고 하는 것은 A와 B가 동시에 같은 진리값을 가질 수 없다는 것을 의미한다. 즉 A의 진리값이 참이면, B의 진리값은 반드시 거짓이어야 하고, A가 거짓이면 B는 반드시 참이어야 하는 것이 모순 관계이다. 반면 두 명제 A와 B가 동시에 참일 수는 없지만 동시에 거짓일 수는 있을 때, 두 명제 간의 관계는 반대 관계이다. 또한 두 명제 A와 B가 동시에 거짓일 수는 없지만 동시에 참일 수 있을 때, 두 명제 간의 관계는 소반대 관계라고 한다. 이를 정리하면 다음과 같다.

모순: 두 명제 A와 B는 모순 관계이다. ➡ A와 B가 동일한 진리값을 가질 가능성이 없다. 즉, A와 B는 항상 서로 다른 진리값을 갖는다.

반대: 두 명제 A와 B는 반대 관계이다. ➡ A와 B가 동시에 참일 수 없다. 하지만 동시에 거짓일 가능성이 있다.

소반대: 두 명제 A와 B는 소반대 관계이다. ➡ A와 B가 동시에 거짓일 수 없다. 하지만 동시에 참일 가능성이 있다.

다음 네 개의 명제를 대상으로 이들 관계를 적용해 보자.

(a) 논리학을 좋아하는 모든 학생들은 토마토를 좋아한다.
(b) 논리학을 좋아하는 모든 학생들은(어떤 학생들도) 토마토를 좋아하지 않는다.
(c) 논리학을 좋아하는 어떤 학생들은 토마토를 좋아한다.
(d) 논리학을 좋아하는 어떤 학생들은 토마토를 좋아하지 않는다.

이 네 명제 중에서 동시에 참일 수 없는 관계에 있는 명제, 즉 반대 관계인 것은 (a)와 (b)이다. 말하자면 논리학을 좋아하는 모든 학생들이 토마토를 좋아하면서 동시에 토마토를 좋아하지 않을 수 없기 때문이다. 하지만 논리학을 좋아하는 학생들 중 일부가 토마토를 좋아하고 또 다른 일부가 토마토를 좋아하지 않을 수는 있다. 즉 (a)와 (b)는 동시에 거짓일 수는 있다. 따라서 (a)와 (b)는 반대 관계인 것이다. 반면 (c)와 (d)는 동시에 참일 수 있지만 동시에 거짓일 수는 없는 관계이다. 만약 (c)가 거짓이면 (b)가 참이 되고, (d)가 거짓이면 (a)가 참이 된다. 그러나 (a)와 (b)는 동시에 참일 수 없는 관계이다. 따라서 (c)와 (d)는 동시에 거짓일 수 없는 관계, 소반대 관계이다. 하지만 동시에 참일 수는 있다. 논리학을 좋아하는 학생들 중 일부가 토마토를 좋아하고 다른 일부가 토마토를 좋아하지 않을 수 있다. 네 명제 중 모순 관계인 것은 (a)와 (d), 그리고 (b)와 (c)이다. 말하자면 '(a) 논리학을 좋아하는 모든 학생들은 토마토를 좋아한다.'가 참일 경우 '(d) 논리학을 좋아하는 어떤 학생들은 토마토를 좋아하지 않는다.'는 반드시 거짓이고 반대로 (d) 명제가 참일 경우 (a) 명제는 반드시 거짓이 된다. 따라서 (a)와 (d)는 항상 서로 다른 진리 값을 가지기 때문에, 모순 관계이고 (b)와 (c)도 마찬가지이다.

(a), (b), (c), (d) 이들 네 명제는 앞으로 살펴볼 정언 논리의 네 가지 명제-전칭긍정, 전칭부정, 특칭긍정, 특칭부정 명제이고 모순, 반대, 소반대 관계는 이 네 가지 명제의 대당 관계에서 나타나는 전형적인 관계에 해당한다. 그런데 우리는 일상생활에서 모순 관계와 반대 관계를 이렇게 정형화된 정언 명제들보다는 다른 명제들이나 개념에서 더 빈번하게 보거나 사용한다. 예를 들어, 다음 두 명제를 보자. '내일 경기에서는 두산이 LG를 이길 것이다.'라는 명제와 '내일 경기에서는 LG가 두산을 이길

것이다.'라는 명제는 반대 관계이다. 두 명제 중에서 한 명제가 참이면 다른 명제는 거짓이 된다는 점에서 모순 관계라고 생각하기 쉽지만 내일 경기에서 두 팀이 비길 경우 두 명제는 모두 거짓이 된다. 이 두 명제는 동시에 거짓일 수는 있지만 동시에 참일 수는 없는 반대 관계인 것이다. 또 다른 명제 '일론 머스크는 부자이다.'를 살펴보자. 이 명제에 모순되는 명제는 '일론 머스크는 부자가 아니다.'이다. 그런데 '부자'라는 개념에 반대 개념으로 '빈자'를 떠올려 '부자가 아님'을 '빈자'와 같은 것이라고 보고 '일론 머스크는 빈자이다.'라는 명제도 똑같이 모순되는 명제라고 보아서는 안 된다. '일론 머스크는 빈자이다.'는 '일론 머스크는 부자이다.'의 반대 명제이기 때문이다. 즉 일론 머스크가 부자도 빈자도 아닌 중산층일 때, 두 명제 모두 거짓이 될 수 있기 때문이다.

모순(矛盾) — 창과 방패

중국 제자백가 중 한 명인 한비자가 쓴 『한비자』에서 알려진 바에 따르면, 초나라에 무기를 파는 장사꾼이 있었다. 그 장사꾼은 자신이 파는 창을 들어 보이며, '이 창은 어떤 방패도 뚫을 수 있는 창'이라고 소리쳤고, 또 자신이 파는 방패를 들어 보이며, '이 방패는 어떤 창도 뚫을 수 없는 방패'라고 소리쳤다고 한다. 이때 그 광경을 지켜보던 한 사람이 그 장사꾼에게 다가가 "당신이 말한 어떤 방패도 뚫을 수 있는 창으로 어떤 창도 뚫을 수 없는 방패를 찌르면 어떻게 되겠소?"라고 묻자 그 무기상은 아무런 대답도 할 수 없었다라고 한다. 이 이야기에서 나온 말이 '모순(矛盾)'이다. 창을 뜻하는 한자 모(矛)와 방패를 뜻하는 한자 순(盾)을 합하여 모순이라는 말이 사용되었다고 한다.

그런데 '어떤 방패도 뚫을 수 있는 창'과 '어떤 창도 뚫을 수 없는 방패'는 실제로 논리학에서 말하는 모순 관계가 아니다. 왜냐하면 '어떤 방패도 뚫을 수 있는 창'과 '어떤 창도 뚫을 수 없는 방패'는 동시에 참일 수는 없지만 동시에 거짓일 수는 있기 때문이다. 말하자면 '이 창은 모든 방패를 뚫을 수 있다.'라는 명제와 '이 방패는 모든 창을 막을 수 있다.'라는 명제 사이에 성립하는 관계는 동시에 같은 진리값을 가질 수 없는 모순 관계가 아니다. 이 두 명제는 동시에 참일 수 없을 뿐 동시에 거짓일 수는 있다. 논리학에서 두 명제가 동시에 참일 수는 없지만 동시에 거짓일 수 있을 경우 두 명제는 반대 관계라고 정의한다. 따라서 중국 고사에서 전하는 창과 방패에 관한 두 명제 사이의 관계는 논리적으로 모순 관계가 아니라 반대 관계이다.

위에서 살펴본 모순, 반대, 소반대 관계는 정언 논리의 명제 형식들 간의 관계로 보면 더욱 명확하게 구분된다. 앞의 (a), (b), (c), (d)가 그러한 명제 형식에 해당하는데 정언 논리와 대당 사각형을 설명할 때 이들 관계를 다시 설명할 것이다.

2. 논리적 참, 논리적 거짓, 우연 명제, 논리적 동치

'참, 거짓'이라는 말은 논리학에서 뿐만 아니라 일상적으로 많이 사용된다. 보통 일상적으로는 참, 거짓 보다는 '사실이다', '사실이 아니다', '진실이다', '진실이 아니다' 같은 다소 논란이 생길 수 있는 표현들을 더 많이 사용한다. 사람마다 사실에 대한 판단이 다를 경우 혹은 탈진실의 문제처럼, 진실이 호도되거나 왜곡될 경우 일치된 판단을 기대할 수 없다. 그러나 논리학에서는 그런 논란이 발생하지 않도록 하기 위해 명제에 대한 진리 판단을 명제의 내용이 아니라 명제의 논리적 형식에 따라 구별하고 정의한다. 논리적 참, 논리적 거짓, 우연명제가 그런 것들이고 명제와 관련된 논리학의 기본 개념들이라 할 수 있다.

1) 논리적 참(항진 명제)

논리적으로 참인 명제는 거짓일 가능성이 없는 명제이다. 'A이거나 A가 아니다.'와 같은 형식의 명제나 동어 반복적 형식을 지니고 있는 명제처럼 명제 형식 때문에 항상 참일 수밖에 없는 명제가 논리적으로 참인 명제이며, 그래서 항진 명제라고도 한다. 앞에서 말했듯이, 이러한 정의는 명제의 내용이 아니라 명제의 형식에 따른 것이다. 따라서 명제의 내용에 따라 한 명제가 실제로 참인지 아닌지는 논리적 참과는 관계가 없다. 실제로 한 명제가 참인지 아닌지를 판단하는 것은 논리학으로 결정하는 것이 아니다. 즉, 논리학은 참, 거짓의 진리값에 크게 의존하지만 실제로 명제가 참인지 아닌지를 결정하는 학문이 아니다. 예를 들어, 다음의 명제들을 살펴보자.

(a) 서울은 대한민국의 수도이다.

(b) 손흥민은 축구 선수이다.

(c) 물은 100℃에서 끓는다.

우리는 이 세 명제가 실제로 참임을 알고 있고, 여러 경로를 통해서 참이라는 사실이 두루 알려져 있다. 하지만 이 명제들은 논리적으로 참인 명제는 아니다. 논리적으로 참인 명제는 거짓일 가능성이 없어야 하는데, 우리는 이 명제들이 거짓일 가능성을 모순 없이 생각할 수 있기 때문이다. 즉, 논리학에서 말하는 논리적 참은 명제의 형식에 의해서 절대로 거짓일 가능성이 없는 것을 가리킨다. 우리는 위 명제들로 형식적으로 항진 명제의 형식을 갖춘 명제를 만들 수 있다.

> **손흥민은 축구 선수이거나 축구 선수가 아니다.**

이 명제는 거짓일 가능성이 없는 논리적으로 참인 명제이다.

2) 논리적 거짓(자기 모순적 명제)

논리적으로 거짓인 명제는 참일 가능성이 없는 명제이다. 'A이고 A가 아니다.'와 같이 자기 모순적인 형식을 갖는 명제, 그래서 항상 거짓인 명제를 말한다. 논리적 거짓 또한 명제의 내용이 아니라 형식에 따라 결정된다. 따라서 명제가 실제로 거짓인지 여부와는 관계없이 형식적으로 자기 모순의 형식을 갖는 것이 논리적 거짓이다. 다음 두 명제를 살펴보자.

> (d) 지구는 태양보다 크다.
> (e) 짱구는 초등학생이고 짱구는 초등학생이 아니다.

(d) 명제는 분명하게 거짓인 명제이지만 논리적으로 거짓인 명제는 아니다. 반면 (e) 명제는 형식적으로 자기 모순적이어서 참일 가능성을 생각할 수 없기 때문에 논리적으로 거짓인 명제이다.

3) 우연 명제

우연 명제란 명제가 논리적 참도 논리적 거짓도 아니어서 참일 가능성도 있고 거짓일 가능성도 있는 경우를 말한다. 우연 명제도 마찬가지로, 한 명제가 실제로 참인가 거짓인가와 관계없이 참일 가능성도 있고 거짓일 가능성도 있으면 그 명제는 우연 명제인 것이다. 앞의 예에서 (a), (b), (c), (d)는 모두 우연 명제이다.

4) 논리적 동치

논리적 동치는 한 쌍의 명제에 적용되는 개념이다. 한 쌍의 명제 A와 B가 논리적 동치라는 것은 A와 B가 동일한 진리값을 갖는다는 것이다. 즉, 두 명제가 서로 다른 진리값을 가질 가능성이 없는 경우를 말한다. 이것은 곧 A가 참이면 B도 반드시 참이고 A가 거짓이면 B도 반드시 거짓인 경우 A와 B는 논리적 동치라고 말한다.

지금까지 설명한 논리적 참, 논리적 거짓, 우연 명제, 논리적 동치의 개념은 앞으로 설명하게 될 명제 논리 중 진리표를 이용한 명제의 종류와 명제들 간의 관계에서 더욱 명확히 확인할 수 있을 것이다.

3. 논리적 일관성

:

우리는 일관성이라는 말도 자주 사용한다. 대체로 '한결같다'라는 의미로 사용하는 일관성도 논리학에서는 매우 기본적이면서 중요한 개념이다. '논리적 일관성'은 명제들로 이루어진 집합에 적용하는 개념으로 다음과 같이 정의한다.

> 명제들의 집합 A는 논리적 일관성이 있다. ➡ 집합 A를 구성하는 모든 명제들이 동시에 참일 가능성이 있다.

그래서 명제들로 구성된 임의의 집합 A가 있다고 할 때, 그 집합을 구성하는 모든 명제들이 동시에 참일 가능성이 있으면, 집합 A는 논리적 일관성이 있다고 말할 수 있다. 논리적 일관성의 정의에서 명제들이 동시에 참일 '가능성'이 있는 것이라고 말하는 것은 명제가 실제로 참임을 알아야 할 필요는 없다는 말이다. 즉, 그 명제가 참이 되는 상황이 논리적으로 가능한지를 판단하면 된다. 이때 '논리적으로 가능하다'는 것은 논리적 모순 없이 그 명제가 참이 되는 상황을 생각할 수 있다는 것을 의미한다. 실제로 우리가 어떤 명제의 진리값을 판단할 때, 그 명제의 진리값이 실제로 참인지 거짓인지 확인할 수 없거나 확신할 수 없는 경우도 많다. 또한 사람마다 진리값의 판단이 달라지는 경우도 충분히 있을 수 있다. 예를 들어 '지금 밖에 소나기가 오고 있다.'라는 명제가 참인지 거짓인지 알기 위해서는 실제로 창문을 열거나 밖으로 나가서 확인해 보면 알 수 있다. 그러나 '미래 한국의 대통령은 반려견을 키우지 않는 사람이다.'라는 명제는 우리가 현재 경험적으로 확인할 수 없고 또 앞 명제의 진리값을 결정하는 기준을 적용할 수도 없다. 특정한 시기에 따라 참일 수도 있고 거짓일 수도 있기 때문이다. 그러나 논리적 참의 판단에서 '참일 가능성'을 기준으로 삼으면 모든 명제에 대해서 논리적 참 혹은 거짓을 판단할 수 있다. 다음 명제들의 집합을 살펴보고 논리적 일관성을 더 구체적으로 알아보자.

집합 A: {한국 국가 대표 야구 선수들은 모두 손흥민 만큼 축구를 잘한다. 손흥민은 프랑스 파리에 산다. 한국 국가 대표 선수들은 모두 키가 크다.}
집합 B: {짱구는 논리초등학교 5학년 4반이다. 돌순이는 짱구의 같은 반 친구이다. 돌순이는 논리초등학교 5학년 5반이다.}

집합 A를 구성하는 세 개의 명제는 명제들 간에 논리적 모순 없이 참인 상황을 생각할 수 있다. 그러나 집합 B를 구성하는 세 개의 명제는 동시에 참일 가능성이 없다. 왜냐하면 첫 번째 명제가 참이면 두 번째 명제나 세 번째 명제가 거짓이어야 하고, 두 번째 명제와 세 번째 명제가 참이면 첫 번째 명제가 거짓이어야 하기 때문이다. 따라서 집합 A는 논리적 일관성이 있는 집합이고, 집합 B는 논리적 일관성이 없는 집합이다.

논리적 일관성은 논증의 타당성을 설명할 수 있는 개념이기도 하다. 앞에서 설명한 논증에 대한 형식적 평가인 타당성을 다시 한 번 떠올려 보면, 타당한 논증이란 전제가 참일 때, 결론도 반드시 참인 논증이다. 논증의 전제를 구성하는 명제들과 결론 명제를 하나의 집합이라고 보았을 때, 타당한 논증은 전제를 구성하는 명제들과 결론 명제가 동시에 참일 가능성이 있는, 즉 논리적 일관성이 있는 명제의 집합이라고 할 수 있다. 반면 타당하지 않은 논증은 전제가 참일 때, 결론의 참이 필연적으로 보장되지 않는 논증이다. 즉 결론이 거짓일 수도 있는 논증이다. 따라서 타당하지 않은 논증은 전제를 구성하는 명제들과 결론 명제가 동시에 참일 가능성이 없는, 즉 논리적 일관성이 없는 명제의 집합이라고 할 수 있다. 따라서 형식적으로 타당한 논증에서 전제를 긍정하면서 결론을 부정한다는 것은 논리적으로 일관성이 없는 주장을 하는 것이다. 이와 관련하여 전제와 결론으로 구성된 다음 논증을 살펴보자.

전제:

(a) 김○○ 후보는 당내 경선에서 3위 안에 들어가지 못하면, 당대표 선거에 출마하지 않는다.

(b) 김○○ 후보는 당내 경선에서 3위 안에 들어가지 못했다.

결론:

(c) 김○○ 후보는 당대표 선거에 출마하지 않는다.

(d) 김○○ 후보는 당대표 선거에 출마한다.

이 논증을 김○○ 후보의 발언과 행동이라고 했을 때, 김○○ 후보가 (a)와 (b) 명제를 전제로 (c) 명제를 결론으로 했다면, 집합 {(a), (b), (c)}는 논리적 일관성이 있는 집합이고 또한 타당한 논증이다. 그러나 (a)와 (b) 명제를 전제로 (d) 명제를 결론으로 했다면, 집합 {(a), (b), (d)}는 구성 명제들이 동시에 참이 될 가능성이 없는, 즉 논리적 일관성이 없는 집합이고 타당하지 않은 논증이 된다. 논리적 일관성, 즉 집합을 구성하는 명제들이 동시에 참일 가능성이 있다는 것은 논증을 명제의 집합으로 보았을 때, 논증의 타당성을 설명할 수 있는 기준이 된다.

전제들의 집합이 논리적 일관성이 없을 경우도 논증의 타당성에 중대한 영향을 미친다. 전제를 구성하는 명제들이 동시에 참일 가능성이 없으면, 전제들이 모두 참이고 동시에 결론도 거짓일 가능성이 없다. 따라서 논리적 일관성이 없는 전제들로부터 어떠한 결론을 도출하더라도 그 논증은 타당한 논증이 된다. 이를 이용해서 타당한 논증이지만 건전하지 않은 논증으로 혼란을 일으키거나 피해를 주는 논증을 전개할 수 있다. 왜냐하면 논리적 일관성이 없는 전제들로부터 어떠한 결론을 주장하더라도 타당한 논증이지만 전제들이 동시에 참이 될 가능성이 없기 때문에 근본적으로 건전하지 않은 논증이 되기 때문이다. 인간 사회에서 이런 논증들이 사기와 기만에 많이 활용되고 있다. 이런 사기와 기만에 피해를 입지 않기 위해서라도 논리적인 사고는 일상생활에서 반드시 필요하다.

우리는 일상을 살아가며 논증을 담고 있는 수많은 대화와 이야기를 나누고, 정보와 자료를 만난다. 이때 우리가 논리적이어서 이해가 잘 되는 것들과 논리적이지 않아서 이해가 잘 안 되는 것을 본능적으로 구별하는 것은 서로 모순되거나 서로 반대되는 생각이나 주장들을 발견했을 때이다. 즉, 동시에 참이 될 수 없는, 논리적으로 비일관적인 생각들이나 명제들에 대한 논리적 거부감이 자연스럽게 생기는 것이다. 이때 우리는 논리학에서 말하는 타당성과 일관성 개념이 현실에 실제로 적용된다는 것을 확인하게 된다. 생각과 의견을 말하는 영역에서 다양한 의견과 견해가 있는 것은 자연스러운 일이지만 자기모순적인 말이나 논리적 일관성이 없는 주장에 대해서 우리는 본능적으로 논리적 거부감을 갖게 되고 그 논리 본능을 설명하는 논리학의 개념이 타당성과 일관성이라고 할 수 있다. 논증이 타당하기 위해서는 적어도 논증을 구성하는 명제들이 동시에 참일 가능성이 있어야 한다. 그렇지 않으면 우리는 비일관적인 주장을 하는 것이 된다. 그래서 누가, 어떤, 일관성이 없는 주장을 하는지 파악하는 것은 우리가 합리적이고 무해한 판단을 하기 위해 반드시 필요한 과정인 것이다.

01 / 모순, 반대, 소반대

모순: 두 명제 A와 B는 모순 관계이다. → A와 B가 동일한 진리값
을 가질 가능성이 없다. 즉 A와 B는 항상 서로 다른 진리값
을 갖는다.

반대: 두 명제 A와 B는 반대 관계이다. → A와 B가 동시에 참일 수
없다. 하지만 동시에 거짓일 가능성이 있다.

소반대: 두 명제 A와 B는 소반대 관계이다. → A와 B가 동시에 거
짓일 수 없다. 하지만 동시에 참일 가능성이 있다.

02 / 논리적 참: 동어 반복적 명제, 항진 명제

논리적으로 참인 명제: 거짓일 가능성이 없는 명제 → 'A이거나 A
가 아니다.'

03 / 논리적 거짓: 자기모순적 명제

논리적으로 거짓인 명제: 참일 가능성이 없는 명제 → 'A이고 A가
아니다.'

04 우연 명제

논리적 참도 논리적 거짓도 아니어서 참일 가능성도 있고 거짓일 가능성도 있는 명제

05 논리적 동치

동일한 진리값을 갖는 한 쌍의 명제

06 논리적 일관성

한 집합을 구성하는 모든 명제들이 동시에 참일 가능성이 있음, 한 논증을 구성하는 전제와 결론의 논리적 일관성은 타당한 논증의 조건이 됨

II. 개연성의 논리: 귀납

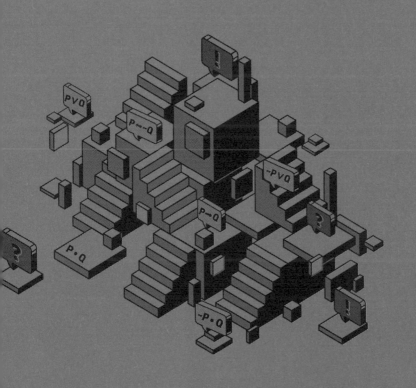

귀납 논증

1. 귀납과 우연성의 영역

⋮

논증은 전제가 결론이 참임을 뒷받침하는 근거를 제시하는 것이다. 전제가 결론을 뒷받침하는 두 가지 방식에 대해서 앞의 2장에서 살펴보았으며, 그 두 가지 방식이 연역 논증과 귀납 논증이다. 앞에서 알아본 것처럼, 연역 논증은 전제가 결론의 참을 확실하게 보증해 준다고 주장하는 논증이다. 그래서 한 연역 논증이 타당하면, 전제가 참일 때 결론은 반드시 참이다. 즉 타당한 연역 논증에서 전제가 참이면서 결론이 거짓일 가능성은 없다. 이러한 전제와 결론의 관계를 '논리적 필연성'이라고 한다. 그래서 타당성이라는 말은 연역 논증에서만 사용되는 개념이다. 타당한 연역 논증은 마치 답이 하나로 정해져 있는 문제와도 같다. 논리적 필연성이라는 개념이 그런 문제에 적용되는 것이다. 답이 하나로 정해져 있는 문제에서 그 답을 부정하면 논리적 모순이 발생하며 정해져 있는 답을 부정하는 것은 불가능하다. 그래서 연역 논증이 다루는 문제는 '필연성의 영역'에 속한다. 그러나 귀납 논증은 이와 다르다.

귀납 논증은 전제가 결론의 참을 확실하게 보증해 주지 못한다. 즉, 전제와 결론의 관계가 논리적으로 필연적이지 않다. 전제가 결론의 참일 개연성을 제공할 뿐이다. 전제가 참일 때 결론이 거짓일 가능성이 있고 다른 결론도 동시에 참일 가능성이 있다. 그래서 귀납 논증이 다루는 문제들은 답이 하나로 정해져 있지 않은 문제, 여러 개의 답이 동시에 참일 수 있는 문제와 같다. 어떤 답도 확실성을 말할 수 없다. 그래서 귀납 논증은 '우연성의 영역'에 속한 문제를 다룬다. 우연성의 영역에 속한 문제에서 하나의 답만이 혹은 자신이 주장만이 정답이라고 고집하는 것은 문제의 본질을 전혀 이해하지 못하는 것이다.

논리적 엄밀함의 기준으로 보면 우리는 귀납 논증에서는 논리적으로 확실한 결론을 얻기 어려울 것이라고 생각할 수도 있다. 그렇다. 하지만 그것이 귀납 논증의 가치와 중요성을 떨어뜨리는 것은 전혀 아니다. 두 논증은 관여하는 영역이 다를 뿐이다. 우리가 논증을 통해 이전에는 몰랐던 새로운 지식을 얻는 것에 중점을 둔다면, 연역 논증은 큰 도움이 되지 못한다. 타당한 연역 논증에서 결론은 전제 속에 이미 함축되어 있기 때문이다. 연역 논증은 지식을 증명하는 데 필요할 뿐 우리의 지식을 확장하는 데에는 기여하는 바가 적다.

우리가 자연과 세계에 관한 새로운 지식을 찾고, 일상생활에서 경험하는 일들에 대한 원인을 추론한다면, 우리는 귀납 추론에 의지할 수밖에 없다. 우리가 자연 과학, 의학 등에서 유용한 정보를 얻는다면, 그것은 귀납적 방법을 사용한 것이고, 인과 관계를 탐구하고 경험적 탐구를 통해 어떤 결론을 도출하였다면 그것도 귀납 추론을 사용한 것이다. 귀납 논증은 우리의 지식을 확장하여 새로운 지식을 얻는 데 기여하는 중요한 방법이다. 하지만 귀납 논증은 확실한 지식을 제공하지 못한다. 개연적이고 정도의 차이가 있는, 그래서 때로는 매우 강한 논증으로 확신을 줄 수도 있지만 매우 개연성이 떨어지는 약한 논증으로 논리적 오류나 논리적 비약을 범하게 만들기도 한다. 그래서 귀납 논증은 '가능성의 영역'에 있다. 어떤 전제에서 도출한 결론이 참일 가능성이 높을 수도 있지만 거짓일 가능성도 있다. 가능성의 영역이기 때문에 확실하지 않지만 확정되지 않은 문제에 대해서 추론할 수 있다. 그렇기에 참인 결론을 주장하기 위해서 논리적 추론이 더 많이 필요한 곳이 귀납 논증의 영역이다. 논란이 있고 논쟁이 생기고 그래서 더 토론하고 논쟁해야 하는 문제들을 다루는 것이 귀납 논증의 특징이다.

지금 소개하는 귀납 논증은 정형화된 유형들이다. 이 유형들의 특징을 살펴보면 귀납 논증의 특징과 형태를 잘 파악할 수 있게 될 것이다. 귀납적 일반화, 유비 논증, 통계적 삼단논법, 인과 논증 등을 통해 귀납 추론의 방법을 알아보자.

2. 귀납적 일반화
⋮

귀납적 일반화(inductive generalization)는 특수한 표본에서 관찰되거나 밝혀진 사실을 그 표본이 속한 집단이나 집합으로 일반화하는 귀납 논증의 한 유형이다. 이 유형은 우리가 경험을 통해서 확인한 것을 경험하지 못한 혹은 아직 확인되지 않은 경우까지 일반화하고 싶어 하는 본능적인 생각이 추론에 적용된 것이라 할 수 있다. 이 추론이 적절할 수도 있지만 성급한 일반화는 분명 논리적 오류가 된다. 그래서 귀납적 일반화 논증을 이해하고 평가할 때에는 표본과 그것의 밝혀진 혹은 관찰된 사실 그리고 일반화의 정도에 주목해야 한다. 그리고 흔히 귀납적 일반화를 귀납 논증과 같은 것으로 혼동하는 경우가 있다. 이것은 귀납적 일반화가 특수한 사례들을 일반적인 경우에 적용하는 구조의 논증이라고 대략적으로 이해하기 때문인데, 귀납적 일반화는 여러 귀납 논증 유형 중의 하나로 구별해야 한다.

귀납적 일반화는 우리 주변에서 흔히 접할 수 있다. 선거 결과를 예측하기 위해 시행하는 여론 조사나 샘플 검사를 이용한 품질 검사 그리고 백신이나 신약을 개발하는 제약 회사가 약품을 허가받고 상용화하기 위해 시행하는 임상 시험 등이 이 귀납적 일반화를 적용한 것이라고 할 수 있다. 예를 들어, 선거 여론 조사는 유권자들이 어떤 후보를 어느 정도 지지하는지 그리고 다른 후보와 지지도는 어느 정도 차이가 나는지를 알기 위해 유권자 집단에서 표본을 추출하고 그 표본의 지지도를 조사해서 전체 유권자들의 지지도가 표본의 지지도와 유사할 것이라고 추론하는 것이다. 즉, 표본의 50%가 A라는 후보를 지지하고 30%가 B라는 후보를 지지했다면, 실제 선거 결과도 그와 유사한 결과가 나올 것이라고 주장하는 것이다. 그러나 그런 여론 조사를 통해서 나타난 표본의 지지도가 실제 선거 결과와 같을 것이라고 확신해서는 안 된다. 귀납 논증이 그러하듯이 귀납적 일반화도 결론이 도출될 개연성을 주장할 뿐 결과가 달라질 가능성은 얼마든지 있다. 즉, 여론 조사는 유권자들의 지지 경향을 보여주는 것일 뿐 반드시 같은 결과가 나온다는 것은 아니다.

귀납적 일반화의 사례로 매우 잘 알려진 논증이 있다. 일명 '까마귀 논증'이라고 부르기도 하는데, 다음과 같은 논증의 예를 어디서든 한 번쯤

들어봤을 것이다.

까마귀 1은 검다.

까마귀 2는 검다.

까마귀 3은 검다.

⋮

까마귀 100은 검다.

그러므로 모든 까마귀는 검다.

이 논증은 관찰된 100마리의 까마귀가 검다는 자료를 전제로 까마귀 집단 전체에 대해서 검다는 결론을 도출하고 있다. 전제에서 언급하는 100마리의 까마귀는 전체 까마귀에 비하면 특정한 일부이고 결론에서 언급하는 모든 까마귀에는 아직 관찰되지 않은 까마귀도 포함되어 있기 때문에 이 까마귀 논증은 전형적인 귀납적 일반화이다. 이 귀납적 일반화 논증을 평가할 때 결론이 거짓일 가능성을 항상 고려해야 한다. 관찰된 100마리의 까마귀가 검다고 해서 검지 않은 까마귀가 발견될 가능성이 전혀 없는 것이 아니다. 그리고 실제로 모든 까마귀는 검다는 결론이 참이라는 것을 확실하게 보증할 수 있는 방법은 없다. 모든 까마귀를 실제로 관찰하는 것은 현실적으로 불가능하기 때문이다.

또 다른 귀납적 일반화 논증의 사례를 보자. 앞의 여론 조사를 예로 들어 보면,

여론 조사 기관 ○○○○의 조사에 따르면, 유권자 표본 중 50%는

A 후보를 지지했고 30%는 B 후보를 지지했다.
따라서 전체 유권자 중 50%는 A 후보를 지지할 것이고 30%는
B 후보를 지지할 것이다.

이 논증은 귀납적 일반화 논증의 사례이지만 앞의 까마귀 논증과는 조금 다르다. 두 논증 모두 전제에서 특정한 표본에 대한 정보를 언급하고 있지만 위 여론 조사 논증은 통계 수치를 이용해 표본 집단의 전체가 아니라 일부가 어떠하다는 정보를 결론에서 주장한다. 이와 같이 귀납적 일반화는 두 종류의 논증으로 나뉜다. 까마귀 논증과 같이 결론에서 표본 집단 전체가 어떤 특징을 갖는다고 주장하는 논증을 '보편적 일반화(universal generalization)'라고 하고, 여론 조사 논증처럼 결론에서 표본 집단의 전체가 아니라 일부가 어떤 특징을 갖는다고 주장하는 논증을 '통계적 일반화(statistical generalization)'라고 한다. 즉, 이 둘의 차이는 결론에서 주장하는 것이 전체에 해당하는지 혹은 일부에 해당하는지에 있다. 귀납적 일반화의 두 종류는 다음과 같이 정의할 수 있다.

보편적 일반화: 전제에서 언급한 특정한 표본에서 밝혀지거나 관찰된 성질이나 특징이 그 표본이 속하는 집단이나 집합의 모든 구성 요소에서도 그러한 성질이나 특징이 나타난다고 주장하는 논증

통계적 일반화: 전제에서 언급한 특정한 표본에서 밝혀지거나 관찰된 성질이나 특징이 표본이 속하는 집단이나 집합의 모두가 아니라 일부에

이 구별을 통해서 귀납적 일반화가 특수한 사례를 일반적인 경우에도 적용하는 논증이라고 하는 것이 너무나 불충분한 설명이라는 것이 드러난다. 왜냐하면 귀납적 일반화는 앞의 두 종류의 구별에서 나타나듯이 표본의 성질을 표본 집단 전체로 일반화하기도 하고 그 일부로 일반화하기도 하기 때문이다. 귀납 논증은 개연적인 논증이라는 것이 주된 특징이고 일반화는 귀납 논증의 여러 유형 중 하나라는 것을 다시 한 번 기억하자.

이제 귀납적 일반화 논증을 어떻게 평가하는지에 대해서 알아보자. 귀납적 일반화 논증의 평가 기준을 알아야 더 좋은 논증을 할 수 있고 좋지 않은 논증을 구분하여 오류를 피할 수 있기 때문이다. 귀납적 일반화에서 가장 중요한 것은 표본의 대표성이다. 선택된 표본이 전체 집단을 대표할 수 있는지 왜곡되거나 편향된 표본은 아닌지 검토하는 것이 중요하다. 표본이 대표성을 갖고 왜곡과 편향을 피하기 위해서는 다음과 같은 조건을 갖추어야 한다.

첫째, 표본은 충분히 다양해야 한다. 표본의 다양성이 떨어지는 경우는 논증이 주장하고자 하는 내용과 연관된 다양한 표본이 있음에도 의도적으로 한 쪽에 치우쳐 있는 표본을 선택하거나 표본의 다양성이 왜곡되도록 관찰, 조사, 실험 등의 조건을 제한하는 것이다. 전화를 이용해 여론 조사를 할 때 특정 시간대와 특정 전화의 비율을 높이거나 낮추는 방식으로 의도적으로 표본의 다양성을 왜곡하거나 편향되도록 만드는 경우가 있는데 이런 경우는 표본의 다양성을 확보하지 못한 좋지 않은 논증이 된다. 그런 왜곡된 표본으로 조사한 여론 조사는 정치적 이해관계에 따라 조작되는 경우가 많고, 당연히 표본이 왜곡된 사실도 숨기는 경우가 많다.

둘째, 표본의 크기가 충분히 커야 한다. 얼마나 많아야 충분한 크기의 표본이라고 할 수 있는지는 논증이 주장하는 내용과 관련해서 판단해야 한다. 전문적이고 학술적인 분야에서는 통상적으로 인정되는 크기에 대한 약속이 있는 경우가 많다. 표본의 충분한 크기에 대해서 문제를 제기할 수도 있지만 일단 약속된 크기가 있다면, 혹은 상식적으로 판단할 때 충분하다고 볼 수 있는 크기가 있다면, 충분한 크기의 표본에 대해서는 판단할 수 있다. 이 표본의 크기가 충분하지 않음에도 일반화를 주장하는 경우에 발생하는 오류가 성급한 일반화의 오류이다. 우리가 개별적으로 경험한 것을 확장하고 확대하려고 하는 일반화는 인간의 본능적 생각이기 때문에 성급한 일반화는 매우 흔한 오류에 해당한다. 주어진 정보로부터 잘못된 판단을 하지 않기 위해서는 성급하게 일반화하지 않도록 주의해야 한다.

표본의 충분한 크기와 관련해서 과거의 사례를 예로 들어보자. 과거 몇 년 전, 황우석 박사의 배아 줄기세포 논문 조작 사건이 있었다. 배아 줄기세포의 복제 기술은 많은 의학적 난제를 해결할 수 있는 기술이어서 그 기술의 확보는 전 세계 생명 공학 연구에서 큰 주목을 받았다. 하지만 해당 기술을 발표한 논문에서 황우석 박사가 연구 결과를 왜곡하고 조작한 것임이 밝혀졌다. 해당 학술지는 복제 기술이 확보된 것으로 인정되기 위해서는 성공한 실험 샘플이 10개 이상이어야 한다는 기준을 가지고 있었고 황우석 박사는 10개의 성공한 실험 샘플 사진을 학술 논문에 넣었는데 그 사진 9개가 조작으로 밝혀진 것이다. 10개의 성공한 실험 표본이라는 기준 외에도 다른 기준이 있겠지만 우선 표본의 크기에서 해당 학술지는 약속된 크기를 제시했고 황우석 박사는 그 10개의 샘플을 채우기 위해 사진을 조작한 것이 밝혀져 국제적 망신을 당하게 된 사건이다. 아직도 이 사건에 대한 논쟁이 있다. 한 쪽은 한 번이라도 성공했다는 것이 기술 확보의 증거라고 주장하고, 다른 쪽에서는 실험 결과를 조작했다는 이유로 이를 인정하지 않는 것이다. 하지만 황우석 박사의 실험 결과를 귀납적 일반화 논증으로 만든다면, 좋은 논증이라고 할 수 있을까? 전혀 그렇지 않다. 과학 연구에서 그런 실험 결과는 지극히 우연적인 사건일 뿐이다.

3. 유비 논증
⋮

유비 논증은 귀납 논증의 여러 유형 중 가장 대표적인 유형이면서 우리가 매우 빈번하게 사용하는 추론 방식이다. 생각하고 있는 대상의 성질을 파악하고 대상들을 서로 비교해서 어떤 기대되는 결과가 나타날 것이라고 추론하는 것은 매우 자연스러운 우리의 사고방식이기 때문이다. 예를 들어, A사의 스마트폰을 사용하던 사람이 그 스마트폰의 카메라 성능이나 디스플레이, 디자인, 처리 속도, 보안 기능 등 여러 성능에 매우 만족했고 이후 새로운 제품이 나왔을 때 그 새로운 제품도 구입하려고 생각한다면, 그는 유비 추론을 통해 새로운 제품도 좋은 성능을 가지고 있을 것이라고 기대하는 것이다. 이와 유사한 예는 우리의 일상에 매우 많다. 한 식당에서 먹어본 음식이 맛있어서 그 식당 주방장의 음식 솜씨가 좋다고 생각하고 다른 음식도 맛있을 것이라는 기대를 가지고 그 식당에 가서 다른 음식을 주문하는 것도 그 추론의 정당성이 어느 정도인지와 별개로 유비 추론을 하고 있는 것이다.

유비 논증은 우리가 흔히 '유추'라고 줄여서 사용하는 유비 추론이나 유비 추리를 언어로 표현한 것이다. 유비 논증은 어떤 대상이나 사물의 성질을 다른 대상이나 사물의 성질과 비교했을 때 그것들 간에 어떤 특정한 유사성이 있다는 것에 근거를 두고 새로운 결론을 주장하는 논증이다. 즉, 유비 논증을 통해서 도출한 새로운 결론의 개연성은 비교하는 대상이나 사물의 성질이 갖는 유사성에 의해서 평가된다. 이때 비교하는 대상은 둘일 수도 있고 그 이상일 수도 있다. 다수의 대상을 비교할 때 유비 논증을 정식화해서 그 구조를 살펴보자.

> 대상 A, B, C, D는 모두 P, Q, R이라는 성질을 가지고 있다.
> 대상 A, B, C는 모두 S라는 성질을 가지고 있다.
> 그러므로 대상 D는 아마도 S라는 성질을 가지고 있을 것이다.

유비 논증은 둘 이상의 대상들(A, B, C, D)이 모두 같은 유사성(P, Q, R)을 가지고 있다는 것을 전제로 목표로 하는 대상(D)이 비교하는 대상(A, B, C)과 같은 성질(S)을 가질 것이라는 결론을 도출하는 구조를 가지고 있다. 다음 유비 논증과 비교해 보자.

> 내 친구 A는 우리 반에서 성적이 가장 좋은 학생이다. A는 수업 시간에 집중하고, 항상 예습 복습을 철저히 한다. 또한 충분히 자

고 운동도 규칙적으로 한다. TV를 보거나 스마트폰을 붙잡고 시간을 낭비하지 않아서 충분히 공부할 시간을 가지고 있고 규칙적인 생활로 시간 관리도 잘 한다. 나도 그 친구처럼 좋은 성적을 받고 싶어서 수업 시간에 집중하고, 하지 않았던 예습 복습도 철저히 했다. 또한 TV를 보지 않고 스마트폰 사용 시간도 줄였고 규칙적인 생활로 시간 관리를 해서 공부할 시간도 확보했다. 그리고 충분히 자고 운동도 규칙적으로 하기로 했다. 나도 그 친구처럼 좋은 성적을 받아서 공부 잘 하는 학생이 될 수 있을 것이다.

이 논증에서 비교하고 있는 대상은 둘이다. 나와 내 친구, 더 구체적으로는 나의 성적과 내 친구의 성적이라고 할 수 있다. 그리고 비교 대상이 모두 가지고 있는 유사점은 수업 시간에 집중하고 예습 복습을 철저히 하는 것, 충분한 수면과 규칙적인 운동, TV를 보지 않고 스마트폰으로 시간 낭비를 하지 않는 것, 충분한 공부 시간과 규칙적인 생활이다. 이런 유사성을 근거로 나도 성적이 좋은 학생이 될 것이라는 결론을 도출하는 것이다.

그러면 위 논증에 대한 평가는 어떠할까? 이 논증은 강한 논증일까 아니면 약한 논증일까? 아마도 충분한 수면 시간과 규칙적인 운동이 좋은 성적을 받기 위한 조건에 해당하지 않는다라고 생각하는 사람들이 있을 수 있다. 요즘처럼 모든 학생들이 공부를 열심히 하고 경쟁이 치열한 경우 잠을 충분히 자거나 운동에 시간을 쓰는 것보다 문제집을 풀거나 인터넷 강의 동영상으로 공부하거나 학원에 가서 선행학습을 하는 것이 좋은 성적을 받는데 더 유리하다고 생각하는 사람들이 있을 수 있다. 그들에게 이 논증은 결코 강한 논증으로 평가되지 않을 것이고 결론이 참이 될 가능성을 부정하거나 매우 낮게 볼 것이다. 유비 논증은 귀납 논증의 한 유형이기 때문에 결론을 부정하거나 반론이 제기되는 것은 너무나 자연스러운 일이다. 논증에서 도출하는 결론의 부정이나 반론도 참이 될 가능성이 있는 것이 귀납 논증의 중요한 특징이라는 것을 잊지 말아야 한다.

　좋은 유비 논증을 하기 위해서는 강한 논증이어야 한다. 그러면 어떤 요인들이 어떤 기준으로 유비 논증의 강도에 영향을 주는지 살펴보자. 우리가 앞에서 정식화한 유비 논증을 보면 유비 논증은 비교 대상들과 그것들 간의 유사성, 그리고 결론에서 주장하는 성질이 논증을 구성하는 요소라고 하였다. 이 요소들은 다음과 같은 기준에 의해 유비 논증의 강도에 영향을 준다.

① 비교 대상들의 유사성과 결론에서 주장하는 성질과의 관련성

　비교 대상들(A, B, C, D)이 공통적으로 가지고 있는 성질인 유사성(P, Q, R)이 결론에서 주장하는 성질(S)과 얼마나 관련이 있는가는 유비 논증의 강도를 결정하는 가장 중요한 요인이다. 근거의 역할을 하는 유사성이 결론의 성질과 관련이 없다면, 그 유비 논증은 약한 논증으로 받아들여질 것이다. 이 관련성을 논할 때 주관적인 기준에 따라 억지를 부린다면 그 또한 강한 논증이 될 수 없다. 가능한 한 객관적인 기준, 즉 실험적 근거나 학문적 근거, 적어도 누구나 인정할 수 있을 만한 근거를 가지고 관련성을 판단할 수 있어야 한다.

② 비교 대상들 간의 유사성의 수

비교 대상들 간의 유사성의 수가 많으면 많을수록 유비 논증은 강해진다. 물론 그 유사성은 결론에서 주장하는 성질과 밀접한 관련이 있어야 한다. 이 요인에 의해서 유비 논증의 강도에 변화를 줄 수 있다. 즉, 결론에서 주장하는 성질과 관련이 있는 유사성의 수가 증가하면 유비 논증은 전보다 더 강한 논증이 된다. 반대로 비교 대상들 간의 비유사성의 수가 많아지면 유비 논증은 약해진다.

③ 비교 대상의 수

비교 대상들의 수가 더 많을수록 유비 논증은 강해진다. 유사성을 갖는 비교 대상이 둘인 논증보다 셋이거나 그 보다 더 많은 논증이 강한 유비 논증이 된다. 비교 대상의 수가 많다는 것은 결론에서 주장하는 성질이 근거를 두고 있는 유사성과 관련성이 높다는 것을 보여줄 수 있기 때문이다.

④ 비교 대상들의 다양성

비교 대상들이 다양할수록 유비 논증은 강한 논증이 된다. 비교 대상들의 유사성이 본래 유사한 대상에서 나올 때보다는 다양한 대상들이 공통적으로 같은 성질을 가지고 있을 때, 결론에서 주장하는 성질과의 관련성이 더 그럴듯하게 뒷받침되기 때문이다.

⑤ 온건한 결론

유비 논증도 마찬가지이지만 귀납 논증은 주장하고자 하는 결론을 온건하게 주장하는 것이 유리하다. 결론을 더 미세하고 정확하게 주장할수록 그 결론을 뒷받침할 전제를 제시하기 어렵기 때문이다. 유비 논증도 결론에서 주장하는 성질을 매우 미세하고 정확하게 서술하는 것보다는 온건하고 폭넓게 서술하는 것이 강한 유비 논증을 만들기 쉽다.

이와 같은 요인들을 고려하면 비교 대상들의 유사성이 많고 결론에서 주장하는 성질과 관련성이 높을수록, 비교 대상들이 다양하고 많을수록, 비교 대상들의 비유사성이 적을수록 유비 논증은 개연성이 높은 논증이라고 할 수 있다.

유비 논증은 구조적으로 단순하고 일상적으로 쉽게 사용할 수 있다는 점에서 유용할 뿐만 아니라 결론에서 새로운 정보를 제공한다는 점에서 귀납 논증의 특징을 잘 나타내는 유형이다. 하지만 자신이 유비 논증을 사용할 때에도 또 다른 사람의 유비 논증을 듣고 평가할 때에도 논증의 내용과 관련된 지식이나 능력이 필요할 때가 있다. 비교 대상들 간에 정말 유사성이 있는지, 그리고 그 유사성과 결론에서 주장하는 성질 간의 연관성이 있는지를 평가할 수 있는 지식이나 능력이 없을 경우에는 좋지 않은 논증을 그대로 믿고 받아들이게 되기 때문이다. 그래서 이를 악용하는 논증자들이 있다. 특히 정치인들은 단순히 정쟁을 목적으로 상대 당이나 상대 당의 정치인을 공격하기 위해서 유사성이 떨어지거나 아직 확인되지 않은 인물이나 사건들을 비교하거나 연관성이 부족하거나 확실하지 않은 결론을 주장하는 경우가 많다. 시민들이 그런 정치인들의 논증을 평가할 능력이나 지식이 없을 경우 당파적 시각으로 무조건 받아들이게 되면 그것은 악의적인 정치인의 거짓 정보에 악용당하는 것이 되므로 주의해야 한다. 정치인들의 이런 행태는 선거를 앞둔 시기에 더욱 빈번하게 나타난다. 우리 스스로가 논리적 비판 능력을 갖추고 이런 정치인들의 거짓 정보에 속지 않아야 할 것이다.

4. 통계적 삼단논법

:

통계적 삼단논법은 통계 수치를 이용한다는 점에서 귀납 논증의 유형이고 정언 논리의 삼단논법처럼 그 형식을 규정할 수 있다는 점에서 붙여진 이름이다. 그래서 앞에서 살펴본 통계적 일반화와 삼단논법의 형식과 비교해 보면 통계적 삼단논법의 특징을 분명히 알 수 있다. 먼저, 통계적 일반화는 특정한 표본 집합에 대한 통계적 정보에서 전체 집합에 대한 정보로 일반화하는 논증인데 반해 통계적 삼단논법은 반대로 전체 집합에 대한 통계적 정보에서 그 집합의 일부나 한 원소에 대한 정보를 도출하는 논증이다. 먼저 통계적 삼단논법의 형식을 잘 나타내는 예를 보자.

> 코로나-19 백신을 접종한 사람들 중 90% 이상이 코로나-19에 걸려도 중증이 되지 않았다.
> 우리 가족은 모두 코로나-19 백신을 접종하였다.
> 그러므로 우리 가족은 코로나-19에 걸려도 중증이 되지 않을 것이다.

이 예를 기준으로 통계적 삼단논법의 표준 형식을 다음과 같이 정식화할 수 있다.

F의 X%는 G이다.

a는 F이다.(F에 속한다 혹은 F의 원소이다)

그러므로 a는 G이다.

(F: 준거 집합, G: F의 속성, a: F에 속하는 개체)

통계적 삼단논법의 표준 형식을 위의 예에 적용해 보면, 준거 집합인 F는 '코로나-19 백신을 맞은 사람들'이고 준거 집합의 속성인 G는 '코로나-19에 걸려도 중증이 되지 않음'이다. 개체를 나타내는 a는 위 논증에서 '우리 가족'이 된다. 코로나-19 백신을 접종한 사람들 중 90% 이상이 코로나-19에 걸려도 중증이 되지 않았고 우리 가족이 모두 코로나-19 백신을 접종하였다면 우리 가족이 코로나-19에 걸려도 중증이 되지 않을 가능성은 90% 이상의 확률이다. 이 90% 이상의 확률은 매우 높은 것이다. 따라서 이 논증은 매우 개연성이 높은 통계적 삼단논법이라고 할 수 있다. 그러나 'X%'에 해당하는 확률이 90%가 아니라 10%, 20%라면 어떨까? 이 확률은 절대 높은 확률이라고 할 수 없을 것이며 따라서 논증도 개연성이 낮은 논증이라고 해야 할 것이다. 이처럼 통계적 삼단논법은 'X%'가 높으면 높을수록 개연성이 높은 좋은 논증이 된다.

통계적 삼단논법의 'X%'가 높으면 높을수록 개연성이 높은 논증이라면 그 확률이 100에 가까울수록 개연성이 높은 논증이 된다는 것인데, 그러면 'X%'가 100%가 될 수 있을까? 그렇지 않다. 왜냐하면 'X%'가 100%가 되면, 그 논증은 귀납 논증이 아니라 연역 논증이 되기 때문이다. 즉 'X%'가 100%가 되면, 그 논증에서 주장하는 내용은 가능성의 영역이 아니라 필연성의 영역에 속하는 문제가 된다. 귀납 논증이 다루는 주제들에서 100%가 되는 경우는 없다. 즉, 가능성의 정도와 관련된 영역의 주제들은 아무리 확률이 높아지더라도 결코 100%에 이르지 못한다. 이 문제는 무한소와 관련된 무한에 대한 기하학적 증명에서 다루는 주제인데, 여기서는 생략하겠다. 다만 우리가 100%라는 불가능하지만 생각할 수 있는 경우를 적용해 보면 왜 이 논증이 통계적 '삼단논법'이라는 이름을 갖게 되었는지 알 수 있다. 말하자면, 통계적 삼단논법의 표준 형식은 저 'X%'가 100%가 되지 못할 뿐 정언 삼단논법의 한 형식인 'AAA'식의 형식을 가지고 있다는 것이다. 우리는 이런 형식으로 된 유명한 논증을 알고 있다. 다음은 이와 같은 형식의 삼단논법이다.

> 모든 사람은 죽는다.
> 소크라테스는 사람이다.
> 그러므로 소크라테스는 죽는다.

이 유명한 삼단논법을 형식화하면 다음과 같다.

> 모든 F는 G이다.
> a는 F이다.
> 그러므로 a는 G이다.

이 삼단논법을 앞에서 말한 통계적 삼단논법의 표준 형식과 비교하면 단지 F에 해당하는 '사람'이 100%라는 점, 그래서 '모든 사람'으로 표기된 점만 다를 뿐 같은 형식이다. 통계적 삼단논법의 표준 형식에서 첫 번째 전제가 삼단논법의 대전제이고 두 번째 전제가 소전제, 그리고 결론으로 구성된 것이다. 이제 귀납 논증의 한 유형인 통계적 삼단논법이 왜 통계적 삼단논법이라는 이름을 갖게 되는지 알 수 있을 것이다. 말하자면 통계적 삼단논법은 삼단논법의 대전제와 같은 대전제가 주어진다. 다만 그 대전제의 확률이 100%가 아니라는 점이 다른 점이다. 하지만 이를 통해서 통계적 삼단논법의 이런 구조 때문에 저 'X%'가 100%에 가까워지면 더 좋은 개연성이 높은 논증이 된다는 것도 쉽게 이해할 수 있을 것이다.

통계적 삼단논법을 이용한 귀납 논증이 개연성이 높은 좋은 논증이 되기 위해서 'X%'가 높은 것만 영향을 미치는 것은 아니다. 통계 수치만이 아니라 전제와 결론의 관련성도 고려해야 하는 경우가 많이 있을 수 있다. 귀납 논증이 결론의 부정이 가능한 만큼 서로 반대되는 결론을 주장하는 논증에서는 논증이 주장하려는 준거집합(F)과 그 속성(G)이 무엇인가라는 문제를 고려해야 한다. 다음의 예를 살펴보자.

○○대학교 음대생 90%가 여성이다.
손흥민은 ○○대학교 음대생이다.
그러므로 손흥민은 여성이다.

이 논증의 첫 번째 전제는 준거 집합의 90%에 대해 여성이라는 성질을 말하고 있다. 그리고 90%라는 확률은 매우 높은 확률이므로 'X%'를 기준으로 보면 개연성이 높은 논증일 것이다. 그렇다면 우리는 이 논증을 개연성이 높은 좋은 논증이라고 받아들여야 할까? 먼저 두 번째 전제를 살펴보면, 우리에게 잘 알려진 '손흥민'은 음대생이 아니라 축구 선수라는 점에서 이 논증을 좋은 논증이라고 보기 어렵다. 하지만 그렇더라도 축구 선수 손흥민을 말하는 것이 아니라 음대생 중에 손흥민이라는 이름을 가진 사람이 있다면, 어떠한가? 그렇다고 하더라도 이 논증을 좋은 논증이라고 보기 어려울 것 같다. 그 이유는 손흥민이라는 이름은 대부분 남성의 이름으로 사용되기 때문이다. 이처럼 통계적 삼단논법에 대한 평가는 통계 수치와 더불어 준거 집합과 그 속성도 같이 고려해야 한다.

01 귀납적 일반화

특수한 표본에 관해서 관찰되거나 밝혀진 사실을 그 표본이 속한 집단이나 집합으로 일반화하는 귀납 논증의 한 유형

02 보편적 일반화

전제에서 언급한 성질이 표본이 속하는 집단이나 집합 전체에 나타난다고 주장하는 논증

03 통계적 일반화

전제에서 언급한 성질이 표본이 속하는 집단이나 집합의 일부에서 나타난다고 주장하는 논증

04 귀납적 일반화의 평가 기준: 표본의 대표성

① 표본의 다양성: 왜곡과 편향 없는 표본의 충분한 다양성
② 표본의 충분한 크기: 표본의 크기가 충분하지 않으면 성급한 일반화의 오류가 됨.

05 유비 논증

전제에서 비교 대상들의 유사성을 근거로 결론에서 새로운 성질을 주장하는 귀납 논증의 한 유형

06 유비 논증의 정식화

대상 A, B, C, D는 모두 P, Q, R이라는 성질을 가지고 있다.
대상 A, B, C는 모두 S라는 성질을 가지고 있다.
그러므로 대상 D는 아마도 S라는 성질을 가지고 있을 것이다.

07 유비 논증의 평가

① 비교 대상들(A, B, C, D)이 공통적으로 가지고 있는 성질인 유사성(P, Q, R)이 결론에서 주장하는 성질(S)과 얼마나 관련이 있는가에 따라 유비 논증의 강도가 결정된다.
② 비교 대상들 간의 유사성의 수가 많으면 많을수록 유비 논증은 강해진다.
③ 비교 대상들의 수가 더 많을수록 유비 논증은 강해진다.
④ 비교 대상들이 다양할수록 유비 논증은 강한 논증이 된다.
⑤ 온건한 결론을 주장하는 것이 유리하다.

08 / 통계적 삼단논법

준거 집합에 대한 통계적 정보를 근거로 준거 집합의 일부나 한 원소가 어떠한 속성을 갖는다고 주장하는 논증으로 통계 정보가 100%가 아니지만 삼단논법의 대전제와 같은 대전제를 갖는다.

09 / 통계적 삼단논법의 표준 형식

F의 X%는 G이다.

a는 F이다.(F에 속한다 혹은 F의 원소이다.)

그러므로 a는 G이다.

(F: 준거 집합, G: F의 속성, a: F에 속하는 개체)

10 / 통계적 삼단논법의 평가

① 준거 집합의 통계 수치 X%가 높을수록 개연성이 높아진다.

② 준거 집합과 그 속성을 고려한 전제와 결론의 관련성

정답 ···▶ 335쪽

1. 다음 내용을 귀납적 일반화 논증으로 만들어 보고, 그 논증이 좋은 논증인지 평가해 보자.

① 경기도 어느 지역에서 병원을 운영하는 의사 김○○ 씨는 자신의 병원을 찾는 고혈압 환자 10명을 대상으로 조사를 해 보니 그들이 모두 비만이라는 것을 확인했다. 그는 '모든 고혈압 환자들에게는 비만이 동반된다는 사실을 발견했다.'라며 그 사실을 널리 알리는 논문을 준비한다고 한다.

② 한 기자는 우리나라 성인 남녀 1,000명을 대상으로 물품을 구매할 때 온라인을 이용하는지 상점이나 매장을 직접 방문하는지 조사했다. 조사 결과 온라인을 이용하는 사람이 70%였고 상점이나 매장을 직접 방문해 구입하는 사람이 30%였다. 그 기자는 이제 세상이 예전에 비해 완전히 달라졌다고 생각하며 기사의 제목을 다음과 같이 썼다. "전 세계 인구 70% 온라인으로 상품 구매, 오프라인 매장 수 급감"

③ 전국경제인연합회에 소속된 기업인과 경영인들을 대상으로 법인세 증감에 대한 의견을 조사했다. 그 중 90%는 현 경제 상황을 고려할 때 법인세를 낮추어야 한다고 주장했다. 이 소식을 들은 경제 부총리는 우리나라 국민들 대다수가 법인세를 감면해야 한다는 의견을 가지고 있다고 판단하고 '여론에 따라 법인세 감면을 추진한다.'라고 발표하였다.

④ 한 일간지 기자는 대학 등록금 인상이 사회적 이슈가 되자, 전국에 대학

생 자녀가 있는 100곳의 가정을 대상으로 대학 등록금 인상에 대한 의견을 조사했다. 100곳의 가정 중 80%가 우리나라 대학 수준이나 교육 수준에 비해 대학 등록금은 비싸다고 말하며 등록금 인상에 반대했다. 그 기자는 국민 100명 중 80명은 대학 등록금 인상에 반대한다는 결론이 나왔다고 생각했다.

2. 다음에 제시된 유비 논증의 비교 대상이 무엇인지, 비교 대상 간의 유사성이 무엇인지, 주장하려고 하는 새로운 성질이 무엇인지 각각 구분해 보자. 또한 어떤 전제를 추가하면 논증이 강해지는지 혹은 약해지는지, 결론을 어떻게 바꾸면 논증이 강해지는지 혹은 약해지는지 알아보자.

① 관우는 유비가 다이어트에 성공하는 것을 보고 자기도 다이어트를 하기로 마음 먹었다. 유비는 다이어트를 하면서 식사량을 조절하고 채식과 단백질 위주로 식사를 했고 매일 1시간 씩 자전거를 타고 좋아하던 과자를 끊었다. 유비는 그 효과로 3개월 동안 10kg 감량하며 다이어트에 성공하였다. 관우도 유비처럼 식사량을 조절하고 채식과 단백질 위주로 식사를 했고 매일 1시간 씩 자전거를 타고 좋아하던 과자를 끊을 것이다. 관우도 3개월 동안 10kg 감량하며 다이어트에 성공할 것이다.

② 새로 만난 여자 친구의 생일이 다가와서 생일 선물을 준비해야 한다. 새로 만난 여자 친구는 전에 사귀던 여자 친구처럼 긴 생머리에 빨강색을 좋아하고 밥보다는 빵을 좋아한다. 예전 여자 친구도 선물보다는 현금을 좋아했으니 이번에도 선물보다는 현금을 생일 선물로 주는 것이 좋겠다.

3. 다음을 통계적 삼단논법의 형식으로 표준화하고 논증을 평가해 보자.

① 최근에 모자를 푹 눌러 쓰고 마스크를 쓰고 다니는 사람들이 뉴스에 많이 나온다. 그런 사람들은 대부분 자신을 감추려고 하는 범죄자다. 우리 윗집 아저씨도 모자를 푹 눌러 쓰고 마스크를 쓰고 다닌다. 혹시?

② 시험을 볼 때 녹색 볼펜을 사용하는 사람들은 대부분 좋은 점수를 받지 못한다. 그런데 내 친구가 녹색 볼펜으로 시험을 보았다. 그 친구도 점수가 좋지 않을 것 같다.

③ 프랑스 파리를 방문했을 때, 내가 만난 사람들 10명 중 9명은 영어를 하지 못해서 의사소통에 어려움이 많았다. 내일 프랑스에서 온 손님을 만나야 하는데 걱정이 된다.

④ 음주 운전에 적발된 사람들은 대부분 자신이 술을 마시지 않았다고 하며 음주 측정을 거부한다. 오늘 우리 팀이 음주 단속을 나갈 차례다. 오늘 단속에 걸린 사람도 술 마시고 음주 측정을 거부할 것이다.

⑤ 사회에서 대다수의 성공한 사람들이 지니고 있는 공통적 특징은 자기 이해도가 높다는 것이다. 그들은 자기 반성적 사고를 많이 해서 자기 자신이 어떤 사람인지 잘 알고 있다. 오늘 만난 김○○ 박사도 뇌 과학 분야에서 성공한 학자이다.

인과 논증

1. 원인의 의미

인과 논증이란 전제와 결론이 원인과 결과의 관계로 이루어진 논증을 말한다. 모든 논증의 전제와 결론이 원인과 결과의 관계 구도를 갖는 것은 아니다. '원인과 결과'라는 말은 주로 사건이나 현상에 대한 과학적 설명에서 주로 사용한다. 그러나 '전제와 결론'은 논리학의 용어로 '원인과 결과'보다 더 포괄적이다. 굳이 말하자면 논리적 설명은 과학적 설명을 포괄한다. 인과 논증은 전제와 결론의 구도가 원인과 결과의 관계로 구성된 논증으로 원인으로부터 결과를 또는 결과로부터 원인을 추론하는 논증을 의미한다.

인과 논증이 귀납 논증의 한 유형인 이유는 인과 관계라는 구도로 설명하려고 하는 사건이나 현상이 개연성의 영역에 있는 문제이기 때문이다. 즉, 하나의 결과를 산출하는 원인이 하나가 아니고 하나의 원인에서 하나의 결과만 산출되는 문제들이 아니기 때문이다. 또한 어떤 결과를 만들어내는 원인이 다수일 수도 있고 지금까지 알려져 있는 원인 외에 다른 원인이 밝혀질 수도 있다. 인과 관계에 대한 지식은 우리에게 매우 중요하다. 우리의 모든 선택과 행동에 결정적인 영향을 미치기 때문이다. 우리는 어떤 일이 발생했을 때 그것의 원인이 무엇인지 알고 싶어 한다. 그 일이 불편한 일이라면 그 일을 사전에 예측해서 막을 수 있고, 그 일이 반가운 일이라면 그런 일의 발생을 더 늘릴 수 있기 때문이다. 그러나 우리가 알고 있는 인과 관계에 대한 지식은 불완전하고 부정확하다. 오히려 인과 관계에 대한 우리의 지식은 너무나 부족하고 부정확하다고 말하는 편이 낫다. 또한 인과 관계에 대한 우리의 지식이 서로 다른 경우도 많다. 그렇기 때문에 인과 관계가 논증의 대상이 되는 것이다. 그런데 논리학은 개별적 사건에 대한 원인이 무엇인지 탐구하거나 특정한 원인이 주어졌을 때 어떤 결과가 발생하는지 가르쳐주는 학문이 아니다. 암의 원인이 무엇인지, 호주에 대규모 산불이 나고, 유럽에 강력한 한파가 발생한 원인이 무엇인지는 경험 과학의 영역이지 논리학의 영역이 아닌 것이다. 논리학은 어떻게 하면 좋은 인과 논증을 할 수 있는지, 설득력 있는 인과 논증을 하기 위한 방법은 무엇인지 등을 탐구하는 학문이다. 그렇지만 인과 논증을 평가하고 확인하기 위해 인과 관계에 대한 지식도 필요하다. 원인과 결과의 관계가 경험 과학을 통해서 정확하게 확정되면 인과 논증도 설득력을 얻기 때문이다.

인과 관계를 서술하는 명제에서 원인은 여러 가지 의미를 갖는다. 사건들이 특정한 조건하에서 발생하기 때문이다. 그래서 논리학에서는 원인을 '충분조건으로서의 원인'과 '필요조건으로서의 원인'으로 구분한다. 필요조건과 충분조건은 명제 논리의 조건 명제에서도 설명한 바 있으니 그것도 함께 참고해 보자.

어떤 사건이 발생하기 위한 충분조건적 원인이란, 그 원인이 있다면 (발생하면) 그 사건이 반드시 발생한다는 것을 의미한다. 예를 들어, 어떤 질병의 면역을 형성하기 위해 백신 주사를 접종한다고 할 때, 백신은 면역 형성의 충분조건으로서의 원인이 된다. 이렇게 충분조건적 원인을 아는 것은 어떤 결과가 산출되기를 바랄 때 유용하다. 왜냐하면 우리가 충분조건적 원인을 안다면 원하는 결과가 발생할 것이라고 기대할 수 있기 때문이다.

어떤 사건이 발생하기 위한 필요조건적 원인이란, 그 원인이 없다면 그 사건이 발생할 수 없다는 것을 의미한다. 즉, 어떤 사건이 발생했다면 앞서 그 원인이 반드시 있어야 한다. 예를 들어, 산소는 불이 나는 것의 필요조건으로서의 원인이다. 그래서 불이 났다면 산소는 반드시 있어야 한다. 산소 없이 불이 나는 사건은 불가능하기 때문이다. 필요조건적 원인을 알고 있는 것은 어떤 결과가 발생하는 것을 원하지 않을 때 유용하다. 왜냐하면 필요조건적 원인을 제거하면 그 결과가 발생할 수 없기 때문이다. 어떤 질병의 원인이 특정한 바이러스일 때, 우리는 그 바이러스를 제거하면 그 질병에서 벗어날 수 있다. 왜냐하면 그 바이러스가 없다면 그 질병은 발생할 수 없기 때문이다. '코로나-19'라는 감염병에 걸리지 않기 위해서 코로나-19 바이러스에 감염되지 않거나 만약에 걸렸다면 그 바이러스를 파괴하는 치료를 하는 것은 필요조건으로서의 원인을 제거하는 일이다.

한편, 어떤 사건은 그것의 원인이 필요조건인지 충분조건인지 알 수 없을 때도 있다. 그런 경우 우리는 개연성의 정도를 표현할 수 있는 확률적 원인으로 나타낼 수 있다. 어떤 사건이 발생하기 위한 확률적 원인이란, 그 원인이 발생하지 않은 경우와 비교했을 때 그 원인이 발생한 경우 그 사건이 발생할 가능성이 높다는 것이다. A를 B의 확률적 원인이라고 한다면, A가 발생하면 반드시 B가 발생하는 충분조건적 원인이 아니고, 또한 A가 발생하지 않으면 B가 발생하지 않는 필요조건적 원인도 아니지만 A가 발생하면 그렇지 않은 경우에 비해 B가 발생할 확률이 높다는 것을 의미한다. 예를 들어, 술과 고기를 많이 먹는 것이 통풍의 원인이라고 하지만 그것이 필요조건인지 충분조건인지는 분명하지 않다. 사람에 따라 결과가 다르게 나타나기 때문이다. 어떤 사람은 술과 고기를 많이 먹지 않는데도 통풍에 걸리고 또 어떤 사람은 술과 고기를 많이 먹어도 통풍에 걸리지 않는다. 하지만 술과 고기를 많이 먹는 것이 통풍의 원인이라는 의학적 판단이 전혀 무의미한 것이라고도 할 수 없다. 이런 경우, 술과 고기를 많이 먹으면 통풍이 생길 가능성이 어느 정도 높아진다는 의미에서 확률적 원인이라고 할 수는 있다.

일반적으로 사람들이 'A가 B의 원인이다.'라고 말할 때 알고 싶어 하고 기대하는 원인은 아마도 필요충분조건적 원인일 것이다. A가 발생하면 B가 반드시 발생하고 A가 발생하지 않으면 B가 발생하지 않는 조건이 보증되기 때문이다. 이것은 매우 엄밀한 의미의 원인을 기대하는 것이다. 그런데 엄밀한 의미의 원인에 대한 기대와 우리가 실제적으로 알고 있는 원인 사이에서 우리의 추론과 판단은 불완전하고 또 오류를 범하는 경우가 많다. 왜냐하면 우리가 경험하는 세계에서 발생하는 사건의 필연적 원인을 찾는다는 것은 거의 불가능하기 때문이다. 필연적 인과 관계가 있다고 하더라도 그것은 순수하게 논리적으로 즉 우리의 관념의 영역에서나 가능할 뿐 경험적으로 그것을 증명할 방법은 없다.[2] 우리가 경험하는 개별 사건에서 다양한 종류의 원인과 결과가 일어날 수 있을 뿐이다. 세상에서 발생하는 여러 사건의 인과 관계는 연쇄적으로 연결되어 있고, 때에 따라 다양한 원인과 결과가 있을 뿐만 아니라 단 하나의 원인이 단 하나의 결과를 산출하는 사건이 거의 없기 때문이다. 인과 관계로 이루어진 인과 논증이 귀납의 영역에 속하는 이유가 바로 이것이다.

2. 밀의 방법
:

『자유론』이라는 책으로 유명한 영국의 철학자 존 스튜어트 밀(John Stuart Mill)은 논리학의 역사에서도 상당히 중요한 기여를 한 학자이다. 특히 『논리학의 체계(A System of Logic)』라는 저서에서 인과 관계를 찾아내는 다섯 가지 방법을 체계화하여 제시함으로써 귀납 논리의 발전에 기여했다. 밀의 방법으로 불리는 다섯 가지 방법은 일치법, 차이법, 일치 차이 병용법, 공변법, 잉여법이다.

1) 일치법

일치법(the method of agreement)은 어떤 결과가 나타난 모든 경우에 공통적으로 발견되는 요인을 원인으로 간주하는 방법이다. 어떤 결과가 나타날 만한 요인을 조사하여 그 결과가 나타난 모든 경우에 일치하는 요인

---

2   영국의 경험주의 철학자 흄(Hume)은 인과 관계를 밝힐 수 있는 경험적 방법은 존재하지 않는다고 보았다. 그는 원인과 결과 간의 관계에서 우리가 경험할 수 있는 것은 오직 시공간의 근접, 사건의 선후 관계, 사건의 잇따른 발생뿐이라고 주장하였다. 따라서 원인과 결과 간에 필연적 관계가 있다고 경험적으로 확인하고 보일 수 있는 방법은 없다는 것이 그의 주장이다.

을 원인으로 판단한다는 점에서 일치법이라고 한다. 예를 들어, 어느 한 고등학교에서 학생들 일부가 식중독에 걸리는 일이 발생했다고 해 보자. 급식에 문제가 있었을 것이라고 생각한 관계자는 오늘 제공된 급식 메뉴를 알아보고 식중독에 걸린 학생들이 공통적으로 먹은 메뉴를 조사하였다. 조사 결과, 식중독에 걸린 학생들은 급식 반찬 중 공통적으로 생선을 먹은 것으로 확인되었고, 생선이 식중독을 일으킨 원인이라고 결론을 내렸다. 일치법을 사용해 식중독 사건의 원인을 찾는 것을 다음과 같이 조사표로 나타낼 수 있다.

사건	밥	국	콩나물	장조림	생선	김치	증상
1	○	○	×	○	○	×	식중독
2	○	○	○	○	○	○	식중독
3	×	○	×	○	○	○	식중독
4	○	×	○	×	○	○	식중독
5	○	○	○	○	○	×	식중독

이 조사표에 따르면 식중독에 걸린 모든 학생들이 공통적으로 먹은 음식은 생선이다. 그래서 식중독이 발생한 경우에 일치하는 요인은 생선이다. 이에 따라 조사 관계자는 생선이 식중독의 원인일 것이라는 결론을 내린 것이다.

밀의 일치법은 가장 널리 사용되는 방법이지만 아무런 제한 없이 모든 경우에 공통적인 요인이 무엇인지 찾아 적절한 인과 관계를 찾았다고 할 수 있는 방법은 아니다. 위 사례에서 급식 메뉴 중 식중독 증상을 보인 학생들이 먹은 음식을 조사하는 것처럼, 발생한 결과에 관련이 있는 가능한 요인으로 방법을 제한하는 것이 필요하다. 원인을 알고 싶은 모든 사건에 제한 없이 일치법을 사용한다고 해서 모두 그럴듯한 원인을 파악할 수 있는 것은 아니기 때문이다. 예를 들어, 자신이 살이 찌는 원인이 궁금했던 어떤 사람이 자신이 식사 때마다 먹는 음식을 모두 기록해 보았더니 매 식사 때마다 공통적으로 먹은 음식이 물이었다고 해서 물이 자신을 살찌게 한 원인이라고 결론 내린다면 적절한 원인을 찾았다고 할 수는 없을 것이다.

2) 차이법

차이법(the method of difference)은 어떤 결과가 발생한 경우에는 존재하고, 결과가 발생하지 않은 경우에는 존재하지 않는 요인을 찾아 결과가 발생한 경우에 존재한 요인이 원인이라고 보는 방법이다. 말하자면 결과가 발생한 경우와 발생하지 않은 경우, 두 경우를 조사해서 일치하지 않는 요인을 찾는 방법이 차이법이다. 앞의 식중독 사건의 경우처럼 식중독에 걸린 학생이 먹은 음식과 식중독에 걸리지 않은 학생이 먹은 음식 두 경우를 조사하는 것이다. 두 경우를 조사한 것을 다음과 같은 조사표로 나타낼 수 있다.

사건	A	B	C	D	E	F	증상
1	○	○	×	○	○	○	식중독 ○
2	○	×	○	○	○	○	식중독 ×

이 조사표에 따르면 식중독에 걸린 경우와 식중독에 걸리지 않은 경우 중 유일한 차이는 B 음식에서 나타난다. 즉, 식중독에 걸린 학생은 B 음식을 먹었고 식중독에 걸리지 않은 학생은 B 음식을 먹지 않았다. 다른

A, D, E, F 음식에서는 차이가 나타나지 않는다. C 음식에서 차이가 나타나지만 결과와 관련이 없는 차이일 뿐이다.

차이법은 일치법에 한 단계를 더한 방법이다. 이 방법도 일치법과 마찬가지로 아무런 제한 없이 사용했을 경우, 적절한 원인을 찾는 방법이되지 못한다. 하지만 발생한 결과와 관련이 있는 요인들로 조사를 제한할 경우에는 원인을 찾는 적절한 방법이 될 수 있다.

3) 일치 차이 병용법

일치 차이 병용법(the joint method of agreement and difference)은 이름 그대로 일치법과 차이법을 결합해서 사용하는 것이다. 따라서 일치법이나 차이법만 사용해서 원인을 찾는 것보다 개연성이 더 높다고 할 수 있다. 앞의 식중독 사건을 예로 들면, 식중독에 걸린 사람들 간에 그리고 식중독에 걸리지 않은 사람들 간에는 일치법을 사용하고 식중독에 걸린 사람들과 식중독에 걸리지 않은 사람들 간에는 차이법을 사용하는 것이다. 이일치 차이 병용법은 다음과 같은 조사표로 나타낼 수 있다.

사건	A	B	C	D	E	F	증상
1	○	○	×	○	○	○	식중독 ○
2	○	×	○	○	○	○	식중독 ○
3	×	○	○	×	×	○	식중독 ○
4	○	○	○	×	○	×	식중독 ×
5	×	×	○	○	○	×	식중독 ×
6	○	×	×	×	×	×	식중독 ×

이 조사표에 따르면, 식중독에 걸린 1, 2, 3의 경우 공통적으로 F 음식

을 먹었고, 식중독에 걸리지 않은 4, 5, 6의 경우 공통적으로 F 음식을 먹지 않았다. 그래서 F 음식은 식중독의 원인이라고 할 수 있다. 왜냐하면 식중독에 걸린 사람들은 모두 F 음식을 먹었고 식중독에 걸리지 않은 사람은 모두 F 음식을 먹지 않았기 때문이다. 이렇게 일치 차이 병용법을 사용해서 원인을 찾는 것은 일치법이나 차이법만을 사용하는 것보다 더 개연성이 높다.

4) 공변법

공변법(the method of concomitant variation)은 두 개의 사건 중 한 사건의 상황이 변할 때 다른 사건의 상황도 그에 상응하여 변하는 것을 보고 두 사건 간에 인과 관계가 있다고 파악하는 것이다. 예를 들어, 증권사 애널리스트가 경기가 좋아지면 주가가 상승하고 경기가 둔화되면 주가가 하락한다는 통계를 바탕으로 경기와 주가 간에 인과 관계가 있다고 판단하는 것이다. 그래서 경기 호황은 주가 상승의 원인이고 경기 둔화는 주가 하락의 원인이라고 판단하면 이것은 공변법을 사용한 것이다. 공변법은 두 사건 간의 변화의 추이를 살펴보는 것이 우선적으로 필요하다. 공변법은 대략 다음과 같이 정식화할 수 있다.

A가 상승할 때 B가 상승했다,
A가 하락할 때 B가 하락했다.
그러므로 A는 B의 원인이다.

공변법으로 원인을 찾을 때 주의해야 할 점은 두 사건 간에 상응하는 변화가 정말로 인과 관계인지 단순히 상관관계는 아닌지 확인하는 것이다. 즉, A의 변화에 상응하여 B가 변화했더라도 A가 아닌 다른 요인이 B의 변화를 일으켰을 수도 있다. 실제 원인이 아닌 사건이 단지 동시에 변화한다는 상황만을 보고 원인으로 간주되는 것은 아닌지 확인할 필요가 있다는 것이다. 그런데 사실상 이런 사항을 확인하는 데는 해당 분야에 대한 지식이 필요하다. 지식이 없으면 잘못된 공변법을 이용해서 타인을 속이려는 사기꾼들에게 피해를 입을 수도 있다.

5) 잉여법

잉여법(the method of residue)은 일련의 복합적인 사건이나 현상들 간에 인과 관계가 있다고 할 때, 결과들 중에서 일부를 야기한 원인이 알려져 있을 경우 알려져 있는 원인을 제외하고 나머지 원인이 남은 결과의 원인이라고 판단하는 방법이다. 잉여법은 다음과 같은 형식을 가지고 있다.

> ABC가 xyz를 발생시켰다.
> A는 x의 원인으로 알려져 있다.
> B는 y의 원인으로 알려져 있다.
> 그러므로 C는 z의 원인이다.

잉여법을 사용한 예를 들어 보자. 기업의 회계 담당자는 이번 분기 결산을 준비하다가 전 분기에 비해 10억 원의 적자가 발생한 것을 확인했다. 재무 상태를 점검해 보니 지난 분기에 비해 매출액은 같은데 신규 채용 인력의 인건비가 2억 원 추가 지출되었고 원자재 가격 인상으로 3억 원, 물류비 상승으로 3억 원이 추가 지출되었다. 나머지 추가 지출이 어디서 발생했는지 찾던 담당자는 아직 보고가 완료되지 않았던 대표 이사의 영업비가 과다 지출되었을 것이라고 판단했다. 이렇게 잉여법은 이미 확인되어 알려진 인과 관계를 제외하고 남은 원인을 나머지 결과의 원인으로 간주하는 방법을 말한다.

 밀의 다섯 가지 방법은 인과 관계를 발견하는 원리로 인식할 수 있다. 일반적으로 우리도 일상생활에서 경험하는 사건이나 현상을 결과로 보고 그것의 원인을 찾을 때 이런 방법을 흔히 사용한다. 그리고 약간의 변형된 방법도 가능하다. 예를 들어, 어떤 학생이 아침에 식탁에 맛있는 치즈 케익이 있을 것을 보고 저녁에 집에 와서 먹어야겠다고 생각하면서 서둘러 학교에 갔다. 학교를 마치고 집에 돌아와 보니 케익이 없어진 것을 발견한 학생은 우리 가족이 모두 4명이니 자신을 제외한 3명 중 한 명이 케익을 먹었을 것이라고 생각하고, 먼저 아버지, 어머니에게 케익을 먹었는지 물었고 부모님은 먹지 않았다고 대답했다. 그러자 학생은 동생이 케익을 먹은 범인일 것이라고 확신하고 묻지도 않고 동생에게 화를 내기 시작했다. 이 학생의 추론은 잉여법을 약간 변형한 것이다. 그러나 동생이 케익을 먹은 범인이 아닐 수도 있다는 생각은 쉽게 할 수 있다. 부모님이 장난으로 거짓말을 했을 수도 있기 때문이다. 물론 학생의 추론이 맞을 수도 있다. 이렇듯 밀의 방법은 일반적으로 사용되는 인과 관계를 발견하는 원리이기는 하나, 그 방법으로 찾은 원인이 100% 신뢰할 수 있다고 믿는 것은 위험하다. 귀납적 방법으로 개연성과 신뢰성을 높이려면 인과 관계를 찾고 있는 대상, 사건, 현상에 대한 지식을 충분히 갖추는 것이 필요하다. 밀의 방법 자체가 인과 관계의 발견을 완전히 해결해 준다고 믿기 보다는 가능한 의심하고 다른 조건이나 가설을 생각해 보는 등의 방법으로 보완해야 한다.

3. 인과적 오류
⋮

어떤 두 사건이 인과 관계에 있다는 우리의 기대가 불확실하고 부정확하다면, 우리가 추론한 인과 관계가 잘못된 것은 아닌지, 인과 관계가 없는데도 인과 관계가 있다고 믿고 있는 것은 아닌지 생각해 봐야 한다. 세상에 원인 없이 발생하는 사건은 없다고 믿고 인과의 법칙이 세계를 지배하는 원리라고 믿지만 세상 일들의 모든 인과적 연쇄를 아는 것은 불가능하다. 그렇기 때문에 어떤 경우에 인과적 오류가 발생하는지 아는 것은 인과 관계에 대한 우리의 추론과 판단을 교정하고 다른 사람들의 인과 논증을 정확하게 평가하고 비판적으로 이해하는 데 매우 중요하다. 논리적 사고를 연습하는 데에는 어떤 논증이 타당한 논증인지 아는 것도 중요하지만 어떤 논증이 논리적 오류가 되는지 아는 것도 중요하다. 인과 논증과 관련하여 선후 인과의 오류, 공통 원인을 무시하는 오류, 원인과 결과를 혼동하는 오류에 대해 알아보자.

1) 선후 인과의 오류

일반적으로 원인은 결과에 앞서 발생한다. 결과는 원인에 잇따르는 사건이다. 하지만 어떤 사건 A가 다른 사건 B에 앞서 발생했다고 다른 아무런 근거 없이 A가 B의 원인이라고 해서는 안 된다. 이렇게 생각할 경우, 사건의 선후 관계를 인과 관계로 잘못 간주하는 오류가 발생한다. 코로나-19 백신 접종이 시작될 즈음 몇몇 언론은 백신 공포를 불러일으킬 만큼 선후 인과의 오류를 범하는 기사 제목을 쏟아 냈다. 예를 들면 다음과 같다.

> "○○○ 지역에 거주하는 70대 △△△△ 백신 맞고 사망"
> "○○○ 지역에 거주하는 60대 △△△△ 백신 맞고 혈전 증상 보이
> 다 사망"

이런 기사 제목을 보고 이것이 선후 인과의 오류를 범하고 있다는 것을 알지 못하는 사람들은 백신에 대한 공포감을 갖기 쉽다. 만약 이것이 오류가 아니라면 "○○○ 씨 아침 식사 후 사망"이라고 써도 오류가 아니라고 해야 할 것이고 코로나-19 백신이 아닌 계절성 독감 백신이나 다른 일반적인 백신을 맞고 사망한 사례의 경우에도 그 기자는 기사를 쏟아냈어야 했다. 백신 접종률이 중요한 시기에 이런 기사 제목으로 접종률을 떨어뜨리려고 했는지는 모르지만 적어도 해당 기사를 제목으로 사용한 언론은 선후 인과의 오류를 모르거나 알았다면 충분히 의도성이 있었다고 보아야 할 것이다. 한편, '백신과 사망 간에 인과 관계가 확인되지도 않았지만 없다는 것도 확실하지 않다.'라고 반론을 제기할 수도 있다. 그러나 백신 전문가들이 인과성이 밝혀지지 않았다고 한다면, 적어도 인과 관계에 대한 판단을 유보하는 것이 올바른 자세일 것이다.

단지 선후 관계만으로 인과 관계를 주장하는 사례는 우리 주변에서 흔히 발견된다. 다음 사례를 살펴보자.

오늘 점심 식사할 때 옷에 음식이 묻지 않도록 조심해야겠어. 내
가 새 옷을 입으면 꼭 그날 점심 먹을 때 옷에 음식을 흘리거든.

새 옷을 입은 것과 음식을 흘리는 것 간에 인과 관계가 있을 수 있을
까? 만약 그런 경우가 몇 번이라도 있었다면, 유독 새 옷이라는 것 때문
에 눈에 띄거나 더 주목했을 수는 있겠지만 음식 흘리는 것이 새 옷을 입
었기 때문이라고 보기는 어렵다. 흔히 '우연의 일치'라고 말하는 경우를
인과 관계가 있는 것으로 잘못 판단한 것이다. 어떤 두 사건 사이에 인과
관계가 있다고 판단하려면 적어도 두 사건이 지속적이고 규칙적으로 발
생해야 한다. 그리고 단지 믿음과 같은 심리적 요인이 아니라 물리적 요
인도 그럴듯하게 제시되어야만 인과 관계를 주장할 수 있을 것이다.

2) 공통 원인을 무시하는 오류

어떤 두 사건의 발생이 규칙성이 있다고 하더라도 잘못된 추론일 수
있다. 그런 경우는 두 사건이 지니고 있는 공통 원인을 무시하는 경우에
발생한다. 이에 대한 대표적 사례가 천둥과 번개이다. 악천후의 날씨일
때 어떤 사람이 다음과 같이 추론했다고 가정해 보자.

천둥과 번개가 치는 날에는 항상 번개가 먼저 치고 난 후 천둥이
울린다. 지금까지 내가 관찰한 날에는 항상 이런 식이었다. 따라
서 번개는 천둥의 원인일 것이다.

천둥과 번개가 일정한 간격을 두고 규칙적으로 발생하고 번개가 먼저 치고 천둥이 그 다음 들린다고 해서 번개가 천둥의 원인이라고 생각하는 것은 잘못이다. 사실 천둥과 번개는 구름이 충돌하여 발생한 방전 현상이다. 다만 번개가 먼저 치고 천둥이 그에 뒤따르는 것은 빛의 속도가 소리의 속도보다 빠르기 때문이다. 즉, 구름이 충돌하여 발생한 방전으로 인해 나타나는 두 현상을 서로 인과 관계가 성립하는 것으로 잘못 판단하는 오류를 범한 것이다. 더 정확하게 말하면, 구름의 충돌에 의한 방전이라는 공통 원인을 무시한 오류라고 할 수 있다.

3) 원인과 결과를 혼동하는 오류

원인과 결과를 혼동하는 오류는 인과 관계에 있는 두 사건 간에 원인과 결과를 혼동할 경우에 발생한다. 혼동은 주로 인과 관계의 방향이나 선후를 잘못 이해하는 것이다. 예를 들어, 올림픽 금메달리스트가 매우 비싼 전문가용 운동화를 신는 것을 보고 그 선수와 같은 운동화를 신으면 올림픽에서 금메달을 딸 수 있을 것이라고 생각한다면 원인과 결과를 혼동하는 것이라고 볼 수 있다. 올림픽에서 금메달을 딸 정도의 선수이니까 전문가용 운동화를 신는 것이지 전문가용 운동화를 신는다고 올림픽에서 금메달을 딸 수 있는 것은 아니기 때문이다. 이런 유형의 오류는 본래 원인을 찾으려 하기 보다는 원하는 결과를 원인으로 간주하는 잘못된 추론에서 주로 발생한다. 다음에 제시된 추론도 이런 유형의 오류라고 볼 수 있다.

내가 만나본 부동산 부자들은 모두 메르세데스 벤츠 자동차를 소유하고 있었다. 그렇다면 메르세데스 벤츠 자동차를 소유하는 것이 그들을 부동산 부자가 되게 한 원인인 것 같다.

금메달리스트의 예와 마찬가지로 원인과 결과의 선후가 잘못 적용된 추론이다. 돈이 많은 부자들이기 때문에 메르세데스 벤츠 같은 비싼 수입 자동차를 타는 것이지 메르세데스 벤츠를 탄다고 부자가 되는 것은 아니기 때문이다. 이런 사례들처럼 원인과 결과의 혼동을 분명하게 구별할 수 있는 사건도 있지만 경우에 따라 복합적인 인과 관계에서는 선행 원인과 결과를 혼동하기 쉬운 사건도 많다. 이 역시 해당 분야에 대한 전문 지식이 필요하다.

인과적 오류를 지금까지 살펴본 세 종류로 설명하였지만 이들이 각각 개별적으로 발생하는 것은 아니다. 어떤 오류들은 선후 인과의 오류이면서 동시에 원인과 결과를 혼동하는 오류일 수 있고, 또 어떤 오류는 공통 원인을 무시하는 오류이면서 선후 인과의 오류일 수 있다. '인과 관계'에 대한 구조적 오류는 어떤 식으로든 추론의 실수로 지적될 수 있다.

01 인과 논증

전제와 결론이 원인과 결과의 관계로 이루어진 논증

02 원인의 의미

① 필요조건적 원인: 어떤 사건이 없다면 결과가 발생할 수 없는 경우
② 충분조건적 원인: 어떤 사건이 발생하면 결과가 반드시 발생하는 경우
③ 확률적 원인: 어떤 사건이 발생하면 결과를 발생시킬 확률(가능성)이 높은 경우

03 밀의 방법

① 일치법: 어떤 결과가 나타난 모든 경우에 공통적으로 발견되는 요인을 원인으로 간주하는 방법
② 차이법: 어떤 결과가 발생한 경우에는 존재하고, 결과가 발생하지 않은 경우에는 존재하지 않는 요인을 찾아 결과가 발생한 경우 존재한 요인이 원인이라고 보는 방법
③ 일치 차이 병용법: 일치법과 차이법을 결합해서 원인을 찾는

방법

④ 공변법: 두 개의 사건 중 한 사건의 상황이 변할 때, 다른 사건의 상황도 그에 상응하여 변하는 것을 보고 두 사건 간에 인과 관계가 있다고 파악하는 방법

⑤ 잉여법: 일련의 복합적인 사건이나 현상들 간에 인과 관계가 있다고 할 때, 결과들 중에서 일부를 야기한 원인이 알려져 있을 경우 알려져 있는 원인을 제외하고 나머지 원인이 남은 결과의 원인이라고 판단하는 방법

04 인과적 오류

① 선후 인과의 오류
② 공통 원인을 무시하는 오류
③ 원인과 결과를 혼동하는 오류

1. 다음에 제시된 진술의 인과 관계를 파악하고, 원인의 의미가 무엇인지 말해
보자.

① 우리 가족은 모두 독감 백신을 맞았으니 올겨울에 우리 가족은 독감에
걸리지 않을 것이다.

② 커피를 하루에 3~4잔 마시는 사람들은 그렇지 않은 사람들보다 사망률
이 20~30% 떨어진다.

③ 현재와 같은 정도로 이산화탄소를 배출하면 2050년에는 지구에 생존할
수 있는 생명체가 없을 것이다.

④ 엘리베이터 수리가 끝났으니 엘리베이터가 작동할 것이다.

⑤ 그는 극심한 스트레스로 인해 식음을 전폐하였다.

2. 다음 진술의 인과 관계를 파악하고, 밀의 방법 중 어떤 방법을 사용한 것인
지 말해 보자.

① ○○ 프로야구 팀은 3, 4, 5번 타자의 기여도가 높은 팀이다. 이들의 타율
이 올라가면 팀의 승률도 올라가고 이들의 타율이 떨어지면 팀의 승률
도 떨어진다.

② 갑자기 스마트폰 와이파이가 작동하지 않았다. 무선 인터넷 공유기에 문제가 있는지 유선 인터넷에 문제가 있는지 확인해 보려고 유선 인터넷이 연결된 컴퓨터를 켜 보았더니 인터넷은 정상적으로 작동했다. 그렇다면 공유기에 문제가 있는 것이 분명하다.

③ 코로나-19로 인해 재택근무가 증가하였고 집에서 오랜 시간 동안 머물다 보니 배달 음식을 많이 주문하게 되어 배달 업체 매출이 증가하였다. 이와는 대조적으로 사람들의 이동량은 줄어들어 대중교통 이용률은 감소하였다.

④ 사건 현장의 CCTV를 확인한 결과, 사건 발생 시간에 현장을 방문 사람 중 알라바이를 증명하지 않고 도주한 사람은 단 1명이었다. 그 사람이 범인일 것이다.

⑤ 오늘 학교 급식을 먹고 배탈이 난 학생들이 있었다. 오늘 음식 중에는 요거트가 제공되었는데 왼쪽 줄에 놓인 요거트를 먹은 학생들은 이상이 없었는데, 오른쪽 줄에 놓인 요거트를 먹은 학생들은 모두 배탈이 났다. 배탈의 원인은 오른쪽 줄에 놓인 요거트일 것이다.

3. 다음 인과 논증이 어떤 인과적 오류를 범하고 있는지 찾으시오.

① 우리집 시계가 12시를 가리키면 TV에서 바로 뉴스를 시작한다. 우리 집 시계가 뉴스를 켜는 것이 분명하다.

② 내가 좋아하는 유명한 축구 선수들은 ○○○사에서 만든 축구화를 신는다. 나도 유명한 축구 선수가 되기 위해서는 ○○○사에서 만든 축구화

를 신어야겠다.

③ 뼈에 골절이 생기면 처음에는 골절 부위가 붓기 시작하고 그 다음에는 피부색이 퍼렇게 변한다. 피부색이 퍼렇게 변하는 것은 피부가 붓기 때문일 것이다.

④ 내가 주식을 매도하면 항상 그 주식이 급등하기 시작한다. 오늘도 내가 매도한 주식이 매도 후 급등했다. 그 주식이 급등한 이유는 내가 매도했기 때문이다.

⑤ 전 세계적으로 유명한 도로 사이클 경기를 보았다. 훌륭한 사이클 선수들은 모두 사이클 전용복을 입었고 선글라스와 헬멧을 착용했다. 나도 사이클을 잘 타기 위해서 전용복을 구입해 입고 선글라스와 헬멧도 쓸 것이다.

⑥ 우리나라 가계 부채 문제가 심각하다. 많은 사람들이 아파트를 구입하기 위해 가계 부채를 지고 있다. 이렇게 가계 부채가 계속 증가하게 되면 부동산 가격은 하락으로 이어질 수 있다.

III. 논리적 오류

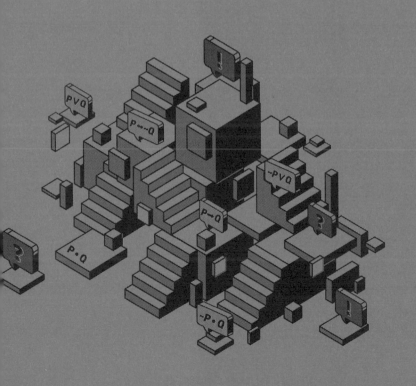

：

　우리가 논리학을 공부하는 이유는 '논리적인 것', '논리적 연결', '논리적 사고'가 무엇인지 알아서 바르고 정확한 추론을 하기 위해서이다. 그래서 타당한 논증이 무엇인지, 개연성이 높은 논증이 어떤 것인지 아는 것은 우선적으로 필요하다. 이에 못지않게, 논리를 공부하고 실제로 활용하는 데 도움되는 것이 타당하지 않은 논증, 개연성이 낮은 논증은 어떤 것인지 아는 것이다. 즉 논리적 오류가 무엇인지, 어떤 논증이 잘못된 논증인지 그리고 왜 그런 논증이 논리적 오류가 되는지 아는 것은 타당한 논증과 개연적 논증이 무엇인지 아는 것 만큼 중요하다. 왜냐하면 논리적 오류가 무엇이고 잘못된 논증이 어떤 것인지 알아야 잘못된 결론을 도출하지 않고 오류에 기초한 주장을 하지 않을 수 있기 때문이다. 논리는 도구이자 방법이기 때문에 바르고 정확한 추론은 일상의 문제에서나 학문에서나 그 영향력이 크다. 여기서 논리학의 중요한 기능과 역할이 분명해 진다. 말하자면, 논리학은 타당한 논증의 타당성을 증명하는 학문임과 동시에 타당성이 증명되지 않는 논증이 왜 증명되지 않는지, 어디에 잘못이 있고 어디에 문제가 있는지를 보여 주는 학문인 것이다. 논리 연습을 통해 좋은 논증을 하는 것도 중요하지만 논리적 오류가 무엇인지 아는 것도 매우 중요하다. 논리적으로 추론하기 위해서 논리적 오류를 피하면 되기 때문이다.

　논리적 오류, 잘못된 논증이 무엇인지 아는 것은 내가 바르고 정확한 논리적 추론을 하는 데에도 필요하지만 오류를 이용해서 주장하는 사람들로부터 피해를 입지 않기 위해서라도 필요하다. 일반적으로 사람들은 논리적으로 생각하고 바르고 정확하게 논증하려고 하지만 경우에 따라,

혹은 꽤 많은 사람들은 논리적 오류라 하더라도 자신의 주장을 통해서 자신의 이익을 지키려고 한다. 오류인지 알고 모르고는 이들에게 관계가 없다. 보이스 피싱으로 사기를 치는 사람들, 자신의 부정이나 잘못을 숨기거나 정치적 이익을 위해 오류임에도 불구하고 논증을 하는 정치인들이 얼마나 많은가! 이들에게 속지 않기 위해서는 논리적 오류가 무엇인지 알아야 한다. 그래서 논리적 오류와 잘못된 논증이 무엇인지 아는 것은 현실적으로 더 쓰임새가 높다고 할 수 있다.

오류를 이용해서 피해를 입히려는 의도가 아니라면, 논리적 오류를 범하는 것을 매우 큰 잘못을 범하는 것으로 여길 필요는 없다. 논리적 오류는 추론의 실수라고 할 수 있다. 나쁜 의도를 가진 것이 아니라면 추론의 실수를 범한다고 해서 자신이 비논리적이라고 생각할 필요는 없다. 논리적 오류가 추론의 실수이긴 하지만 추론하는 과정에서 발생하기 때문이다. 생각해보면, 논리적 오류는 실수라는 점에서 잘못된 논증이긴 하지만 우선적으로 추론하고 논증하는 과정에서 발생한다. 오류를 범했다고 해도 추론을 한 것 아닌가! 아무런 주장도 논증도 하지 않으면 오류가 발생했다고 말할 수조차 없다. 말하자면 논리적 오류는 논리적으로 사고하고 올바른 논증을 하려고 할 때 발생하는 실수라는 것이다. 논증하지 않고 추론하지 않는 상황에서 무엇이 논리적 오류라고 말할 수는 없다. 논리적 오류가 생각하는 과정에서 발생한 실수라는 점에서 보면, 논리적 사고의 반대는 '오류'가 아니라 '생각하지 않는 것' 또는 '논증하지 않는 것'이라고 할 수 있다.

형식적 오류와 반례법

형식적 오류는 논증의 내용이 아니라 논증의 형식에서 오류가 발생한 것이다. 논증을 구성하는 내용이 어떠한가도 중요한 문제이지만 그것은 비형식적 오류에서 다룬다. 논증의 형식이 잘못되었다는 점에서 형식적 오류는 연역 논증에서 나타나며, 타당하지 않은 논증은 모두 형식적 오류를 범하고 있는 것이다. 연역 논증의 타당성은 논증의 형식으로 결정되기 때문이다.

논증의 형식은 곧 생각의 틀이고 생각이 따라가는 길이다. 따라서 형식적 오류는 우리의 생각이 잘못된 길을 따라가는 것과도 같다. 어떤 전제에서 어떤 결론으로 추론하는 과정에서 길을 잘못 따라가는 실수를 범하는 것이다. 예를 들어 보자. 성경 「요한복음」에 간음한 여인을 어떻게 할 것인지 예수를 시험하는 이야기가 나온다. 그 이야기에서 예수는 "너희 중에 죄 없는 자가 먼저 돌로 치라."라는 유명한 말로 그 시험을 모면한다. 예수는 모인 군중들 중에 양심상 죄가 없는 사람은 없을 것이라고 예상하고 아무도 그 여인에게 돌을 던지지 못할 것이라고 생각해 그렇게 말했고, 또 아무도 돌을 던지지 못했다고 한다. 그러나 이 이야기를 잘 분석해 보면 예수의 추론은 형식적 오류를 범하고 있다. 예수가 "너희 중에 죄 없는 자가 먼저 돌로 치라."라고 말한 것은 '누구든 죄가 없다면 여인에게 돌을 던져도 된다.'는 것을 가정하고 죄가 없는 사람은 없다는 것을 가정한다면, 누구도 여인에게 돌을 던지지 못할 것이라는 결론이 도출된다고 추론한 것이다. 그러나 이 추론은 전건 부정의 오류라는 형식적 오류를 범하고 있다. "너희 중에 죄 없는 자가 먼저 돌로 치라."라는 예수의 말이 잘못되었다는 것이 아니라 '누구든 죄가 없다면 여인에게 돌을 던져도 된다.'는 것을 전제를 받아들이고, 죄 없는 사람은 없으므로 누구도 여인에게 돌을 던지지 못할 것이라고 추론한 것이 타당하지 않다는 것이다. 이런 추론이 오류가 되는 이유는 죄 없는 자만이 죄를 단죄할 수 있는 것은 아니기 때문이다. 만약 그것이 가능하다면, 원죄설을 주장하는 기독교 교리에서는 누구도 죄를 단죄할 수 없게 되고 결국 죄는 더 이상 죄가 아닌 상황이 된다. 성경에 나오는 이야기라서 이런 형식적 오류라는 지적이 불편할 수도 있겠지만, 위와 같은 추론의 형식은 분명 오류이며 이런 유형의 형식적 오류를 '전건 부정의 오류'라고 부른다.

　형식적 오류는 일종의 유형을 형성한다. 앞의 전건 부정의 오류나 후건 긍정의 오류, 선언지 긍정의 오류 등은 모두 형식적 오류를 범하고 있는 타당하지 않은 논증이다. 이런 유형의 오류들은 명제 논리의 증명 방식, 즉 진리표를 이용해서 형식적 잘못을 증명할 수 있다. 연역 논증의 다른 체계인 정언 논리에서는 반례법을 이용해서 형식적으로 잘못된 논증의 오류를 증명할 수 있다. 그럼 형식적 오류를 범하는 논증을 증명하는 반례법에 대하여 살펴보자.

반례법은 전제가 참일 때, 결론이 거짓인 타당한 논증은 없다는 것을 기준으로 전제가 모두 참일 때 결론이 거짓인 반례가 있다는 것을 보임으로써 어떤 논증이 타당하지 않은 논증이라는 것을 형식적으로 증명하는 것이다. 다음 논증 (a)와 (b)는 이 책의 앞부분 2장 2절에서 타당하지 않은 논증의 사례로 제시한 (c)와 (d)를 형식적으로 바꾼 것이다.

(a) A이면, B이다.

　　A가 아니다.

　　그러므로 B가 아니다.

　　이 논증이 타당한 논증이려면, 전제가 참일 때 결론이 거짓인 경우가 없어야 하는데, 이 논증 형식은 다음과 같은 반례를 허용한다.

이순신 장군이 20척의 배를 가지고 있었다면, 명량 해전에서 승리했다.

이순신 장군은 20척의 배를 가지고 있지 않았다.

그러므로 이순신 장군은 명량 해전에서 승리하지 못했다.

　　이 논증은 전제가 참일 때, 결론이 거짓이 되는 반례를 허용한다. 실제로 이 논증은 '전건 부정의 오류'라는 타당하지 않는 논증에 해당한다.

(b) 어떤 S는 P이다.

어떤 P는 Q이다.

그러므로 어떤 S는 Q이다.

　　논증의 형식 (b)도 다음과 같이 전제가 참일 때 결론이 명백하게 거짓인 반례를 통해서 타당하지 않은 논증임을 증명할 수 있다.

어떤 남자는 아이이다.

어떤 아이는 여자 아이이다.

그러므로 어떤 남자는 여자 아이이다.

　　이와 같이 반례를 제시함으로써 연역 논증이 타당하지 않음을 증명할 수 있는 것은 연역 논증의 타당성은 논증의 형식에 의해서 결정되기 때문이다. 그래서 타당하지 않음을 보이려고 하는 논증과 동일한 형식을 가지고 있으면서 전제가 참이고 결론이 거짓이 되는 논증을 반례로 보여서 그 논증이 타당하지 않다고 논박하는 것이다. 이를 주어진 논증과 동일한 형식을 갖는 논증을 이용한다는 점에서 '유비에 의한 논박'이라고 한다.

01 논리적 오류

추론의 실수이며 논증에서 발생하는 형식적 혹은 비형식적 잘못
이나 결함

02 형식적 오류

논증의 잘못된 형식으로 발생하며 연역 논증에서 나타난다. 타당
하지 않은 논증은 모두 형식적 오류이다.

03 반례법

전제가 모두 참일 때 결론이 거짓인 사례가 있다는 것을 보임으로
써 어떤 논증이 타당하지 않은 논증이라는 것을 형식적으로 증명
하는 것

1. 다음 논증 중에서 형식적 오류를 범하고 있는 것을 찾아보자.

① 만약 어떤 사람이 매일 술을 먹고 고기 안주를 먹는다면, 지방간에 걸릴 확률이 높다. 나는 매일 술과 고기를 먹지는 않는다. 따라서 나는 지방간에 걸릴 확률이 높지 않다.

② 요즘 청년들은 주식 투자를 하거나 가상 화폐에 투자한다. 대학생 김○○ 군은 주식 투자를 한다. 그러므로 김○○ 군은 가상 화폐에 투자하지 않을 것이다.

③ 기준 금리가 상승하면 은행 대출 이자가 비싸진다. 대출 이자가 비싸지면 대출 수요가 줄어든다. 대출 수요가 줄어들면 은행의 수입이 줄어든다. 따라서 기준 금리가 상승하면 은행의 수입이 줄어든다.

④ 어떤 동물은 수컷이다. 어떤 수컷은 목이 길다. 따라서 어떤 동물은 목이 길다.

⑤ 만약 돌맹이가 성장한다면, 돌맹이도 바위가 될 수 있다. 돌맹이는 성장한다. 그러므로 돌맹이는 바위가 될 수 있다.

2. 다음 연역 논증의 형식적 오류를 반례법을 이용하여 증명해 보자.(전제가 참이면서 결론이 거짓인 예를 찾아보자.)

① 모든 자전거는 바퀴가 2개이다. 모든 자동차는 자전거가 아니다. 그러므로 모든 자동차는 바퀴가 2개가 아니다.

② 어떤 도로는 아스팔트 도로가 아니다. 모든 아스팔트 도로는 검정색이다. 따라서 어떤 도로는 검정색이다.

③ 모든 강아지는 날개가 없다. 모든 날개가 있는 것은 고양이가 아니다. 따라서 모든 강아지는 고양이가 아니다.

비형식적 오류

형식적 오류가 논증 형식의 잘못에서 비롯되는 것과 달리, 비형식적 오류는 논증을 구성하는 명제의 내용이나 사용된 언어가 잘못되었거나 이들 언어가 혼동을 일으키는 경우에 발생한다. 연역 논증에서도 비형식적 오류가 있을 수 있지만 대개는 귀납 논증에서 발생한다. 연역 논증의 경우 형식적으로 문제가 없더라도 전제가 참이 아닌데 참으로 간주하는 잘못이 대표적이다. 귀납 논증의 경우 논증의 내용상 전제가 결론을 충분히 뒷받침하지 못해서 논증의 개연성과 설득력이 떨어지는 것이 대부분의 비형식적 오류이다. 주장하고자 하는 결론을 감정적 이유에서 혹은 심리적 이유에서 주장하거나 결론과 관련성이 없는 전제를 적용하는 것 등은 개연성과 설득력을 충분히 갖추지 못하게 만드는 요인이 된다.

비형식적 오류는 우리의 일상적인 대화나 글에서 자주 나타날 뿐만 아니라 언론 기사에 대한 댓글에서도 흔하게 볼 수 있다. 신뢰도 낮은 언론에 대한 감정적 댓글이 많기 때문이다. 물론 기사를 쓰는 기자들이나 칼럼, 논설을 쓰는 언론인들도 의식적이든 혹은 무의식적이든 비형식적 오류를 자주 범한다. 그래서 우리가 논리적 오류를 포함하는 거짓 정보에 속지 않기 위해서는 논리적 오류의 유형을 알고 있어야 한다. 언론 기사가 사실을 전달할 것이라고 무턱대고 믿기 보다는 논리적이고 비판적인 사고를 통해 오류를 걸러낸다면, 적어도 가짜 뉴스로부터 피해를 입지 않을 수 있다. 비판적 사고력과 논리적 사고력은 민주 사회의 성숙한 시민이 갖추어야 할 중요한 덕목이자 편향된 정보, 거짓 정보, 사기로부터 자신을 지킬 수 있는 훌륭한 도구인 것이다.

비형식적 오류는 매우 다양하다. 그래서 많은 비형식적 오류의 유형과 종류들을 특징에 따라 분류하면 각 오류들의 특징과 구조를 이해하는 데 도움이 된다. 그러나 오류의 분류가 정해져 있는 것은 아니다. 논리학자들에 따라 오류의 분류는 다를 수 있고 오류의 이름도 다를 수 있다. 논리적 오류를 익히는 데에는 오류의 이름과 오류의 내용과 구조를 매칭시키는 것이 필요한데, 경우에 따라 오류의 이름이 그 오류의 내용과 구조를 전혀 대표하지 못하는 경우도 있다. 이런 점에 유의하면서 논리적 오류라고 규정되는 것이 왜 오류가 되는지 분석해 보자.

1. 관련성의 오류(fallacy of relevance)
　⋮

좋은 논증이되기 위해 전제와 결론의 논리적 관련성은 필수적이다. 관련성도 그 정도의 크기에 따라 개연성과 설득력에 차이가 있는 것인데, 결론과 전혀 무관한 전제를 제시하면서 논증을 하게 되면 관련성의 오류를 범하게 되는 것이다. 이런 유형의 오류를 범하는 논증들은 결론과 논리적으로 관련이 있는 전제를 토대로 하는 것이 아니라 개인적인 감정이나 경험 등 주관적이고 심리적인 요소에 기대는 논증이다. 그래서 논증자들은 자신의 논증이 오류를 범하고 있는 것을 알지 못하는 경우가 많다. 그들의 오류를 지적하면 오히려 화를 내는 경우도 있다. 그러나 전제와 결론이 자신의 주관적 관점에 따라 심리적으로 혹은 감정적으로 관련이 있는 것처럼 보이더라도 일반적 수준의 설득력을 갖춘 것은 아니다. 전제는 결론의 내용이나 사안에 따라 논리적 관련성이 인정될 수 있는 것이어야 한다. 이 전제와 결론의 관련성이라는 기준을 이용해서 자신이 주장하고자 하는 결론과 관련성이 높은 근거를 찾으려고 노력하는 것은 당연한 일이기도 하지만 논리적 사고를 연습하는 매우 좋은 방법이기도 한다. 이제 이 유형에 속하는 오류를 하나씩 살펴보자.

1) 군중 심리에 호소하는 오류

군중 심리에 호소하는 오류는 논증자가 자신의 주장을 뒷받침하기 위해 정당한 근거를 제시하는 것이 아니라 다양한 종류의 군중 심리에 호소함으로써 발생하게 된다. 이런 유형의 논증에서 논증자는 군중 심리를 이용해서 대중들이 자신의 주장을 받아들이도록 요구하거나 자기 스스로 자신의 주장을 군중 심리에 기대어 정당화한다. 같은 주장을 하더라도 주장과 관련된 합당한 근거를 제시한다면 오류가 되지 않겠지만 합당한 근거가 아니라 사람들이 가지고 있는 군중 심리를 이용하기 때문에 오류가 되는 것이다. 따라서 군중 심리에 호소하는 오류를 피하기 위해서는 주장과 관련된 합당한 근거를 가지고 논증을 해야 한다. 다음의 예를 살펴보자.

- 우리 아이가 다니는 학교에서 성적이 우수한 학생들은 모두 학원에서 선행 학습을 한다. 그러므로 우리 아이도 학원을 보내 선행 학습을 시키는 것이 좋겠다.

- (광고 문구) 나이키 NK-2022-SE! 올해 출시된 이 신상품은 딱 100분에게만 구입 기회가 있는 한정판 스페셜 에디션입니다.

- 친구야, 영화 보러 가자. 얼마 전에 나온 영화 「어벤져스: 엔드게임」이 대박이래. 벌써 우리나라 사람 1,000만 명 이상이 봤다는구나. 안 보면 간첩이라는데, 우리도 봐야지. 그러니까 우리 「어벤져스: 엔드게임」 보러 가자.

이 세 논증은 각각 다른 성격의 군중 심리에 호소하는 오류를 범하고 있다. 왜 오류인지 정확하게 확인하기 위해서는 결론(주장)이 무엇이고 그에 대한 전제(근거)는 무엇인지 찾아야 한다. 첫 번째는 학원에서 선행 학습을 시켜야 하는 이유로 선행 학습의 교육적 가치나 성적을 좋게 하는 효과를 말하는 것이 아니라 다른 모든 성적이 우수한 학생들이 선행 학습을 하기 때문이라고 말함으로써 오류가 된다. 두 번째는 논증의 형태를 갖추고 있지는 않지만, 만약 이 광고를 보고 제품을 구입한다면, 그 판단은 제품의 필요성이나 장점에 근거한 것이 아니라 허영심이나 속물근성 같은 대중 심리를 좇은 것이기 때문에 오류가 된다. 세 번째는 어떤 영화를 보러 가자고 주장하는 것이 그 영화가 볼만하다는 여러 합리적인 이유에서가 아니라 그저 많은 사람이 보았다는 이유에서 유행을 좇으려는 대중의 심리를 근거로 말하고 있기 때문이다.

군중 심리에 호소하는 논증은 인간에게 군중 심리에 의지하는 습성이 있다는 것을 이용한다. 사람들은 남다르고 특이한 사람으로 보이기보다는 대다수의 보통 사람들과 같은 부류에 속하기를 원한다. 독립적인 개인으로 있기보다는 어떤 집단에 소속됨으로써 소외되지 않는다고 느끼고, 군중 속에 있으면서 더 편안함과 안정감을 느낀다. 자신만의 시각과 의견을 가지고 그것을 주장하기보다 대세에 편승하여 어떤 집단이나 공동체에 속하여 소속감과 일치감을 갖고 싶은 욕망이 있는 것이다. 시쳇말로 따라쟁이들의 책임 회피성 심리인 것이다. 이런 군중 심리가 때로는 집단 따돌림이나 집단 폭력처럼 군중 속에서 인간이 이성적으로 사고하고 판단하지 못하게 하는 문제를 낳기도 한다. 다른 한편으로 군중 심리는 개인이 다수의 대중으로부터 인정받고 싶은 욕구를 동반한다. 값비싼 명품이나 희귀한 물품을 사서 과시하고 우월감을 느끼거나 허영심과 속물근성을 만족시키는 것, 유행하는 옷, 음악, 콘텐츠 등을 찾아 소비하면서 집단에 동화되는 것 등이 대중으로부터 인정받고 싶은 욕구이다. 군중 심리에 호소하는 논증의 오류는 인간이 가지고 있는 이런 다양한 군중 심리를 이용해 상대방이 자신의 주장을 받아들이도록 하거나 자신의 판단이나 주장을 정당화하는 것이다. 자신의 주장을 정당화하기 위해서 군중 심리에 기대지 말고 주장과 관련된 합당한 근거를 제시하는 것이 오류를 피하는 방법이다.

하지만 혹자는 군중 심리를 이유로 선행 학습을 시키거나 운동화를 사거나 영화를 보러 가는 것이 무엇이 잘못이냐고 물을 수 있다. 우리의 전통적 가치는 이런 군중 심리에 편승하는 것이 더 좋다고 가르쳐 왔다. 다수의 보통 사람들과 달리 행동하면 '모난돌이 정 맞는다.'라고 말하고, 그저 자신의 생각을 말했을 뿐인데 '주장이 강하다.'거나 '고집이 세다.'라고 반응한다. 또 남들보다 좀 더 적극적이면 '유별나다'거나 '나댄다'라는 말을 듣는다. 이런 사회적 분위기에서 그저 남들 하는 대로 군중 심리에 편승하는 것이 더 자연스럽고 익숙해진다. 많은 사람이 좋아하는 드라마를 보고 유행을 좇아 음악을 듣고 옷을 입고 또래 집단이 사용하는 언어를 사용하는 것이 전혀 잘못이라고 생각하지 않는다. 이들이 유행을 따르고 대중이 하는 것을 따라하는 것이 왜 잘못된 것이냐고 의문을 갖는 것은 어쩌면 당연하다. 그러나 개인적 취향으로 또는 많은 사람들이 하는 것을 하고 싶은 욕망으로 어떤 것을 선택하는 것과 그런 이유에서 그것이 좋다고 논증하는 것은 구별해야 한다. 군중 심리에 편승해 개인적으로 어떤 것을 선택하는 것은 누가 뭐라 할 일이 아니지만 대부분의 사람들이 그렇게 한다는 것이 자신도 그렇게 하는 이유라고 하는 것은 논리적 근거를 갖춘 논증이라고 할 수 없다. 즉, 군중 심리에 호소하는 근거로 상대방에게 자신의 주장을 받아들이라고 요구하는 논증과 자기 스스로 자신의 견해를 정당화하는 논증은 합리적 근거를 갖춘 논증이라고 할 수 없다. 단지 자신의 주장에 대한 근거를 대중에게 의지해 책임을 회피하려는 습성에 불과하다.

2) 연민에 호소하는 오류

논증자가 어떤 결론을 정당화하기 위해서 그 결론을 받아들이기에 합당한 근거를 제시하는 것이 아니라 상대방에게 연민이나 동정심 같은 감정을 유발시켜 자신의 주장을 받아들이도록 할 때 연민에 호소하는 오류가 발생한다. 보통 논증자는 자신이 매우 어려운 처지에 있다고 하거나 힘든 상황임을 밝히며 상대가 연민의 정을 가져주기를 기대하는 것이다. 예전에 다음과 같은 메일을 몇 번 받은 적이 있다.

> 교수님, 성적을 확인하고 실례를 무릅쓰고 메일을 드립니다. 저의 집안이 넉넉하지 않아서 제가 학비를 마련해 공부를 하고 있는데 장학금을 받지 못하면 저는 다음 학기에 등록을 할 수가 없습니다. 다음 학기에 장학금을 꼭 받아야 합니다. 그런데 교수님의 과목에서 학점이 부족해서 장학금을 받기 어려운 상황이 되었습니다. 제가 열심히 공부해서 좋은 성적을 받았어야 했지만 이번 학기 다른 일에 신경을 쓰느라 교수님 과목을 열심히 공부하지 못했습니다. 그렇지만 저의 어렵고 급박한 상황을 고려하셔서 성적을 조금 더 올려 주시기를 부탁드립니다.

학생의 주장은 성적을 올려 달라는 것이고 그에 대한 근거는 장학금을 받지 못하면 등록을 할 수가 없는데 내가 맡은 과목의 성적 때문에 장학금을 받지 못하게 되었다라는 것이다. 좋은 성적을 받을 수 있는 정당한 방법은 아니지만 학생의 처지는 이렇게라도 하고 싶은 마음이 들 수 있다. 하지만 누구나 이것이 정당하다고 말할 수는 없을 것이다. 정당한 근거가 아니라 연민에 호소하는 오류인 것은 분명하다. 학생이 이런 요구를 하는 것도 교수가 학생의 요구를 들어주는 것도 모두 오류에 근거한다. 이 사례의 경우 연민에 호소하는 논증이 오류가 아니라면, 정당하게 열심히 공부하여 좋은 성적을 받은 다른 학생들은 뭐가 되겠는가? 만약 교수가 학생의 요구를 들어준다면 전혀 정당한 처사라 할 수 없을 것이다.

사람들은 이성적으로 판단해야 하는 일도 연민의 정에 이끌려 생각하고 판단하는 경우가 많다. 더욱이 우리 사회는 그것을 미덕으로 여기기도 하는 반면에 매사 이성적으로만 판단하는 사람들을 차갑고 정 없는 사람으로 취급하기도 한다. 그렇다 보니 합리적 판단이 요구되는 일과 공감과 동정심이 필요한 일을 구별하지 못하게 된다. 사람들의 이런 성향을 이용해 연민의 정을 불러일으켜 이익을 취하는 사람들이 정치인이다. 선거 때만 되면 불쌍하게 보이고 눈물로 호소해 유권자의 표를 얻는다. 정치인들이 이렇게 하는 것도 이 방법이 대부분의 사람들에게 통한다고 생각하기 때문이다. 우리는 이것이 연민에 호소하는 오류라는 것을 간파하고 정치인들을 더욱 이성적으로 판단해야 한다. 예전 대통령 선거 전, 한 언론 기사에서 어떤 후보에게 투표할 것인지에 대한 탐방 기사를 읽은 적이 있다. 그 기사에서 답변한 한 시민은 자신이 어떤 특정 후보를 지지하는 이유를 불쌍하기 때문이라고 말했다. 엄마, 아버지 다 돌아가셔서 얼마나 불쌍하냐는 것이다. 그 시민은 연민에 호소하는 오류를 범하고 있다. 그렇지 않다면, 불쌍한 사람들이 대통령 직무를 수행하기에 적합한 사람이 될 수 있기 때문이다. 하지만 불쌍함은 전혀 대통령의 자격 조건이 아니다.

3) 힘에 호소하는 오류

논증자가 어떤 결론을 내세우면서 결론과 관련 있는 합당한 근거를 제시하지 않고 자신의 지위와 권력 같이 자신이 가진 힘에 의지할 경우 힘에 호소하는 오류가 발생한다. 논증자는 사실상 상대방이 자신의 주장을 받아들이도록 위협을 가하는 것이다. 자신의 주장을 받아들이지 않으면 피해를 받게 되거나 불이익을 얻게 될 것이라고 말하기 때문이다. 올바른 논증은 상대가 자신의 주장을 충분히 납득하고 주장을 받아들일만한 충분한 근거를 제시해야 한다. 그렇지 않고 자신의 주장을 받아들이지 않을 경우 상대방에게 돌아갈 피해를 말하면서 심리적 압박을 가하거나 불안, 공포를 갖게 하여 어쩔 수 없이 주장을 받아들이도록 할 때 그 논증은 힘에 호소하는 오류를 범하게 된다. 상대가 그런 피해나 불이익이 두려워 논증자의 주장을 수용하더라도 논증 자체가 오류임에는 변함이 없다. 다음은 이와 관련된 아빠와 아들의 대화이다.

> 아빠: 아들아, 부엌에 가서 물 한 잔 가져 오너라.
> 아들: 아빠가 먹을 건대 왜 저를 시키세요. 아빠가 먹을 건 아빠가
>   가져다 드세요.
> 아빠: 하하, 요놈 봐라. 네가 가지고 노는 장난감, 너의 소중한 장
>   난감, 그거 다 아빠가 사 준 거다. 알지? 그럼 이제부터 더 이상
>   장남감은 안 사 준다.
> 아들: 어휴, 알았어요. 물 가져올게요.

가정에서 아빠니까 당연히 그럴 수 있다고 생각할지 모르지만 분명 아빠는 힘에 호소하는 논증의 오류를 범하고 있다. 즉, 자신의 주장을 받아들이도록 하기 위해 장난감을 사 주는 아빠라는 지위를 이용해 아이에게 가벼운 협박을 하고 있는 것이다. 이 오류는 권위주의 사회에서 또 권위적인 사람들에게서 더 많이 발생할 수밖에 없다. 그런 사람들은 자신의 주장에 일일이 합당하고 정당한 근거를 찾아 제시하면서 자신의 주장을 정당화하는 것보다 자신의 지위나 권력을 이용하는 편이 더 쉽고 간단하

기 때문이다. 그런 힘에 짓눌려 주장과 요구를 받아들일 수밖에 없더라도 그 논증이 오류라는 것은 피할 수 없다. 또 다른 사례를 보자.

> [직장 회식에서 직장 상사의 말]
> 저는 여러분이 오늘 회식을 오랫동안 즐겁게 즐기기를 바랍니다.
> 그래서 오늘 회식에서 인사 고과에 특별 점수를 부여하겠습니다.
> 끝까지 남아 나보다 늦게 집에 가는 사원에게 10점, 그보다 1시간
> 일찍 가는 사원에게 9점, 그보다 1시간 일찍 가는 사원에게 8점,
> 이렇게 특별 점수를 부여하겠습니다. 그럼 우리 모두 10점을 추가
> 로 받으면서 즐겁게 회식을 즐겨 봅시다. 건배!

4) 사람에 대한 오류

사람에 대한 오류를 범하는 논증에는 항상 두 사람이 등장한다. 한 명은 어떤 주장을 하는 사람이고 다른 한 명은 그 주장을 반박하는 사람이다. 사람에 대한 오류를 이해하고 파악하는데 둘 중 누가 오류를 범하고 있는지가 중요한데, 단적으로 말하면 오류를 범하는 사람은 주장을 하는 자가 아니라 그 주장을 반박하는 자이다. 다시 말하면, 오류는 반박하는 자가 상대의 주장에 대해 반박하는 논증에서 발생하는 것이다. 한 사람이 어떤 주장을 했을 때, 상대의 주장을 반박하는 사람은 상대의 주장에 어떤 문제가 있는지 지적해야 한다. 주장과 근거의 관련성에 어떤 문제가 있는지, 주장과 근거가 어떠하기에 받아들일 수 없는지 등을 지적하면서 반박해야 한다. 그런데 반박하는 사람이 상대의 '주장'이 아니라 주장하는 '사람'과 관련된 여러 가지 문제를 제기해서 마치 상대방의 주장

도 문제가 있고 정당하지 않은 것처럼 보이게 할 때, 사람에 대한 오류가 발생한다. '사람에 대한 오류(argumentum ad hominem)'라는 용어는 꽤 오래 전부터 사용되어 왔다. 요즘은 이 오류를 메시지를 반박하지 않고 메신 저를 공격함으로써 그 사람의 메시지도 문제가 있는 것처럼 보이려고 한 다는 의미에서 '메신저 공격의 오류'라고 부르기도 하는데, 좀 더 이해하 기 쉬운 명칭 같다. 이 사람에 대한 오류는 상대방과 관련된 어떤 사실을 지적하는가에 따라 인신공격의 오류, 정황적 오류, 피장파장의 오류로 구분되는데 하나씩 살펴보자.

(1) 인신공격의 오류

토론이나 논쟁 중에 상대방의 주장에 대해서 비판하거나 반박하는 것 이 아니라 상대방의 인격, 성향, 평판, 사상 등을 폄훼하거나 그 주장의 내용과 무관하게 모욕적인 발언을 함으로써 상대방의 주장까지도 잘못 된 것이라고 하는 경우를 인신공격의 오류라고 할 수 있다. 이 경우 상대 방의 주장 자체에 대해서는 어떤 합리적 반박도 하지 않는다. 단지 상대 방을 인신공격하듯이 비난하고 주장과 관련 없는 것들을 들먹이며 상대 방의 메시지(주장)가 아니라 메신저(사람)를 비방하는 것이다. 이런 반박 은 잘못된 논증이지만 상대가 심리적으로 위축되거나 감정적으로 반응 하도록 만드는 효과가 있을 수 있다. 상대방의 주장에 대해서 합리적으 로 반박하기 어려울 때, 오류라 하더라도 이런 효과를 노리면서 인신공 격의 논증을 하기도 한다.

인신공격의 오류를 제대로 파악하기 위해서는 주장의 내용을 반박하 는 것인지 주장하는 사람을 비난하는 것인지 구분하는 것이 필요하다. 누군가를 욕하고 인신공격한다고 모두 인식공격의 오류라고 보아서는 안 된다. 논리적 오류는 추론과 논증에서 발생한다는 것을 잊지 말아야한다. 반박하는 사람이 상대의 주장에 대해서 반론을 제기하는 것인지단지 사람을 비난하는 것인지 구분하고 확인해야 한다. 이런 인신공격의오류는 정쟁을 일삼는 정치인들 간의 토론이나 논쟁에서 흔하게 볼 수있고 정당한 토론과 논쟁이 목적이 아니라 상대를 비방하는 것이 목적인사람에게서 볼 수 있다. 예를 들어 보자.

> ○○○당 ○○○ 의원은 무책임한 언론의 왜곡 보도, 거짓 보도를근절해야 한다고 주장했다. 그는 언론이 아무런 근거도 없이 가짜 뉴스를 만들어 정확한 사실을 파악해야 할 국민들에게 거짓 정보를 전달하고, 정상적인 공론장의 역할을 못하고 있다고 주장했다. 그런데 그 의원은 얼마 전 50억 원의 뇌물을 받은 것으로 검찰조사를 받은 전력이 있다. 자신의 잘못부터 반성하고 사죄해야 할사람의 주장을 누가 진정성 있게 듣겠는가!

제삼자가 ○○○ 의원의 주장과 반박자의 인신공격을 본다면, 50억 원뇌물을 받았다는 것으로 ○○○ 의원에 대해 부정적인 시각을 가질 수 있고 그것으로 ○○○ 의원의 언론 문제에 대한 주장조차 진정성 있게 받아들이지 않을 수 있다. 이것이 인신공격의 오류를 이용할 경우 반박하는사람이 의도한 것이라 할 수 있다. 이 경우 인신공격의 오류는 반박하는사람이 자신의 반박이 논리적 오류라는 것을 알면서도 상대를 비방함으로써 논점을 흐리려는 의도가 있으므로 추론의 실수가 아니라 의도적 공격으로 봐야 할 것이다.

(2) 정황적 오류

상대방의 주장을 반박할 때, 주장 자체를 반박하는 것이 아니라 상대방이 처한 상황에서는 그런 주장을 할 수밖에 없다고 말하거나 상대방의 입장에서는 당연히 그런 주장을 하게 된다고 말함으로써 상대방의 주장이 진정성 없는, 무가치한 것이라고 평가 절하 할 경우 정황적 오류가 발생한다. 이 오류는 상대방의 정황을 공격하거나 비난하는 것은 아니기 때문에 인신공격의 오류와는 다르다. 예를 들면 다음과 같다.

- 김○○ 씨는 동성 간의 혼인도 법적으로 인정되고 보호받아야 한다고 주장하면서 오늘 오후 두 시, 시청 앞에서 기자 회견을 했다. 그런데 그의 주장은 크게 주목받지 못했다. 왜냐하면 김○○ 씨 자신이 동성애자이며 이미 동성 애인과 동거를 하고 있다고 알려졌기 때문이다.

- ○○노동조합의 노동자들은 임금 인상을 요구하며 사측에 단체 협상을 요구했다. 이 조합의 노동자들은 사측이 임금 인상을 수용하지 않으면 무기한 파업에 돌입할 것이라고 밝혔다. 그런데 노조 측은 매번 파업을 통해서 자신들의 임금을 인상해 달라는 요구만 하고 있어서 이기적이라는 곱지 않은 시선으로 보는 사람들이 많다.

위의 예에서 볼 수 있듯이 정황적 오류는 주장하는 사람의 상황이나 입장이 그런 주장을 할 수 밖에 없다는 것을 지적한다. 그래서 그의 주장이 바로 자기 자신의 이익을 위한 것을 암암리에 혹은 명시적으로 드러냄으로써 그의 주장이 정당하지 못하다고 반박하는 것이다. 우리는 이런 오류를 언론 기사와 댓글에서 자주 볼 수 있다. 정황적 오류를 범하는 기자나 댓글을 쓰는 사람들은 보통 이렇게 반박하는 것이 오류라고 생각하지 않는 것 같다. 마치 주장하는 사람의 상황을 밝혀서 정당한 지적을 하는 것으로 여기는 것이다. 그러나 어떤 주장을 반박하는 논증이라는 점을 생각해 보면, 정당한 반박은 상대방의 주장이 합당한지 아닌지에 관한 것이어야 한다. 주장의 내용과 주장하는 사람이 처한 상황이나 입장은 관련이 없다. 만약 상대방의 정황을 지적하는 것이 정황적 오류가 아니라 정당한 반박이라면, 동성애자는 동성 간 혼인의 합법화를 주장해서는 안 되는 것이고, 노동자는 자신의 임금 인상을 주장해서는 안 되는 것이다. 그러나 노동자는 타인이 임금 인상을 주장해 주어야 임금을 인상받을 수 있는 것이 오히려 더 비논리적이다. 누구든 자신이 처한 상황에서 자신의 이익을 위해서 주장하는 것은 정당하다. 따라서 상대방의 주장이 아니라 그 사람의 정황을 지적하며 반박하는 것은 잘못된 논증에 해당한다.

(3) 피장파장의 오류

피장파장의 오류는 어떤 주장을 반박하는 사람이 그 주장을 한 사람에게 주장하는 사람 본인도 유사한 정도의 잘못이 있다는 것을 지적하여, 너나 나나 다 비슷한 정도의 잘못이 있다라고 말함으로써 주장하는 사람의 주장을 무력화시키는 방식을 말한다. 반박하는 사람은 주장하는 상대를 향해 너나 나나, 피장파장 같은 상황이라고 함으로써 주장하는 사람의 주장을 유효하지 않도록 만드는 방식이다. 상대방의 주장을 반박하려고 할 때는 상대방이 제기한 주장 자체의 문제점이나 잘못된 점을 반박해야 한다. 그런데 주장의 정당성과 무관하게 상대방도 유사하거나 동등한 정도의 잘못이 있다고 지적하는 것은 주장하는 사람이나 반박하는 사람, 너나 나나 비슷하다는 점을 지적하여 상대방의 주장을 들을 필요가 없다거나 유효하지 않다는 식으로 반박하는 것이다. 이런 피장파장의 오류는 우리 주변 일상에서 흔히 사용되고 볼 수 있다. 이런 식의 반박은 주로 상대가 자신의 어떤 잘못을 지적할 때 당사자가 상대의 지적을 인정하고 싶지 않을 때, 상대방도 같은 정도의 잘못이 있다는 것을 언급하면서 상황을 모면하거나 회피하려고 할 때 발생한다. 피장파장의 상황을 만드는 것이 오류인 것은 상대방의 주장에 대한 반박이 아니기 때문이기도 하지만 그렇게 상황을 모면하거나 회피한다고 해서 상대방의 주장이 실제로 무력화되지도 않기 때문이다. 예를 들어 보자.

#1
부인: (남편에게) 양말 뒤집어서 벗어 놓지 말라고 몇 번을 말해요.
남편: 왜 나한테만 그래요. 당신도 전에 양말 그렇게 벗어 놓았잖아요. 내가 봤어요.

#2
아빠: (딸에게) 애야, 식사할 때는 바른 자세로 앉아서 먹어야지. 그렇게 구부리고 앉아서 먹으면 나중에 배 아프단다.
딸: 아빠도 TV 보실 때 매번 소파에 누워서 보잖아요.

이 두 사례에서 볼 수 있듯이 남편과 딸은 부인과 아빠의 지적에 부인과 아빠도 마찬가지로 비슷한 일을 했다는 것을 지적하며 피장파장의 상황을 만들어 상황을 모면하려고 한다. 그러나 이렇게 반박하는 것이 잘못된 논증이 되는 이유는 피장파장의 상황을 만든다고 해서 남편의 행동과 딸의 태도가 정당화되지 않기 때문이다. 즉, 반박해야 할 것은 부인과 아빠의 주장인데 그 주장을 하는 사람에 대한 지적을 하고 있기 때문에 사람에 대한 오류 중 하나인 피장파장의 오류가 되는 것이다. 이처럼 감정적으로 대화를 나눈다면 문제가 해결되지 않고 감정싸움이 계속된다는 점도 잘못된 논증의 좋지 않은 영향이라고 할 수 있다.

5) 허수아비 공격의 오류

논증을 통해 상대방의 주장을 공격하려고 할 때, 상대 주장의 문제점이나 결함을 지적하는 것이 정상적인 방법이다. 그런데 정상적인 방법으로 공격하는 것이 아니라 상대 주장을 변형하여 공격하기 쉽게 만든 후 그 변형된 주장을 공격하여 본래의 주장까지 잘못된 것처럼 보이려고 할 때 허수아비 공격의 오류가 된다. 이때 허수아비는 상대 주장을 공격하기 좋게 극단적으로 단순화하거나 왜곡한 변형된 주장이다. 변형된 주장인 허수아비를 공격한다고 해서 본래의 주장이 부정되는 것이 아니지만 이 오류를 범하는 사람은 허수아비를 공격하고 나서 본래의 주장이 부정된다고 생각한다. 그래서 허수아비 공격의 오류를 이용해 상대 주장을 공격하는 사람은 상대 주장을 공격하기 어렵다고 판단해 다분히 의도적으로 이 방법을 사용하는 경우가 많다. 상대 주장을 변형하여 공격하는 당사자뿐만 아니라 이 오류를 범하는 토론이나 논쟁을 보는 제삼자도 본래 주장과 변형된 주장을 구별하지 못하거나 주장의 왜곡이나 단순화를 인지하지 못하면 허수아비 공격의 오류를 알아채지 못할 수 있다. 따라서 허수아비 공격의 오류를 알아채기 위해서는 주장과 관련된 배경 지식이 필요하며, 본래의 주장과 허수아비를 구별해 분간할 수 있도록 주목할 필요가 있다. 다음의 예를 살펴보자.

> ○○기업의 청소 노동자들이 휴게실이 없어서 화장실 한 칸에서 휴식을 취한다고 한다. 이에 노조는 건물 내에 청소 노동자들이 휴식 시간에 쉴 수 있는 안전한 휴게실을 보장해 달라고 요구했다. 이에 사측은 직장은 일하러 오는 곳이지 쉬러 오는 곳이 아니라며 휴게실을 보장해 달라는 주장을 일축했다.

이 사례에서 사측은 휴게실을 확보해 달라는 청소 노동자들의 요구를 직장에서 쉬겠다는 주장으로 왜곡하여 그것이 잘못된 것인 양 공격하고 있다. 본래의 주장이 아니라 허수아비를 세워 공격하고 본래의 주장을 부정하는 허수아비 공격의 오류를 범한 것이다.

정치인들이 때때로 상대 정당의 주장을 부정하기 위해서 허수아비 공격의 오류를 범하면서 주장 자체를 공격하는 것이 아니라 변형된 주장, 즉 프레임을 바꿔 부정적으로 해석한 후 그 허수아비를 공격하는데, 유권자가 주장과 관련된 배경 지식이 없을 경우 오류를 오류로 인식하지 못할 수 있다. 이러한 허수아비 공격의 오류는 요즘 표현으로 '잘못된 프레임의 오류'라고도 부른다. 다음의 예를 살펴보자.

> 김○○ 의원이 제안한 고교 무상 급식 정책은 국민의 세금을 불필

요한 곳에 쓰는 나쁜 정책이다. 고교생 모두에게 점심을 제공할 필요가 있는가? 재벌의 고교생 아들, 딸들에게도 급식을 무상으로 준다는 것인데, 그런 부유층 학생들까지 무상 급식을 주는 것은 정부 재원을 낭비하는 것이다.

이것은 실제로 예전에 있었던 논쟁을 간단히 정리한 것이다. 현재 우리나라는 이미 초등학생부터 고등학생까지 전면 무상 급식을 시행하고 있다. 당시 논쟁이 있었을 때 반대 측에서는 위와 같이 공격하면서 무상 급식을 반대했다. 이 정책에 반대 의견을 가진 사람은 '이것이 왜 허수아비 공격의 오류냐.'라고 의문을 가질 수 있지만, 반대 측은 고교 무상 급식을 재벌 자녀까지 점심을 무상으로 주는 정책이라고 단순화, 왜곡하면서 그 정책이 잘못된 것이라고 공격했다. 무상 급식 정책은 부유층 자녀들까지도 공짜 밥을 주는 정책이라고 프레임을 씌우고 부정적으로 보이게 만들었다는 점에서 허수아비 공격의 오류라고 할 수 있다.

허수아비 공격의 오류에서 왜곡되거나 부정적 이미지를 씌운 허수아비에 대해서 논란의 여지가 있을 수 있다. 누가 보아도 왜곡한 것이라고 객관적으로 판단할 수 있는 허수아비도 있지만 왜곡한 것이라고 인정하지 않을 경우 오류를 인정하지 않는 것이 된다. 특히 논란의 여지가 있는 경우는 위와 같은 정책에 대해서 공격할 때, 반박하는 사람이 당파적 입장에서 이해관계에 따른 해석이라고 고수한다면, 자신이 오류를 범했다고 인정하지 않을 것이다. 따라서 허수아비에 대한 논란의 여지가 있는 경우는 논쟁이 불가피하며 주장과 관련하여 전문적이고 객관적인 정보를 갖추는 것이 필요하다는 점에 유의해야 한다.

2. 불충분한 귀납의 오류
⋮

불충분한 귀납의 오류로 분류되는 오류들은 논증의 전제와 결론이 관련있지만 그 관련성이나 지지의 강도에서 불충분한 경우를 모은 것이다. 논증의 목적은 주장을 정당화하는 것이다. 그러기 위해서는 주장과 관련된 근거를 충분히 제시하려는 노력이 필요하다. 특히 귀납 논증이 다루는 주제들과 내용들은 전제로부터 확실한 결론을 도출할 수 없는 것이어서 관련성과 강도에 있어서 정도의 차이가 다양하다. 여기에 제시된 오류들은 어떤 경우에 개연성이 떨어지게 되는지를 보여준다.

1) 무지에 의거한 논증의 오류

어떤 것이 참이라는 것이 증명되지 않았다고 해서 그것을 거짓이라고 주장하거나 어떤 것이 거짓이라는 것이 증명되지 않았다고 해서 그것을 참이라고 주장할 때, 무지에 의거한 논증의 오류가 발생한다. 참도 거짓도 증명되지 않아서 우리가 아직 참인지 거짓인지 확실하게 모른다고 해서 그것이 참 혹은 거짓이라고 주장할 수 있는 근거가 되지 못하는 것이다. 따라서 우리가 아직 참인지 거짓인지 확실하게 알지 못한다는 것을 전제로 어떤 결론을 참으로 혹은 거짓으로 주장한다면, 그것은 불충분한 추론이 된다. 왜냐하면 같은 상태의 전제에서, 즉 어떤 것이 참이라는 것이 증명되지 않은 상태여서 거짓이라고 주장한다면, 마찬가지로 참이라고도 주장할 수 있는 것이기 때문이다. 무지에 의거한 논증은 근거가 불충분한 귀납 논증의 전형적인 유형에 해당한다.

이 논증은 과학 영역에서 확실한 증거가 없는 주장을 정당화하려는 사람들이 주로 사용하거나 또는 새로운 제도나 정책에 반대하는 입장에 있는 사람들이 주로 사용한다. 이와 관련된 다음의 두 가지 예를 살펴보자.

A: 어제 축구 경기에서 손흥민이 골을 넣을 때 내가 손흥민에게 텔레파시를 보냈어. 슛을 해야 한다고.

B: 텔레파시가 어디있어? 그게 말이 되는 소리야?

A: 텔레파시가 왜 없어? 텔레파시가 존재하지 않는다는 것이 입증되지 않았잖아. 어제 내가 분명 손흥민한테 텔레파시를 보냈거든.

우리 당은 상대 정당이 주장하는 기본 소득 정책을 받아들일 수 없습니다. 기본 소득이라는 정책이 어떤 효과가 있을지 아무도 모릅니다. 전 세계에서 그 정책을 시행한 국가가 없습니다. 그 제도가 우리나라 경제를 망칠지 도움이 될지 알지 못하는 상태에서 그 정책을 시행하는 것은 매우 위험합니다. 그래서 우리는 기본 소득 정책을 절대 받아들일 수 없습니다.

생각해 보면, 우리가 참과 거짓을 확실하게 알고 있는 것보다 모르고 있는 것이 더 많다. 이런 상황에서 이 무지에 의거한 논증의 오류는 우리 지식의 불확실함을 근거로 참이든 거짓이든 마치 확실한 것처럼 주장하는 적절하지 않은 논증이라는 것을 보여 준다고 할 수 있다. 우리가 어떤 것이 참인지 거짓인지 확실하게 알지 못할 때에는 신중하게 추론하기 위해서 판단을 유보하는 것도 좋은 방법이다. 하지만 그보다 더 좋은 것은 논증의 목적에 맞도록 충분한 근거를 제시하기 위해 더 연구하고 지식을 쌓는 것이다.

무지에 의거한 논증의 오류와 관련해서 주의해야 할 것이 있다. 형사 재판을 하는 법정에서 검사와 변호사의 논증에 관한 것이다. 재판에서 검사는 다양한 증거를 가지고 피고의 유죄를 주장할 것이고 변호사는 피고의 편에서 그 증거들의 증거력을 문제 삼으며 피고의 무죄를 주장할 것이다. 그런데 무지에 의거한 논증의 오류에 따르면 피고가 유죄인지 무죄인지 확정되기 전 검사와 변호사의 논증은 모두 오류가 된다. 그러나 이 두 논증을 모두 오류로 본다면, 사실상 법정의 논쟁을 유의미한 것으로 보기 어려울 것이다. 따라서 일정한 시간이 지나면 유무죄가 결정될 재판에서의 논쟁은 판정을 위한 논증으로 예외적으로 생각할 필요가 있다. 그리고 인권 보호 차원에서 무죄 추정의 원칙이 더 근본적인 원칙으로 인정되기 때문에, 무죄를 주장하는 변호사의 논증보다 유죄를 주장하는 검사의 논증에서 더 많은 증거력이 요구된다.

2) 부적절한 권위에 의거한 논증의 오류

어떤 주장을 옹호하기 위해서 혹은 어떤 주장의 근거로 전문가의 의견을 제시하는 방식으로 논증하는 경우가 있다. 개인이 모든 사안에 대해 박식한 전문가는 아니기 때문에 자신이 전문적인 지식을 가지고 있지 않은 분야나 주제에 대해 전문가의 의견을 근거로 어떤 주장을 하는 것은 논증에서 가능한 방법이다. 하지만 아무리 전문가 의견이라도 주장의 내용과 관련성이 있어야 하고 해당 전문가가 일반적으로 전문성을 인정받을 수 있어야 하며 전문가 의견 또한 합리적 추론에 따른 것이어야 수용될 수 있는 논증이 된다. 전혀 관련이 없는 분야의 전문가 의견을 근거로 제시한다든가 전혀 전문가가 아니라든가 전문가라 하더라도 그 의견에 충분히 의심할 만한 요소가 있다면 그런 논증은 불충분한 논증으로 부적절한 권위에 의거한 논증의 오류가 된다.

보통 이 오류는 논증자가 자신이 굳게 믿고 있는 사람의 의견을 합리적 의심이나 비판 없이 따를 때 발생한다. 논증자는 믿고 있는 사람의 권위를 인정하지만 그 권위가 일반적으로 통용되지 않거나 상대방이 같은 정도의 권위를 부여하지 않을 때 논증은 불충분한 논증이 되기 때문이다. 다음 예를 살펴보자.

[놀이터에서 아이들의 대화]
A: 호랑이랑 사자랑 싸우면 누가 이길까?
B: 호랑이
A: 그걸 어떻게 알아?
B: 우리 아빠가 호랑이가 이긴다고 했어.

3) 거짓 원인의 오류

어떤 두 사건 간에 인과 관계가 있는지, 또 있다면 그 인과 관계의 성질은 어떤 것인지 탐구하는 것은 귀납 추론과 과학적 연구에서 매우 중요한 일이다. 두 사건 간의 인과 관계가 확인되고 성질이 결정되면 그 분야에서 나름대로 성과라고 할 수 있다. 그러나 인과 관계가 없는 두 사건에 인과 관계가 있는 것처럼 추론할 경우에는 거짓 원인의 오류가 된다.

보통 인과 관계를 잘못 설정하게 되는 경우는 선후인과를 혼동하기 때문이다. 결과보다 원인이 선행하는 것은 맞지만 어떤 사건이 먼저 발생하고 다른 사건이 나중에 발생했다고 앞의 사건이 반드시 뒤 사건의 원인이 되는 것은 아니다. 시간상의 선후는 인과 관계의 필요조건이기는 하지만 충분조건은 아니다. 이런 혼동이 있을 때 선후인과의 오류가 발생한다. 천둥과 번개를 인과 관계가 있는 사건으로 보는 것이 대표적이다. 우리는 이 오류를 귀납 논증의 인과적 오류에서 이미 살펴보았다.

또 다른 경우는 진정한 원인이 아닌데 잘못 추측하거나 단순한 믿음에 근거해 원인으로 간주하는 경우다. 프로 운동선수들의 징크스 같은 것들이 대부분 이 경우에 해당한다. 경기 전에 어떤 일이 생기면 경기에 진다는 것을 몇 차례 경험하고 그것을 피하기 위해서 조심할 때 그 선수는 진정한 원인이 아닌 것을 원인으로 보고 있는 것이다. 다음과 같은 예를 흔하게 볼 수 있다.

> 나는 기아 타이거즈 팬인데, 기아는 승리를 잘 하다가도 내가 야구장에 직관하러 가면 패한다. 내일은 이번 시즌에서 매우 중요한 경기가 있는 날이므로 그냥 집에서 TV로 봐야겠다.

그런데 두 사건 간의 인과 관계 여부에 대해서 의견이 다른 경우가 있을 수 있다. 그 경우 한 사람에게는 오류가 아닌 것이 다른 사람에게는 오류로 보일 수 있다. 그래서 인과 관계 여부가 아직 확실하게 밝혀지지 않은 문제에서는 많은 다양한 논쟁이 있을 수 있다. 이럴 경우 가능한 한 많은 정보와 이론, 지식이 필요하다. 그럼에도 현재 상황에서 인과 관계

여부를 확신할 만한 근거가 없다면, 그것은 거짓 원인의 오류로 간주해야 할 것이다.

4) 성급한 일반화의 오류

성급한 일반화의 오류는 귀납 논증의 특징인 일반화 과정에서 오류가 발생한 것이다. 특수한 사례에 관한 사실에서 일반적으로 적용될 수 있는 사실을 도출하는 귀납적 일반화 논증에서 잘못이 발생할 경우 성급한 일반화의 오류가 된다. 일반화 추론에서 오류는 특수한 사례로 선택한 표본의 대표성이 떨어질 때 발생한다. 선택한 표본의 수가 너무 적거나 결론을 주장하기 쉽게 편향된 표본이 선택되었을 때 표본이 전체 집단을 대표할 수 없기 때문이다.

흔히 한 번의 사례를 보고 전체도 그럴 것이라고 추론하는 것을 과도하다고 말한다. 그런 추론에 기반해서 내린 결정은 맞을 가능성보다는 틀릴 가능성이 높다. 이런 것들이 성급한 일반화에 따르는 부작용이라고 할 수 있다. 그런 부작용이 때로는 가벼울 수도 있지만 때로는 치명적일 수도 있기 때문에, 자신의 경험을 바탕으로 판단할 때에는 이런 류의 오류 추론을 조심해야 한다. 다음은 최근 나온 기사에서 사례를 찾을 것이다.

> "화이자 부스터샷 접종 후 사망 신고 1건 ⋯ 국내 첫 사례(2021. 11. 11 연합뉴스, △△△ 기자)"라는 제목의 기사가 보도되었다. 나도 코로나-19 백신 부스터샷 접종 대상자인데, 나는 부스터샷을 맞지 말아야겠다.

주로 포털 사이트를 통해 기사를 제공하는 언론사들은 뉴스 소비자들의 클릭을 유도해 수익을 얻기 때문에 클릭을 유발할 수 있는 자극적인 제목을 붙이는데, 위와 같은 기사를 보고 백신 접종을 거부하는 결정을 한다면 사망 신고 1건을 근거로 백신 접종을 하지 않겠다고 결정한 것이니 성급한 일반화의 오류라고 할 수 있다.

5) 미끄러운 경사면의 오류

논리적 추론은 잇따르는 생각의 연결이다. 그래서 추론은 단순히 전제와 결론 한 묶음으로만 구성되지 않는다. 생각이란 꼬리에 꼬리를 물고 이어지며 긴 추론을 구성하기도 한다. 하나의 전제에서 도출된 결론은 다른 결론의 전제가 되고, 그 결론은 다른 결론의 전제가 되기도 한다. 이렇게 잇따르는 추론의 연쇄에서 도출하는 결론마다 긍정적인 면도 있는데 부정적인 면만 도출하여 연결하고 최종적으로 도출한 결론이 불합리하거나 문제가 있다는 것을 이유로 제일 처음 제시한 전제를 거부할 경우 미끄러운 경사면의 오류가 된다. 이 오류는 다음과 같은 사례를 통해 살펴보는 것이 더 이해하기 쉽다.

최저 임금을 한 번에 20%나 인상한다면 우리나라 경제는 망할 것이다. 최저 임금을 인상하면 그 임금을 부담해야 하는 자영업자들에게 큰 부담이 되고, 부담을 감당하지 못하는 자영업자들은 사업을 접거나 고용을 포기할 수도 있다. 자영업자들이 사업을 접거나 고용을 하지 않으면 일자리가 줄어들어 실업률이 증가한다. 실업률이 증가하면 가계 소득이 줄어들 것이고, 소득이 줄어들면 소비가 줄고 경기는 침체된다. 경기 침체로 경제 상황이 나빠지면 국가 경제는 위태로운 상황이 될 것이므로 최저 임금을 인상해서는 안 된다.

자, 위와 같은 추론에서 다른 결과가 도출될 가능성을 생각해 보자. 최저 임금이 인상되어도 큰 부담을 느끼지 않을 수 있는 자영업자가 있을 수 있다. 오히려 최저 임금이 우리나라의 경제 수준에 비해 과도하게 낮다고 판단하는 자영업자는 자발적으로 더 높은 임금을 줄 수도 있다. 또한 부담을 느끼는 자영업자라고 하더라도 사업을 접지 않을 수 있고 고용을 줄이지 않을 수 있다. 그리고 자영업자들이 제공하는 일자리가 줄어도 다른 일자리를 얻을 경우 실업률이 줄지 않을 수 있다. 이렇게 최저 임금 인상으로 인한 다른 긍정적 효과가 있을 수 있는데도 오로지 부정적 측면만을 극단적으로 생각해 최초의 전제를 거부할 경우 미끄러진 경사면의 오류, 즉 한 번 어떤 것을 받아들이면 어쩔 수 없이 경사면에서 미끄러질 수 밖에 없다고 추론하는 오류가 된다. 귀납 논증은 같은 전제에서 다른 결론을 도출하는 것이 가능한 논증이라는 점을 고려할 때, 이와 같이 한 쪽으로 부정적으로 치우친 결론을 도출하는 논증은 다른 가능성을 배제한 잘못된 논증이다.

3. 가정의 오류
⋮
가정의 오류는 결론을 지지하는 전제에 문제가 있을 때 발생한다. 잘못된 가정으로 결론을 지지하지 못하거나 전제를 잘못 적용해서 결론을 도출할 때 가정의 오류로 분류되는 잘못된 논증이 발생하게 된다.

1) 선결문제 요구의 오류(petitio principii)

논증은 결론의 참을 증명하기 위해서 근거로 전제를 제시하는 것이다. 그런데 결론의 참을 이미 가정하고 있다면, 사실상 아무것도 증명되지 않는 상황이 된다. 이와 같이 증명해야 할 결론을 이미 전제에서 가정하고 있을 때 선결문제 요구의 오류가 발생한다. 선결문제 요구의 오류가 나타나는 논증들은 다음과 같은 특징이 있다. 먼저, 참인지 거짓인지 확실하지 않아서 논쟁이 가능한 전제를 생략하는 것이다. 이것은 누구나 참임을 인정하기 때문에 축약의 목적으로 전제를 생략하는 논증과는 다른 것이다. 그리고 결론에서 주장하는 명제를 전제에서 약간 다른 말로 제시하는 경우도 사실상 전제와 결론에서 같은 말을 반복하는 것이 되기 때문에 선결문제 요구의 오류에 해당한다. 그리고 전제와 결론에서 같은 말을 반복할 경우 전제가 결론을 지지하고 결론이 다시 전제를 지지하는 구조를 갖기 때문에 순환 논증의 형태가 된다.

사람들이 선결문제 요구의 오류를 범하는 것은 자신이 주장하는 생각이 당연히 옳다고 믿기 때문이다. 근거를 제시하면서 그 옳음을 증명해야 하는데, 자신의 생각이 당연히 옳다는 믿음을 갖게 되면 주장이 근거가 되고 결론이 전제가 되는 구조로 논증하게 되는 것이다. 자신의 생각이 무조건 옳다는 믿음에서 벗어나 반대되는 의견을 고려하고 근거를 가지고 증명하려 해야 이러한 오류에서 벗어날 수 있다.

먼저 다음의 예를 살펴보자.

> 살인은 범죄이다. 따라서 낙태는 범죄이다.

이 논증은 전제와 결론 사이에 하나의 중요한 전제가 생략되어 있다. 유심히 생각하지 않으면 그냥 타당한 논증으로 인식하고 지나칠 수도 있지만 결론이 지지되기 위해서는 '낙태는 살인이다.'라는 전제가 있어야 한다. 그런데 생략된 이 전제를 잘 보면 논란의 여지가 있다. 생략된 전제를 긍정하는 사람도 있겠지만 부정하는 사람도 있기 때문이다. 따라서 이 논증이 타당하게 되기 위해서는 '낙태가 살인인가?'라는 문제부터 먼저 해결되어야 한다. 그래서 선결문제 요구의 오류가 발생하는 것이다.

또 다른 예를 살펴보자.

> 다수의 의견이 진리이다. 왜냐하면 어떤 의견이 진리가 되기 위해서는 다수의 동의를 얻어야 하기 때문이다.

이 논증에서 결론을 정당화하기 위해 제시된 전제는 표현만 다를 뿐 사실상 결론과 같은 내용임을 알 수 있다. 결국 결론에서도 전제에서도 '다수가 동의하는 의견이 진리이다.'라는 말을 반복하고 있을 뿐이고, 결론이 참이라는 것은 전혀 증명되지 않았다. 또한 전제와 결론에서 같은 내용의 말을 반복하고 있기 때문에, 전제와 결론이 순환되는 결과를 보이고 있다. 위의 사례가 순환 논증처럼 선결문제 요구의 오류를 범하지 않기 위해서는 자신의 생각이나 주장이 옳다고 믿기보다는 그것을 정당화할 수 있는 다른 명제를 근거로 제시해야 한다.

2) 잘못된 이분법

선언 명제를 통해서 어떤 주장을 할 때, 제시한 선택지 중 하나를 선택할 수밖에 없도록 선택지를 만들어 주장하는 사람에게 유리하도록 주장할 때 잘못된 이분법의 오류가 발생한다. 실제로는 다양한 다른 선택지가 있음에도, 혹은 주장하는 사람이 설정한 선택지만 있는 것은 아님에도 상대방이 하나를 선택할 수밖에 없도록 극단적인 선택지를 제시한다면 그 주장은 정당하다고 볼 수 없다. 잘못된 이분법은 '흑백논리의 오류'라고 부르기도 하는데 흑과 백, 두 개의 경우만 있는 것이 아닌데 두 경우밖에 없는 것처럼 생각할 때 우리는 흑백 논리라는 말을 사용하기 때문이다.

잘못된 이분법은 잘못된 선택지를 강요한다는 점에서도 문제가 있지만 논증의 본질적 의미와도 배치된다. 논증은 반론이 제기될 가능성이 있는 것이다. 반론이 제기될 수 없는 주장이라면 논증이 필요하지도 않을 것이다. 그러나 잘못된 이분법은 극단적 선택지를 제시하고 둘 중에서 하나만 선택할 수밖에 없도록 한다는 점에서 반론이 불가능하도록 논증하는 원천 봉쇄의 오류를 포함하고 있다고 볼 수 있다. 이 오류는 특히 극단적 상황을 강요하거나 정치적 선동에서 자주 등장한다는 점을 알아두자.

잘못된 이분법으로 구성된 다음 사례를 살펴보자.

- 내가 말한 대로 공부하지 않으면 너는 대학에 가지 못할 거야.

- 이번 대통령 선거에서 ○○○ 후보에게 투표하든지 아니면 □□ □ 후보에게 투표해서 우리나라 경제를 후퇴시켜 다시 빈곤 국가가 되게 하세요.

이런 주장을 듣는다면, 누구든 쉽게 동의하기보다는 거부감을 느끼게 될 것이다. 첫째 사례는 선언 명제는 아니지만 두 개의 선택지를 담고 있다. 내가 말한 대로 공부하든가 아니면 그렇지 않든가. 그렇지 않을 경우 대학에 가지 못한다는 극단적 주장으로 한 가지의 경우만을 선택할 수밖에 없도록 구성되어 있다. 둘째 사례도 어떤 후보에게 표를 준다고 경제가 발전할지 아니면 후퇴해서 빈곤 국가가 될지 확실하지 않음에도 극단적인 선택지를 구성해 다른 선택을 하지 못하도록 유도하는 잘못된 논증이다.

3) 은폐된 증거의 오류

귀납 논증은 어떤 전제를 추가하거나 빼면 논증의 강도가 강해지기도 하고 약해지기도 하는 특징을 가지고 있다. 그래서 결론을 지지하기 위해 어떤 전제를 사용하는가 하는 것은 귀납 논증 평가에서 결정적일 수 있다. 결론을 지지하기 위해 제시된 전제에서 실제로 존재하지만 결론을 지지하지 못하는, 때로는 반대 영향을 미치는 전제를 의도적으로든 비의도적으로든 은폐하거나 무시할 경우에 이러한 오류를 범하게 된다. 즉, 결론을 지지하는 데 영향을 미치는 다른 전제를 무시하거나 빼먹은 경우 은폐된 증거의 오류가 발생한다. 주의해야 할 점은 이 오류가 발생한 논중에서 전제와 결론은 관련성이 있는 논증이라는 점이다. 다만 결론을 지지하는 데 영향을 줄 수 있는 전제를 은폐한 점이 잘못이라는 것이다. 은폐된 증거가 논증을 할 당시에는 몰랐지만 새롭게 알게 된 사실일 경우에 의도성은 인정되지 않아도 논증의 결론이 약해지거나 강해지는 결과는 피할 수 없다.

자신의 주장을 관철시키기 위해 자신에게 불리한 증거를 은폐하는 일은 빈번하다. 그러나 증거가 은폐되었다는 것을 명백하게 밝히는 일은 간단하지 않다. 즉, 증거가 은폐되었다는 것을 당사자가 알기 쉽지 않다는 것이다. 은폐된 증거의 오류로 다음과 같은 사례를 검토해 보자.

[친구에게 중고차를 팔면서]
친구야, 이 차 거의 새 차다. 사서 100km밖에 안 탔어. 내외부 모두 새 차와 같아. 내가 일이 있어서 너한테 특별히 넘기는 거니까, 싸게 줄게 사라.(알고 보니 그 차는 엔진 결함으로 리콜 되어 수리를 받은 차였다.)

이 논증에서 논증자는 차를 판매하는데 결정적으로 중요한 결함을 은폐하고 있다. 그러나 구매자인 친구가 이 논증을 듣고 오류인지 아닌지를 판단하는 것은 어려운 일이다. 그런데 은폐된 증거의 오류가 중대한 영향을 미치는 곳은 재판이다. 최근 재판에서 일어난 일에 관한 기사에서 이런 내용이 보도되었다. (간략히 축약하면) … 한 검사가 특정 재단의 계좌조회를 하지 않았는데도 계좌조회를 하였다고 허위 사실을 유포한 재단 관계자를 민형사상으로 고소하였고 재판이 열렸다. 검찰 측은 해당

지검에서 '○○○사건 관련하여 계좌조회를 요청한 사실이 없다.'라고 확인해 주었으나, 피고 측은 '○○○사건과 관련해서는 아니지만 계좌조회를 요청을 받았다.'라는 확인서를 제출했다고 한다. 피고 측의 확인서가 사실이라면, 검찰 측은 '○○○사건과 관련하여'라는 조건을 붙여 계좌조회를 했으면서도 하지 않았다고 한 것이므로 자신의 주장에 유리하도록 증거를 은폐한 것이 된다.(그러나 이 재판은 진행 중이므로 추후 결과를 지켜봐야 한다.) …

4. 혼동의 오류
⋮

혼동의 오류는 전제와 결론이 서로 지지 관계가 성립하는지 구별하지 못해서 혼동하는 논증에서 발생한다. 전제와 결론이 서로 연관성이 있고 전제가 결론을 지지한다고 생각하지만, 실제로는 그렇지 못한 논증들이 이러한 잘못을 범하는 것이다.

1) 우연의 오류

우연의 오류는 일반적으로 적용되는 원리나 규칙을 그것이 적용되지 않는 특수한 경우에 잘못 적용함으로써 발생한다. 이 오류를 범하는 논증은 일반 원리와 특수한 사건 간에 차이가 있는 것을 인지하지 못하고 일반 원리를 잘못 적용했을 때 발생한다. 사람들이 우연의 오류를 범하는 이유는 일반 원리가 적용되는 대상이나 영역을 정확하게 알지 못하거나 구별하지 못해서 혼동하기 때문이다. 즉, 관련 분야에 대한 지식이 부족하여 혼동할 때 발생한다. 보통 전제에서 일반 원리를 제시하고 결론에서 그 원리를 적용할 수 없는 사건이나 사안에 대하여 잘못 적용하는 구조를 가지고 있다. 물론 일반 원리가 특수한 사건에 적용되는 경우는 잘못된 논증이 아니다.

우연의 오류에 해당하는 예는 다음과 같은 것이다.

> 사람은 피곤하면 잠을 자야 한다. 잠이 오는 것은 피할 수 없는 본능과 같은 것이다. 그러므로 수업 시간에도 잠이 오면 책상에 엎드려서라도 잠을 자야 한다.

이 예는 '피곤하면 잠을 자야 한다.'라는 피할 수 없는 본능적 원리를 수업 시간에 잘못 적용한 논증이다. 이 논증은 잠자는 시간과 수업 시간을 구별하지 못해 우연의 오류가 발생했다.

'우연의 오류'라는 명칭은 일반 원리를 특수한 사건에 잘못 적용했다는 오류의 내용과 구조와는 좀 거리가 있어서 오류 이름으로 그 내용을 알기 어려울 것 같다. 우연의 오류라는 이름은 'fallacy of accident'를 번역한 것인데, 오류의 내용을 고려하면 '우연적 사건의 오류'라고 하는 편이 조금 더 이해하기 쉬울 것이다. 통상적으로 굳어진 명칭이라서 그대로 사용하지만 오류의 내용을 이해하기 위해서 일반 원리가 적용되지 않는 우연적 사건에 잘못 적용했다고 이해하면 더 좋을 것이다.

그런데 경우에 따라 우연의 오류라는 지적에 논란이 생기는 경우도 있다. 우연의 오류는 어떤 원리가 적용되는 대상과 적용되지 않는 대상을 혼동하는 데서 발생하는데, 그 적용 여부에 대해서 이론의 여지가 있다면, 오류라는 지적도 혼란을 가져올 수 있기 때문이다. 즉, 어떤 논증을 우연의 오류로 볼지 아닐지에 대해서 판단하기 힘든 논증이 있다는 것이다. 예를 들어, 자본주의 경제 체제에서 사람들은 모든 사안을 시장 경제의 논리, 비지니스 논리, 이익 추구의 논리로 판단한다. 그러다 보니 진리 탐구와 같은 학문적 활동, 교육의 문제, 인간관계, 도덕적 판단의 문제 등에도 이러한 자본주의 논리를 적용하게 되며 이것이 정당한가에 대해서는 판단이 달라질 수 있다.

2) 결합의 오류 / 분해의 오류

결합의 오류와 분해의 오류는 함께 살펴보는 것이 좋다. 이 둘은 서로 정반대이기 때문이다. 이 두 오류는 전체와 부분에 관한 것이다. 결합의 오류는 어떤 것을 구성하는 부분이 가진 속성이나 특성이 그 부분들이 결합하여 만들어진 전체에도 적용된다고 잘못 간주할 때 발생한다. 반대로 분해의 오류는 전체의 속성이나 특성이 그 전체를 구성하는 부분들에도 적용된다고 잘못 생각할 때 발생한다. 전체는 부분의 결합이고 전체를 분해하면 부분이라는 것을 고려하면 이 두 오류가 서로 반대 방향으로 진행되는 추론이라는 것은 쉽게 파악할 수 있다. 또한 이 오류를 전제와 부분의 관계뿐만 아니라 집합과 원소의 관계로 판단할 수도 있다. 물론 부분의 속성이 전체에, 그리고 전체의 속성이 부분에 잘 적용되는 경우는 오류가 아니다.

먼저 결합의 오류를 범하는 논증의 예를 살펴보자.

내 스마트 폰은 검정색이다. 그러므로 스마트 폰을 구성하는 부품들도 검정색일 것이다.

다음으로 분해의 오류를 범하는 논증의 예를 살펴보자.

올해 곡물 농사가 풍년이다. 그러니 콩도 풍년일 것이다.

스마트 폰의 색상이 검정색이라고 그것의 부품도 검정색일 것이라고 추론하는 것이 오류라는 것은 분명해 보인다. 그리고 전체 곡물 생산량과 달리 콩 생산량이 적을 가능성은 충분히 있다. 다른 작물의 생산량이 더 많이 증가했을 수 있기 때문이다.

또 다른 예를 살펴보자.

우리나라의 1인당 국민 소득은 약 3,500만 원이다. 따라서 우리나라 4인 가족의 총 소득은 1억 4,000만 원일 것이다.

이 논증을 보고 부분이 전체에 잘 적용되었다라고 보는 사람도 있을 것이다. 그러나 우리나라 대부분의 4인 가족이 저 정도에 미치는 것은 아니다. 따라서 우리나라 1인당 국민 소득으로 전체 국민들이 모두 저 정도의 소득을 올린다고 추론하는 것은 분해의 오류라고 할 수 있다.

결합의 오류는 구조상 성급한 일반화의 오류와 유사해 보이는 특징이 있다. 사실 논리적 오류를 범하고 있는 논증은 복수의 오류를 동시에 범하는 경우가 많다. 하지만 이 둘을 구별하자면, 성급한 일반화의 오류는 표본이 전체를 대표하지 못하는데 성급하게 일반화하여 전체를 대표하는 것처럼 논증할 때 발생하고, 결합의 오류는 전체를 구성하는 부분 혹은 집합의 구성 원소가 지닌 속성이나 성질을 그 전체 혹은 집합도 가질 것이라고 잘못 추론했을 때 발생한다. 논증에서 전체와 부분, 집합과 원소의 관계가 분명하면 결합의 오류라고 할 수 있고, 대표성을 갖지 못하는 표본의 성질을 성급하게 일반화하였다면 성급한 일반화의 오류라고 볼 수 있다. 하지만 둘 중 하나로 구별하기 매우 힘든 경우라면 굳이 구별하는 것보다는 오류가 있는 잘못된 논증 정도로 판단하는 편이 낫다.

3) 애매성의 오류

'애매어'란 한 단어가 여러 상이한 의미를 가지고 있어서 맥락에 따라 다르게 사용될 수 있는 것이고, '애매한 문장'이란 문장 구조상 두 가지 이상으로 해석될 수 있는 문장을 의미한다. 애매어나 애매한 문장을 사용할 경우 언어적 오류라고 할 수는 있지만 그 자체로 논리적 오류라고 할 수는 없다. 논리적 오류는 논증에서 발생하기 때문이다. 즉, 이러한 단어나 문장이 어떤 주장을 하거나 어떤 주장을 정당화하는 근거로 사용되어 실제로 논증의 결론을 지지하는 것과는 무관할 때 논리적 오류라고 할 수 있다. 언어적 오류 차원에서 애매어와 애매한 문장의 사례는 쉽게 찾을 수 있다. 다음의 예를 살펴보자.

- 그 사람은 큰 사람이다.

  (큰 사람: 키가 큰 사람 혹은 큰 일을 하는 사람)

- 그는 나보다 더 술을 좋아한다.

  (그가 술을 좋아하는 정도는 내가 술을 좋아하는 정도보다 크다.

  그가 술을 좋아하는 정도는 나를 좋아하는 정도보다 크다.)

좋은 논증과 논리적 오류 그리고 인간의 행위

사람들은 '이렇게 하면 논리적 오류가 되는구나!'하고 알게 되면 논리적 오류를 범하지 않으려고 할까? 혹은 내가 좋은 논증을 통해 상대를 설득시켰고 상대도 나의 주장을 인정했다면, 상대는 내 주장대로 할까? 그렇다면, 그런 사람은 매우 합리적인 사람일 것이고 그 사회도 매우 합리적인 사회일 것이다. 그러나 우리가 경험하는 실상은 그렇지 않은 경우도 많다. 사실 이 문제는 사고 차원의 논리와 행위 차원의 윤리의 간극에 관한 것이고 논리학이 윤리학의 문제까지 관여할 필요는 없다. 추론의 실수로 논리적 오류를 범하는 것이 도덕적 잘못을 저지르는 것은 아니기 때문이다. 오히려 그런 간극이 없다거나 없어야 한다고 생각하거나 논리적 오류를 범하는 것을 마치 도덕적으로 큰 잘못을 저지르는 것으로 생각하는 것이 더 문제가 아닐까?

모든 인간이 논리적으로 타당한 결론에 따라서 혹은 개연성이 높은 결론에 따라서 행동하는 것은 아니다. 돈을 벌기 위해서 사기를 치고, 이익과 권력을 얻으려고 거짓말을 하고 자신의 잘못을 감추기 위해 논리적 오류일지라도 변명하듯 잘못된 논증을 하는 사람들은 많다. 이들은 논리를 악용하는 것이다. 이런 사람들이 실제로 많다는 것 때문에 윤리적으로 잘못된 판단을 하는 사람들의 잘못을 무마해주자거나 용서해주자는 것은 아니다. 그들의 잘못은 처벌받기도 하고 비난받기도 한다. 논리적 기준과 윤리적 기준을 구별해야 한다는 것이다. 이것을 구별하지 않으면 '논리적인 생각인데 왜 받아들여서 그대로 하지 않지?'라는 헛

된 질문만 하게 된다.

모든 사람들이 합리적으로 판단하고 행동하는 것은 아니다. 물론 그렇다면 좋겠지만, 사람들은 담배가 건강에 해롭다는 수많은 의학적 증거를 보아도 온갖 다른 반대되는 이유를 만들어내 담배를 계속 피우지 않는가? 그러나 논리와 윤리의 간극이 있더라도 무엇이 좋은 논증인지, 어떤 것이 논리적 오류가 되는지 아는 것은 필요하다. 논리는 참인 것을 증명하기도 하지만 거짓인 것을 증명하기도 하기 때문에, 판단과 행위의 최종적 기준을 제공하기 때문이다. 논리적으로 생각하고 행동하지 않는 사람들이 많은 세상에서는 더더욱 논리가 필요하다.

01 비형식적 오류

논증을 구성하는 명제의 내용이나 사용된 언어가 잘못되었거나
혼동을 일으키는 잘못된 논증

02 비형식적 오류의 종류

1. 관련성의 오류

① 군중 심리에 호소하는 오류

② 연민에 호소하는 오류

③ 힘에 호소하는 오류

④ 사람에 대한 오류 — 인신공격, 정황적, 피장파장

⑤ 허수아비 공격의 오류

2. 불충분한 귀납의 오류

① 무지에 의거한 논증의 오류

② 부적절한 권위에 의거한 논증의 오류

③ 거짓 원인의 오류

④ 성급한 일반화의 오류

⑤ 미끄러운 경사면의 오류

3. 가정의 오류

　　① 선결문제 요구의 오류

　　② 잘못된 이분법

　　③ 은폐된 증거의 오류

4. 혼동의 오류

　　① 우연의 오류

　　② 결합의 오류 / 분해의 오류

　　③ 애매성의 오류

1. 다음 논증이 어떤 비형식적 오류를 범하고 있는지 말하시오.

① 아직도 드라마 「오징어 게임」을 안 보셨다고요. 그게 얼마나 재밌고 좋은 드라마라고요. 그 드라마가 지금 전 세계 1위에요. 세상 사람들이 다 봤거든요.

② 강남 지역 거주자들에게 우리나라의 종합 부동산세에 대한 의견을 물었다. 그 중 90%가 우리나라의 종합 부동산세는 세계 유래가 없는 과도한 세제라며 반대했다. 이로써 국내 여론은 대부분 종합 부동산세 부과에 반대하는 것으로 나타났다.

③ 대검찰청 검사입니다. 당신의 은행 계좌가 금융 범죄에 악용되고 있습니다. 당신의 계좌를 보호하려면 계좌 번호와 비밀 번호를 알려 주셔야 합니다. 그렇지 않으면 당신도 금융 범죄를 저지른 것으로 조사받을 수 있습니다. 당신의 계좌 번호와 비밀 번호를 알려 주세요.

④ 우리 동네 슈퍼마켓 아저씨의 말에 따르면, 사교육을 강화하는 정책은 교육 시스템을 바로 세우지 못하고 학생들의 수준을 떨어뜨리는 결과를 가져와서 좋지 않다는데.

⑤ 우리 아이들은 거짓말을 하지 않습니다. 왜냐하면 우리 아이들은 거짓말을 할 줄 모르거든요.

⑥ 이번에 저희 증권사에서 아주 좋은 펀드 상품이 출시되었습니다. 고객님, 이 펀드에 투자하세요. 이거 놓치시면 부자될 수 있는 좋은 기회를 그냥 차버리시는 겁니다.

⑦ 저는 이○○ 의원이 주장하는 기본 소득 정책에 반대합니다. 기본 소득이라는 것이 국민 모두에게 일정 금액을 아무런 노동 없이 정기적으로 지급하는 것인데, 그렇게 아무 일도 하지 않아도 소득이 생긴다면 누가 힘들게 일하려 하겠습니까? 그리고 힘들게 일해서 소득을 얻는 부지런한 국민들은 또 뭐가 됩니까? 기본 소득은 온 국민을 게으른 돼지로 만드는 정책입니다.

⑧ UFO의 존재를 믿으십니까? 네, 저는 UFO뿐만 아니라 외계인이 존재한다고 생각합니다. 아직까지 아무도 UFO와 외계인이 존재하지 않는다는 것을 증명하지 못했거든요.

⑨ 친구야, 이번 국회 의원 선거에서 최○○ 후보 찍어 주자. 그 사람 우리 지역 민생 챙기느라 벌어 놓은 돈도 다 썼대. 우리 지역을 위해서 그렇게 일하는 사람이 국회 의원 되면 좋잖아? 그 사람 이번이 세 번째 도전이란다. 이번에 안 되면 집에서 쫓겨날지도 모른대. 완전 불쌍하잖아! 이번엔 최○○ 후보 찍어 주자.

⑩ 이번에 강원 지역 골프장 개발 인허가를 결정한 박○○ 의원은 지역 안배를 고려했다고 발표했다. 그런데 박○○ 의원은 골프장 개발이 허가된 지역에 1,000평 규모의 땅을 소유하고 있다는 것이 확인되었다. 이번 골프장 개발 인허가와 관련해서 박○○ 의원의 결정은 비난을 피할 수 없을 것이다.

⑪ 대한민국은 자유 국가니까 국민들은 원하면 뭐든지 자유롭게 할 수 있는 거야. 그러니까 아무 곳에나 주차를 해도 된다. 대충 아무 곳에나 주차하고 내리자.

⑫ 교육부는 논리학이나 비판적 사고 교육을 시켜서는 안 된다고 주장했다. 왜냐하면 학생들이 논리학이나 비판적 사고를 배워서 논리적으로 생각하고 비판적 시각을 지니게 되면, 사회와 정치의 부조리한 문제를 비판할 것이고 그런 문제를 비판하다 보면 정부를 비판할 것이고 정부를 비판하다 보면 정부에 부정적 시각을 갖게 될 것이기 때문이다. 온 국민이 정부에 부정적인 시각을 갖게 되면 어떤 국민이 정부를 믿고 일상생활을 제대로 할 수 있겠는가? 그러니 학생들에게 논리학이나 비판적 사고 교육을 시키면 안 된다.

⑬ 유명인 김○○ 씨가 일부다처제를 주장해 논란이 일고 있다. 평소 자유로운 연애 생활을 즐기는 것으로 유명한 김○○ 씨는 최근 마약 범죄에 연루되어 경찰 조사를 받은 것으로 알려졌고, 동료에게 사기를 친 혐의도 받고 있다. 이로 인해 그의 주장에 대한 비난이 더욱 거세지고 있다.

⑭ 우리 아이도 학원에 보내야겠다. 학부모들을 만나 보니 학원에 안 보내는 학부모가 없었다. 대부분의 학부모들이 아이를 학원에 보내니 우리 아이도 학원에 보내야겠다.

⑮ 내가 웃으면 그녀는 화를 낸다. 오늘 그녀를 만나는데 오늘은 웃지 말아야겠다.

⑯ 표현의 자유는 헌법에 명시된 매우 중요한 기본권 중 하나이다. 누구든 어떤 말이든 원하는 대로 말하고 싶으면 말할 수 있다. 그러니 진실이

아니어도 가짜 뉴스를 만들어 배포할 수 있다.

⑰ 나쁜 사람도 행복할 수 있다. 왜냐하면 그들은 행복하기 위해서 나쁜 일을 하기 때문이다.

⑱ 당신이 분식 회계 장부를 작성하신 것이 맞습니까? 저는 올해 분식 회계 장부를 작성한 일이 없습니다.(조사 결과 작년에 분식 회계 장부를 작성함.)

⑲ 혼자 먹는 것도 아닌데 우유병에 입대고 마시면 어떻게 합니까? 우유병에 입대고 마시지 마세요. 아니, 전에 보니 당신도 우유 마실 때 병에 입대고 마시던데?

⑳ 원전은 깨끗한 에너지이다. 그런데도 원전을 반대하는 사람은 빨갱이나 마찬가지다. 원전을 찬성하든가 아니면 빨갱이가 되라.

2. 우리가 매일 접하는 뉴스와 댓글에서 논리적 오류를 찾아보자. 또한 오류의 내용과 구조를 분석해서 밝히고, 어떻게 하면 그 오류를 범하지 않고 논증을 할 수 있는지 말해 보자.

Ⅳ. 필연성의 논리: 연역

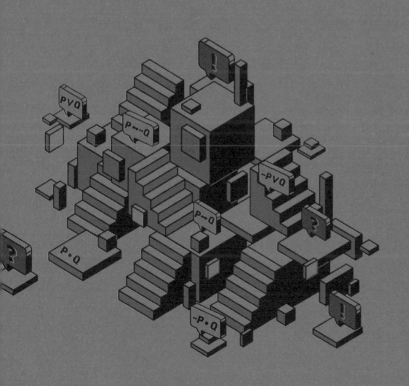

명제 논리

명제 논리는 명제를 기본 단위로 하는 연역 논리 체계이다. 우리는 앞서 연역 논증의 타당성이 형식에 의해서 결정된다는 것을 살펴본 바 있다. 이 명제 논리는 명제를 기본 단위로 삼아 연역 논증의 형식적 구조를 더 쉽고 명확하게 확인하고 타당성을 증명하는 논리 체계이다. 특히 명제 논리는 논증의 형식적 구조를 쉽게 알기 위해 우리가 일상적으로 사용하는 자연 언어가 아니라 인공 언어, 즉 기호를 사용한다는 점에서 기호 논리 체계라고도 할 수 있다.[3]

타당한 추론을 하는 우리의 사고가 어떤 특정한 형식적 구조를 가지고 있다는 생각, 그리고 자연 언어가 갖는 애매모호함을 벗어나기 위해 타

---

3 자연 언어는 우리가 일상적으로 사용하는 우리말과 글, 영어, 프랑스어 등을 가리키고 인공 언어는 기호를 사용하고 인위적으로 고안한 명제 논리의 언어를 가리킨다. 엄밀히 말해서 한글이나 영어 같은 자연 언어도 일종의 기호라고 할 수 있지만 단순히 기호 논리학에서 사용하는 기호화된 언어와 대비하기 위해서 자연 언어라고 표현한다.

당한 추론의 형식적 구조를 인공 언어인 기호로 표기할 수 있다는 생각은 17세기 독일의 철학자 라이프니츠(G. W. Leibniz, 1646-1716)에서 시작되었다. 라이프니츠는 「보편 기호학(Characteristica Universalis)」이라는 연구 프로젝트를 통해서 인공 언어로 이루어진 논리학 체계를 만들려고 노력하였으나 하나의 완성된 체계를 제시하지는 못했다. 그 후, 독일 수학자 프레게(G. Frege, 1848-1925)와 영국 철학자 러셀(B. Russell, 1872-1970) 등의 공헌으로 현재의 기호 논리학처럼 체계를 갖추게 되었다.

앞으로 다루는 명제 논리는 자연 언어를 대체하는 하나의 인공 언어 체계라고도 할 수 있다. 하지만 그것이 우리가 일상에서 사용하는 자연 언어를 완벽하게 대체할 수 있는 것은 아니다. 명제 논리의 인공 언어가 담아낼 수 없는 자연 언어의 의미와 맥락이 많다. 그럼에도 인공 언어는 일상 언어가 갖는 문제점을 해결하고 약속된 기호를 사용해 논증의 형식적 구조를 이견의 여지없이 판단할 수 있다는 장점도 있다. 명제 논리의 기호법을 습득해 자연 언어로 된 복잡하고 혼란한 논증의 형식을 더 쉽고 편하게 파악하고 논증의 타당성 여부를 더 간단하게 판단할 수 있을 것이다.

1. 명제 논리의 구성

우리는 앞에서 명제란 참, 거짓의 진리값을 결정할 수 있는 문장의 의미라는 것을 확인했다. 일종의 기호 논리 체계인 명제 논리는 이 명제를 기본 단위로 하여 명제 자체와 명제들 간의 논리적 연결 관계를 기호로 표기해 나타낸다. 그래서 명제 논리는 단순 명제(simple proposition), 논리 연결사(logical connective), 그리고 복합 명제(complex proposition)를 구분하는 데 사용되는 괄호로 구성되어 있다.

먼저 단순 명제가 무엇인지 알기 위해서는 단순 명제와 복합 명제를 구분해야 한다. 단순 명제는 명제들 간의 연결을 나타내는 논리 연결사가 사용되지 않은 단독적인 하나의 명제를 가리킨다. 이 단순 명제는 보통 개체의 속성을 나타내거나 개체들 간의 관계를 나타내는 특성을 지니고 있다. 예를 들어, '손흥민은 축구 선수이다.' 같은 명제는 개체의 속성을 나타내는 명제이고 '손흥민은 케인보다 빠르다.' 같은 명제는 개체들 간의 관계를 나타내는 명제라고 할 수 있다. 명제 논리에서는 단순 명제를 알파벳 대문자 'A, B, C, D, … Z'를 사용해 기호로 표기한다. '손흥민은 축구 선수이다.'를 임의의 기호 'S'로 나타낼 수 있다. 이 명제를 어떤 알파벳 대문자로도 대신할 수 있지만 기호는 항상 일정하게 사용해야 한다. 특히 논증을 구성하는 단순 명제를 기호로 표기할 경우, 같은 기호를 일정하게 사용하지 않으면 논증의 형식을 정확하게 파악할 수 없다. 즉, '손흥민은 축구 선수이다.'를 'S'로 표기하기로 했다면, '손흥민은 축구 선수이다.'가 포함되어 있는 논증에서 그 명제는 모두 'S'로 표기해야 한다는 것이다.

복합 명제는 하나 이상의 단순 명제와 논리 연결사가 사용된 명제로 부정문을 제외하고 두 개의 단순 명제들 간의 연결을 나타내는 논리 연결사가 사용된 명제를 말한다. 명제 논리에서 사용하는 복합 명제는 자연 언어에서 두 개 이상의 문장을 접속사로 연결해서 사용하는 방식과 유사하다. 자연 언어에서 문장과 문장을 연결하는 접속사의 역할을 명제 논리에서는 논리 연결사가 하는 것이다. 우리가 기호 논리 체계를 익히더라도 이미 알고 있는 자연 언어의 문법을 기준으로 접근하는 것이 자연스럽기 때문에, 단문과 단순 명제, 복문과 복합 명제를 비교해 보는 것이 도움이 될 것이다. 우선 단순 명제는 위에서 설명한 것처럼 단문과 거의 다를 바 없다. 단문 같은 단순 긍정 명제를 하나의 알파벳 기호로 표기한다고 보아도 무방하다. 하지만 복합 명제는 그렇지 않다. 가장 큰 차이점은 두 가지 정도로 말할 수 있다. 먼저, 자연 언어에서 단문으로 보기 때문에 단순 명제로 보기 쉬운 부정문을 명제 논리에서는 복합 명제로 간주한다는 것이다. 이것은 명제 논리의 기호 체계에서 기호화의 대상을 단순 긍정 명제로 보기 때문에 부정문을 단순 긍정 명제에 부정 기호를 더한 복합 명제로 간주하기 때문이다. 앞에서 복합 명제는 하나 이상의 단순 명제와 논리 연결사가 결합한 형태라고 언급한 바 있다. 또 하나의 차이점은, 자연 언어의 접속사와 논리 연결사가 일치하지 않는 부분에서 나온다. 자연 언어의 문법으로 보면 명제 논리의 논리 연결사는 다양한 맥락과 의미를 표현하는 다양한 접속사를 모두 대변하지 못한다. 그래서 자연 언어를 기호로 표기하는 일은 일면 단순화하는 것으로 보일 수 있다. 명제 논리는 자연 언어의 다양한 접속사를 다섯 가지의 논리 연결사로 표현하기 때문이다.

이제 명제 논리의 구성 요소 중 논리 연결사에 대해 알아보자. 명제 논리는 모두 다섯 가지 논리 연결사를 사용해 단순 명제들 간의 논리적 연결 관계를 표현하고 그 논리 연결사의 종류에 따라 복합 명제의 종류도 결정된다. 다섯 개의 논리 연결사와 기호는 다음과 같다.

논리 연결사	논리적 기능	복합 명제의 종류	자연 언어의 표현
~	부정	부정 명제 (부정문)	… 이 아니다, … 은 거짓이다

●	연언	연언 명제 (연언문)	그리고, 그러나, 또한, 그럼에도 불구하고
∨	선언	선언 명제 (선언문)	혹은, 또는, … 이거나
→	실질 함축	조건 명제 (조건문)	만약 … 이라면 … , 오직 …인 경우에만 …
↔	단순 동치	쌍조건 명제 (쌍조건문)	만약 … 인 경우 그리고 오직 그런 경우에만 …

이 다섯 개의 논리 연결사를 통해서 자연 언어의 모든 접속사를 기호 논리로 표현할 수는 없지만 애매하고 복잡한 구조가 아닌 단순하고 명확한 명제 논리의 문법 체계가 구성된다. 먼저 부정을 나타내는 기호 '~'는 부정하려는 명제 앞에 놓이고 나머지 다른 기호들은 단순 명제들 사이에 위치한다. 예를 들면, 다음과 같이 우리말로 된 명제들을 명제 논리의 복합 명제로 기호화할 수 있다.

㉠ 손흥민은 야구 선수가 아니다.	~S
㉡ 손흥민은 축구 선수이고 류현진은 야구 선수이다.	S●U
㉢ 손흥민은 축구 선수이거나 류현진은 야구 선수이다.	S∨U
㉣ 만약 손흥민이 축구 선수라면 류현진은 야구 선수이다.	S→U
㉤ 만약 손흥민이 축구 선수라면, 그리고 오직 그런 경우에만 류현진은 야구 선수이다.	S↔U

기호화된 명제에서 'S'는 '손흥민은 축구 선수이다.'라는 단순 명제를 기호로 표기한 것이고 'U'는 '류현진은 야구 선수이다.'를 기호로 표기한 것이다. 이렇게 단순 명제를 알파벳 대문자로 표기하고 접속사의 종류에 따라 적합한 논리 연결사로 연결하면 명제 논리의 명제로 기호화할

수 있다.

이 복합 명제 외에도 우리는 세 개 이상의 단순 명제가 연결되는 경우도 많이 볼 수 있다. 이 경우 단순히 세 개의 명제를 논리 연결사를 이용해서 나열하기만 하면 복합 명제의 구조가 불분명해진다. 그래서 명제 논리에서는 이 경우 괄호를 사용해서 복합 명제의 구조를 분명하게 표시해 준다. 명제 논리에서 괄호의 사용은 수학에서 사용하는 방식과 유사하다. 다만 수학에서 괄호는 주로 계산할 때 우선으로 계산할 것을 구분하기 위해서 사용되지만 명제 논리에서 괄호는 복잡한 복합 명제의 '주 논리 연결사'를 구분해서 나타내기 위해서 사용된다. 예를 들어, 임의의 알파벳 기호를 사용한 다음 명제를 살펴보자.

⊙ ~{(A • S) → C}　　　부정 명제

ⓛ (B ∨ C) • (A → C)　　연언 명제

ⓒ (A → C) ∨ (D • F)　　선언 명제

ⓔ A → ~(C ∨ F)　　　　조건 명제

ⓜ (L • G) ↔ (R ∨ C)　　쌍조건 명제

세 개 이상의 단순 명제로 구성된 복합 명제에서 괄호는 일반적으로 사용되는 ( ), { }, [ ] 등을 묶는 순서에 따라 사용한다. 괄호로 묶인 복합 명제가 어떤 종류인지 결정하는 것은 주 논리 연결사이고 그것에 따라 복합 명제의 진리값이 결정된다.

⊙의 경우 괄호로 묶인 복합 명제 전체를 부정 기호 '~'가 부정하고 있으므로 ⊙은 부정 명제이고 주 논리 연결사는 '~'이다.

ⓛ의 경우 연언 기호를 중심으로 양 옆에 복합 명제가 위치한 연언 명제이고 주 논리 연결사는 '•'이다. 연언 명제에서 연언 기호 '•' 양 옆에 위치한 것을 '연언지'라고 하는데 연언지는 단순 명제일 수도 있고 복합 명제일 수도 있다.

ⓒ의 경우도 마찬가지로 선언 기호를 중심으로 양 옆에 복합 명제가 위치한 선언 명제이고 주 논리 연결사는 '∨'이다. 선언 명제에서 선언 기호 '∨' 양 옆에 위치한 것을 '선언지'라고 하는데 선언지도 단순 명제일 수도 있고 복합 명제일 수도 있다.

ⓔ의 경우 'A'라는 단순 명제와 '~(C ∨ F)'라는 부정문을 조건 관계로 연결한 조건 명제이고 주 논리 연결사는 조건 기호 '→'이다. 조건 명제에서 조건 기호 '→' 앞에 있는 명제를 '전건'이라고 하고 조건 기호 다음에 위치한 명제를 '후건'이라고 한다.

ⓜ은 '(L • G)'라는 복합 명제와 '(R ∨ C)'라는 복합 명제를 단순 동치의 관계로 연결한 쌍조건 명제이고 주 논리 연결사는 쌍조건 기호 '↔'가 된다.

위에서 제시한 ㉠에서 ⓜ까지 예는 명제 논리의 형식화 규칙을 잘 지킨 '잘 정식화된 형식(well formed formula)'이다. 다음의 예는 잘못 정식화된 형식이다. 이 예를 통해 명제 논리의 형식화 규칙을 더 구체적으로 확인해 보자.

ⓑ (A • ~B) ~ → (C ∨ ~D)}

ⓢ {(C • G) • R} ∨ D ~

ⓞ {(A • B) → ~C} ∨ D • F

명제 논리의 형식화 규칙은 논리 연결사를 정확하게 사용하고, 복합 명제를 구분하는 괄호를 사용하여 복잡한 명제의 주 논리 연결사가 무엇인지 나타내는데 있다. ⓑ의 경우 부정 기호 '~'가 잘못 위치해서 주 논리 연결사가 '~'인지 '→'인지 알 수 없다. ⓢ도 부정 기호 '~'가 단순 명제 앞에 위치해야 하는데 'D' 다음에 위치하기 때문에 잘못 정식화된 형식이다. ⓞ의 경우는 괄호가 필요한 곳에 괄호가 없어서 주 논리 연결사가 '∨'인지 '•'인지 알 수 없다. 이런 복합 명제들은 명제 논리의 형식화 규칙을 따르지 않은 잘못 정식화된 형식이므로 유의해야 한다.

　　명제 논리의 논리 연결사는 자연 언어의 접속사가 사용되는 맥락과 상황을 모두 대체하지는 못한다. 하지만 다섯 가지 논리 연결사들의 의미는 항상 명확하고 분명하다. 이점을 이용해서 자연 언어의 접속사가 갖는 논리적 의미를 더 명확하게 이해할 수 있다는 장점도 있다. 말하자면, 자연 언어에서 접속사가 갖는 문학적, 수사학적 의미가 아니라 논리적 의미를 파악하는 것이 중요한 경우라면, 명제 논리의 논리 연결사가 정확한 의미를 알려줄 수 있을 것이다.

01 / 명제 논리

명제를 기본 단위로 하는 연역 논리이며 기호를 사용하는 일종의
인공 언어 체계

02 / 명제 논리의 구성 요소

① 단순 명제: 논리 연결사를 포함하지 않는 하나의 단독적 명제,
   단순 긍정 명제를 알파벳 대문자 'A, B, C, D, … Z'를 사용해 기
   호로 표기한다.
② 논리 연결사: 부정 '~', 연언 '•', 선언 'V', 조건 '→', 쌍조건 '↔'
   다섯 가지, 단순 명제들 간의 논리적 연결 관계를 표시해 복합
   명제를 만든다.
③ 괄호: ( ), { }, [ ] 등이 주로 쓰이며 셋 이상의 단순 명제로
   이루어진 복합 명제를 구분하고 주 논리 연결사를 지정하는 역
   할을 한다.

03 / 복합 명제

하나 이상의 단순 명제와 논리 연결사로 구성되는 명제

04 / 주 논리 연결사

셋 이상의 단순 명제로 구성된 복합 명제의 종류를 결정

05 / 논리 연결사의 기호

논리 연결사	논리적 기능	복합 명제의 종류	자연 언어의 표현
~	부정	부정 명제 (부정문)	… 이 아니다, … 은 거짓이다
●	연언	연언 명제 (연언문)	그리고, 그러나, 또한, 그럼에도 불구하고
∨	선언	선언 명제 (선언문)	혹은, 또는, … 이거나
→	실질 함축	조건 명제 (조건문)	만약 … 이라면 … , 오직 …인 경우에만 …
↔	단순 동치	쌍조건 명제 (쌍조건문)	만약 … 인 경우 그리고 오직 그런 경우에만 …

* 부정 기호는 단순 명제 앞에 위치하고, 나머지 기호는 단순 명제 사이에 위치한다.

1. 다음 기호화된 명제의 주 논리 연결사를 찾아보고, 각 문장별로 명제의 종류를 말해 보자.

① ~(A→B) → (B ∨ C)

② ~[C ∨ (A ∨ ~D)] • (A → ~C)

③ (L ∨ H) ↔ ~(Q → R)

④ (~P • Q) ∨ (M → ~E)

⑤ ~[B ↔ (G • ~F)]

2. 우리말로 된 다음 명제의 종류를 말하시오.

① 동식이는 주말에 배드민턴을 치거나 자전거를 탄다.

② 만약 인류가 탄소 중립에 성공하지 못한다면, 2050년 이후 지구에는 인류가 생존할 수 있는 곳은 없어진다.

③ 지구 온난화로 인한 기후 변화로 인류가 멸망할 것이라는 것은 사실이 아니다.

④ 만약 전 세계가 기본 소득 제도를 도입하면 그리고 오직 그럴 경우에만 부의 양극화 문제를 해결할 수 있다.

⑤ 주말 프로야구 경기에서 두산 타이거즈는 이겼고 LG 다이노스는 패하였다.

⑥ 오직 내일이 휴일인 경우에만 우리 가족은 캠핑을 갈 수 있다.

3. 괄호 안에 주어진 알파벳을 이용하여 자연 언어로 된 다음 명제를 명제 논리의 인공 언어로 기호화하시오.

① (K) 김정은이 다이어트에 성공했다는 것은 사실이 아니다.

② (D) 유산슬은 이번에 디젤 엔진 자동차를 팔고 (E) 전기 자동차를 구입했다.

③ (E) 짱구는 이번에 전기 자동차를 사거나 (H) 수소 자동차를 살 것이다.

④ (G) 내 친구는 이번 명절에 부모님 집에 가지 않고 (S) 시험 공부를 한다.

⑤ (S) 제2코스에서는 수영을 하거나 (R) 승마를 하지만 둘 다 할 수는 없다.

⑥ 만약 (S) 수영과 (F) 사격을 모두 했다면 (M) 이번에는 마라톤을 한다.

⑦ 우승 상품으로 (A) 상금과 (B) 메달을 다 받는 것은 아니다.

⑧ (R) 금리가 하락하면 (L) 은행 대출이 증가하고 (H) 주택 가격이 상승한다.

⑨ (T) 미국 연방 준비 위원회에서 테이퍼링을 시작하면 (M) 신흥국 주식 시장은 충격을 받을 것이고, 신흥국 주식 시장이 충격을 받으면 (K) 한국의 주가에도 영향을 미칠 것이다.

⑩ (H) 습도가 50% 이상이고 (T) 온도가 25℃ 이상이라면 그리고 오직 그런 경우에만 (L) 도마뱀은 잘 살 수 있다.

시리즈 퀴즈 1

정답 ····▶ 341쪽

※ 다음 이야기를 읽고, 기호화와 관련된 문제를 해결해 보자.

게스트 하우스 살인 사건

대관령에 위치한 유명한 스키장 근처에 야간 스키를 즐기는 사람들에게 잘 알려져 있는 게스트 하우스에서 살인 사건이 발생했다. 신고를 받은 인근 경찰서 강력계 형사가 현장에 출동했다. 살해된 사람은 이 게스트 하우스의 투숙객 최 씨이고 그가 투숙했던 객실에는 유혈이 낭자한 상태였다. 사건 현장인 최 씨의 객실에서는 주방에서 사용하는 칼과 두꺼운 밧줄이 발견되었다. 형사가 현장을 철저히 수색하고 탐문해 보니, 게스트 하우스에는 주인 부부인 여사장과 남사장, 투숙객 김 씨, 이 씨, 최 씨가 머물고 있었으며 설치된 CCTV를 조사해 보니 사건 발생 시간 전후 게스트 하우스에 다른 출입자는 없었다. 피해자인 최 씨를 포함하여 게스트 하우스의 투숙객 김 씨와 이 씨는 모두 야간 스키를 타러온 손님이었고 이들은 오후 6시부터 다음날 새벽 3씨까지 야간 스키를 탔으며, 오전 3시에서 오후 6시까지는 게스트 하우스에 머물며 자거나 쉬었다는 것을 확인하였다. 또한 투숙객 이 씨와 게스트 하우스 남사장은 같은 등산 동호회 회원으로 산악용 밧줄을 능숙하게 다룬다는 것이 확인되었다. 여사장은 남사장의 일을 돕거나 주방에서 아침 식사 등을 준비하는 일을 한다고 했다. 형사는 외부인의 출입이 없었던 것으로 보아 범인은 여사장, 남사장, 투숙객 김 씨와 이 씨 중 한 명일 것이라고 판단했다. 사건 현장을 모두 조사하고 탐문한 형사는 모든 정황을 종합적으로 검토하고서 다음과 같은 아홉 개의 명제를 범인을 찾기 위한 증거로 채택했다.

살인범을 찾기 위한 증거로 채택된 다음 아홉 개의 명제를 괄호 속 알파벳을 사용하여 기호화하시오.

① (P) 살인 사건이 오전 3시에서 오후 6시 사이에 발생했다면, 범인은 (A) 투숙객 김 씨이거나 (B) 남사장이거나 (C) 투숙객 이 씨일 것이다.

② 살인 사건이 오전 3시에서 오후 6시 사이에 발생하지 않았다면 범인은 (D) 여사장이거나 남사장일 것이다.

③ 범행에 사용된 도구는 (S) 칼이거나 (R) 밧줄일 것이다.

④ 범행에 사용된 도구가 칼이라면 (U) 범행 현장에는 유혈이 낭자할 것이다.

⑤ 범행에 사용된 도구가 밧줄이라면 범행 현장에는 유혈이 낭자하지 않을 것이다.

⑥ 범행 현장에는 유혈이 낭자했다.

⑦ 범행에 사용된 도구가 칼이라면 살인 사건은 오전 3시에서 오후 6시 사이에 발생했을 것이다.

⑧ 범행에 사용된 도구가 밧줄이 아니라면 남사장은 범인이 아닐 것이다.

⑨ 범인이 투숙객 이 씨라면 범행 도구는 밧줄이었을 것이다.

· · · ▶ 290쪽 시리즈 퀴즈 2로 이어집니다.

2. 진리 함수적 논리의 체계

⋮

자연 언어로 된 단순 명제들과 접속사를 알파벳 기호와 논리 연결사 기호를 이용해서 기호화할 수 있지만 명제 논리의 논리 연결사가 접속사의 다양한 의미와 맥락을 모두 대신하지는 못한다. 예를 들면, 자연 언어에서 접속사 '그리고'와 '그러나'는 분명 다른 의미로 사용되는데 명제 논리는 이 둘을 모두 '연언'으로 나타낸다. 명제 논리의 기호 체계가 갖는 이런 한계를 염두에 두고 다섯 가지 논리 연결사와 다섯 종류의 복합 명제에 대하여 더 알아보자. 이를 통해 자연 언어의 접속사와 인공 언어의 논리 연결사 간의 차이를 이해할 수 있을 것이다.

명제 논리의 본질적인 특징 중 하나는 그것이 진리 함수적(truth functional) 논리라는 것이다. 그래서 명제 논리의 논리 연결사도 진리 함수적이고 복합 명제도 진리 함수적 명제라고 한다. 그러면 '진리 함수적'이라는 말을 이해하기 위해 먼저 '함수'가 무엇인지 간단히 살펴보자. 함수를 제대로 설명하기 위해서는 수학의 도움이 필요하지만 간단하게 말하면, 함수란 두 집합의 원소 간에 오직 하나씩 대응되는 관계를 말한다. 예를 들어, 집합 X와 Y가 있을 때 집합 X의 원소 x와 집합 Y의 원소 y가 함수 관계라면 x의 값이 정해지면 y의 값이 오직 하나씩 정해지고 이를 y는 x의 함수라고 표현한다. 이것을 명제 논리의 진리 함수적 관계에 적용해 x를 단순 명제로 y를 복합 명제로 보면, 명제 논리가 진리 함수적 논리라는 말은 복합 명제의 진리값이 그것을 구성하고 있는 단순 명제의 진리값에 의해서 결정되며 다른 어떤 것도 개입되지 않는다는 것이다. 즉, 단순 명제의 진리값이 무엇인지 알면 그것이 구성하는 복합 명제의 진리값을 계산할 수 있다는 것이다. 논리 연결사도 마찬가지로 진리 함수적이다. 논리 연결사의 의미도 그것과 결합하는 명제들의 진리값에 의해서 결정되기 때문이다. 그래서 명제 논리를 '진리 함수적 논리'라고 하고, 다섯 가지 논리 연결사도 다섯 종류의 복합 명제도 진리 함수적이라고 말하는 것이다. 기호를 사용하는 인공 언어 체계에서 논리 연결사가 자연 언어인 접속사와 다른 것은 바로 이 진리 함수적 논리에서 발생한다. 이와 달리 자연 언어에서 복합 명제의 진리값은 그것을 구성하는 단순 명제의 진리값으로만 결정되지 않고 언어의 문법과 맥락, 여러 가지 관계가 개입된다는 차이가 있다.

1) 부정 명제

우리가 일상적으로 사용하는 자연 언어의 관점에서 보면 '… 이 아니다.'에 해당하는 부정(negation)이 논리 연결사라는 점이 의아해 보일 것이다. 그도 그럴 것이 '손흥민은 축구 선수가 아니다.' 같은 부정문은 단순 명제처럼 보이기도 하고, 또 부정을 나타내는 '… 이 아니다.'는 자연 언어에서 접속사로 취급하지 않기 때문이다. 하지만 명제 논리에서 부정은 하나의 논리 연결사로 간주하고 부정 명제를 논리 연결사와 단순 명제가 결합된 복합 명제로 간주한다.

사실 자연 언어의 '아니다' 혹은 'not'을 명제 논리의 부정 기호 '∼'를 사용해 표기하기는 하지만 이 둘이 서로 완전히 일치하는 것은 아니다. 예를 들어, '모든 사람은 여자이다.'의 부정 명제는 '모든 사람은 여자가 아니다.'이다. 그런데 이 두 명제는 모두 거짓이다. 따라서 자연 언어 '아니다'나 'not'을 부정 기호 '∼'로 표현하기는 하지만 그 둘이 서로 완전히 동일한 것은 아니며, 부정의 논리 연결사는 진리 함수적 의미만을 갖는다. 즉, 원래 명제가 참이면 그것의 부정 명제는 거짓이고, 원래 명제가 거짓이면 그것의 부정 명제는 참이라는 것이다. 그래서 부정 기호의 진리 조건(truth condition)은 다음과 같다.

부정 기호 '~'의 진리 조건: 주어진 명제 P에 대해서, P가 참이면 ~P
는 거짓이고, P가 거짓이면 ~P는 참이다.

이 부정 기호의 진리 조건을 진리표를 사용해 나타내면 다음과 같다.

P	~P
T	F
F	T

부정의 논리 연산(logical calculus)은 매우 단순하다. 입력값이 T이면 F라
는 출력값을 내놓고, 입력값이 F이면 T라는 출력값을 내놓은 함수 역할
을 하는 것이다. '손흥민은 축구 선수가 아니다.'의 경우 '손흥민은 축구
선수이다.'를 P라고 할 때, 그것의 부정 명제 '손흥민은 축구 선수가 아니
다.'는 ~P이다. 이때 부정 기호의 진리 함수적 의미는 '손흥민은 축구 선
수이다.'라는 P가 참이면 ~P는 거짓이고, P가 거짓이면 ~P는 참이라는
것이다.

2) 연언 명제

논리 연결사 연언(conjunction) 기호, '•'이 표현하는 대표적인 접속사는
'그리고', 영어로는 'and'이다. 예를 들어, '손흥민은 축구 선수이고 부자이
다.'라는 복합 명제는 두 개의 단순 명제 '손흥민은 축구 선수이다.'와 '손

홍민은 부자이다.'를 '그리고'로 연결한 것이다. 이때 이 두 단순 명제는 이 연언 명제의 두 연언지가 된다. 두 개의 단순 명제 중 앞의 명제를 P라고 하고 뒤 명제를 G라고 하면 이 복합 명제는 'P • Q'로 기호화한다. 그리고 이 연언 기호의 진리 조건은 다음과 같다.

연언 기호 '•'의 진리 조건: P • Q는 두 연언지 P와 Q가 모두 참일 때만 참이고, 다른 경우는 모두 거짓이다.

이 연언 기호의 진리 조건을 진리표를 사용해 나타내면 다음과 같다.

P	Q	P • Q
T	T	T
T	F	F
F	T	F
F	F	F

연언은 연언 명제를 구성하는 두 연언지가 동시에 참일 때에만 참이 되고 두 연언지 중 어느 하나가 거짓이거나 둘 다 거짓일 경우는 거짓이 된다. 논리 연산으로 보면 주어진 두 개의 입력값이 모두 T일 경우에만 출력값이 T가 되고, 두 개의 입력값 중 하나라도 F이면 출력값은 F가 된다. 이런 연언의 진리 함수적 정의는 자연 언어의 접속사 중 '그리고'와 '또한'을 대표한다고 할 수 있다. '그리고'와 '그러나' 혹은 '하지만'은 자연 언어에서 전혀 다른 맥락을 표현한다. 예를 들어 다음의 명제를 살펴보자.

a) 손흥민은 빠르고 케인은 키가 크다. ➡ S • K

b) 손흥민은 빠르지만 케인은 키가 크다. ➡ S • K

이 두 명제의 차이는 '손흥민은 빠르다.'라는 단순 명제와 '케인은 키가 크다.'라는 단순 명제를 전자는 '그리고'로 후자는 '하지만'으로 연결한 것이다. 우리가 사용하는 일상 언어에서 이 두 명제를 같다고 이해하지 않는다. 차이는 접속사에 있다. '그리고'는 앞 뒤 명제를 단순히 동급으로 여기고 추가의 의도를 표현하지만 '하지만'이나 '그러나'는 앞 명제 다음에 전환, 반대, 제한 등의 의미를 표현하기 때문이다. 하지만 명제 논리에서는 이것을 연언 명제로 보고 a)와 b)를 모두 'S • K'로 표기한다.

또한 '그리고'가 자연 언어에서 시간의 경과를 의미할 경우 연언 명제는 그 차이를 반영하지 않는다. '아침밥을 먹고 이를 닦는다.'는 명제는 아침밥을 먹은 후 이를 닦는다는 의미이다. 자연 언어로 이해할 경우 만약 실제로 이를 닦고 아침밥을 먹었다면 이 명제는 거짓이 된다. 하지만 명제 논리의 연언에서는 아침밥을 먹는 행위와 이를 닦는 행위를 시간의 선후와 관계없이 실제로 했다면 참이 된다. 이처럼 연언의 진리 함수적 정의가 포괄하지 못하는 경우가 있다는 점을 유의하자.

하지만 연언의 진리 함수적 정의가 유효하게 적용되는 경우도 많다. 대표적으로 법률의 해석에서 그러하다. 법률 조항은 전적으로 논리적으로 해석해야 하기 때문이다. 법률에서 자격이나 위반 기준을 제시할 때 A 기준과 B 기준 둘을 '그리고'로 연결하느냐 아니면 '혹은'이나 '또는'으로 연결하느냐에 따라 자격 제한이나 위반에 대한 적용과 판단이 달라진다. A와 B를 연언으로 연결할 경우 둘 다 만족해야 하고, 선언으로 연결할 경우 둘 중 하나만 만족해도 된다는 것이다.

멀쩡한 장애인의 주차

나는 독일에서 공부를 마치고 돌아와서 우리나라에 장애인 주차 구역이 생긴 것을 보았다. 장애인을 위한 법률이 발달한 독일에서는 흔한 일이었지만 유학을 가기 전에는 없었던 장애인 주차 구역이라는 것이 생겼으니 눈에 띄었던 것이다. 그런데 장애인 주차 구역에 주차하는 사람들이 차에서 내릴 때 보행하는 것에 장애가 있는 사람은 거의 없었다. 멀쩡해 보이는 사람들이 장애인 주차 구역에 차를 주차하고 내리는 것이었다. 뭔가 관련 법률이 악용되고 있다는 인상을 받고 궁금해서 인터넷 포털 사이트를 검색해 보았다.

우리나라에는 장애인 주차 구역에 관한 법률이 있다. 현행 법률은 개정되어 2021년 1월 16일부터 시행되고 있다. 법률 이름은 장애인·노인·임산부 등의 편의 증진 보장에 관한 법률이다. 이 법률은 장애인 주차 구역에 주차할 수 없는 차량의 조건을 정하고 해당 차량이 주차할 경우 과태료를 부과한다고 명시하고 있다. 그 위반 조건은 첫째 장애인 주차 구역에 주차 가능 표지를 부착하지 않는 경우이고, 둘째는 주차 가능 표지를 부착하였더라도 보행에 장애가 있는 사람이 타지 않은 경우이다. 장애인 주차 구역에서 주차 위반은 이 두 조건 모두에 해당한다. 이 두 위반 조건을 역으로 추론하면 장애인 주차 구역에 주차할 수 있는 차량은 주차 표지가 붙어 있으면서 장애인이 실제로 탑승한 차량이다. 만약 현행 법률의 조항에서 두 조건이 선언으로 연결되어 있다면 두 조건 중 하나만 만족하여도 장애인 주차 구역에 주차할 수 있다. 하지만 이 두 조건이 연언으로 연결되어 있기 때문에 두 조건을 모두 만족하지 않은 차량은 주차 위반이 되는 것이다. 이에 관한 실제 법률 조항은 다음과 같다.

장애인·노인·임산부 등의 편의 증진 보장에 관한 법률

제17조(장애인전용 주차 구역 등)

④ 누구든지 제2항에 따른 장애인전용 주차 구역 주차 표지가 붙어 있지 아니한 자동차를 장애인전용 주차 구역에 주차하여서는 아니 된다. 장애인전용 주차 구역 주차 표지가 붙어 있는 자동차에 보행에 장애가 있는 사람이 타지 아니한 경우에도 같다.

이 조항을 쉽게 이해하기 위해서 다음과 같이 쓸 수 있다.

"장애인 전용 주차장에 주차하기 위해서는 장애인 주차 표지가 차량에 반드시 부착되어 있어야 <u>하며</u> 주차 표지가 <u>있어도</u> 보행 장애가 있는 사람이 동승하지 않을 경우 과태료가 부과된다."

현행 법률은 두 조건을 들어 주차 금지를 정하고 있지만 장애인이 실제로 탑승했는지 여부를 확인하기는 매우 어렵다. 주차되어 있는 차에는 사람이 없고, 왕래가 빈번한 주차장에서 사람이 타고 내리는 시점에 맞추어 단속하기는 매우 어렵다. 이점을 이용해 주차 표지만 부착하고 멀쩡한 사람들이 비어 있는 장애인 주차 구역에 자신의 차량을 주차하는 경우가 많다. 현실적으로 단속하기 어려운 틈새를 허용한 법률 조항이라고 할 수 있다.

3) 선언 명제

자연 언어에서 접속사 '… 이거나', '혹은', '또는', 영어로 'or'는 명제 논리에서 논리 연결사 선언 '∨'로 표기한다. 앞의 복합 명제를 선언 명제로 바꾸어 보면, '손흥민은 축구 선수이거나 부자이다.'라는 복합 명제는 두 개의 단순 명제 '손흥민은 축구 선수이다.'와 '손흥민은 부자이다.'를 '… 이거나'로 연결한 것이다. 이때 이 두 단순 명제는 이 선언 명제의 두 선언지가 된다. 두 개의 단순 명제 중 앞의 명제를 P라고 하고 뒤 명제를 G라고 하면, 이 복합 명제는 'P ∨ Q'로 기호화한다. 그리고 이 선언 기호의 진리 조건은 다음과 같다.

선언 기호 '∨'의 진리 조건: P ∨ Q는 두 선언지 P와 Q가 모두 거짓일 때만 거짓이고, 다른 경우는 모두 참이다.

이 선언 기호의 진리 조건을 진리표를 사용해 나타내면 다음과 같다.

P	Q	P ∨ Q
T	T	T
T	F	T
F	T	T
F	F	F

선언의 진리 함수적 정의는 선언 명제를 구성하는 두 선언지가 동시에 거짓일 때에만 거짓이 되고 두 선언지 중 어느 하나가 참이거나 둘 다 참일 경우에는 참이 된다. 논리 연산으로 보면 주어진 두 개의 입력값이 모두 F일 경우에만 출력값이 F가 되고, 두 개의 입력값 중 하나라도 T이면 출력값은 T가 된다.

선언의 이러한 진리 함수적 정의는 우리가 일반적으로 사용하는 자연 언어의 선언문 의미를 모두 포괄하는 것은 아니다. 다음 두 선언문을 살펴보자.

> a) 강호동은 야외 취침을 좋아하거나 실내 취침을 좋아한다.
>
> ➡ P ∨ Q
>
> b) 손흥민은 남자이거나 여자이다. ➡ A ∨ B

a)에서 '강호동은 야외 취침을 좋아한다.'를 P로, '강호동은 실내 취침을 좋아한다.'를 Q로 나타내면, a)는 'P ∨ Q'로 기호화할 수 있다. 선언문 a)의 경우 A와 B 둘 중 하나가 참일 수도 있지만 A와 B 둘 다 참일 수도 있다. 즉, 강호동은 야외 취침과 실내 취침 둘 다 좋아할 수 있다. 이렇게 A와 B가 둘 다 참인 경우에도 참이 되는 경우를 '포괄적 선언문(inclusive disjunction)'이라고 하며, 이 포괄적 선언문이 선언의 진리 함수적 정의가 따르고 있는 경우이다. 하지만 b)의 경우는 다르다. 손흥민이 남자라는 것을 A로, 여자라는 것을 B로 놓으면, 'A ∨ B'로 표기할 수 있다. 그런데 선언문 b)는 A와 B 둘 중 하나가 참이지 둘 다 참일 수는 없다. 즉 손흥민은 남자이거나 여자 둘 중 하나이지 남자면서 동시에 여자일 수는 없다.

이렇게 두 개의 선언지 모두 참일 수 없는 경우를 '배타적 선언문(exclusive disjunction)'이라고 하며 배타적 선언문은 두 개의 선언지가 모두 참일 경우 거짓이 된다. 그래서 배타적 선언문의 진리 조건은 다음과 같이 정의할 수 있다.

> **배타적 선언의 진리 조건:** P ∨ Q는 두 선언지 P와 Q 중 하나가 참일 경우에만 참이다.

명제 논리의 선언 명제는 포괄적 선언문의 진리 조건을 따르고 있지만 배타적 선언문의 의미도 기호로 표기할 수 있다. 배타적 선언문 b)를 '손흥민은 남자이거나 여자이지만 남자이면서 동시에 여자인 것은 아니다.'라고 이해하면, '(A ∨ B) • ~(A • B)'라고 기호화할 수 있다. 명제 논리에서 선언의 진리 조건을 두 선언지가 모두 참일 경우도 참인 것으로 정의하고 있지만 자연 언어의 선언문이 경우에 따라 두 선언지가 모두 참일 때 거짓이 되는 경우가 있다는 점을 유의할 필요가 있다.

4) 조건 명제

자연 언어에서 '만약 … 라면 … 이다.', 영어로 'If … then …' 같이 조건문을 나타내는 접속사를 조건의 논리 연결사, '→'로 표기한 것이 명제 논리의 조건 명제이다. 예를 들어, '만약 손흥민이 축구 선수이면 그는 운동 선수이다.'라는 조건 명제는 두 개의 단순 명제 '손흥민은 축구 선수이다.'와 '손흥민은 운동 선수이다.'를 '만약 … 이면 … 이다.'로 연결한 것이다. 이 두 개의 단순 명제 중에서 앞의 명제를 '전건'이라고 하고 뒤의 명제를 '후건'이라고 부른다. 전건을 P라고 하고 후건을 Q라고 하면, 이 조건 명제는 'P → Q'로 기호화한다. 그리고 이 조건 기호의 진리 조건은 다음과 같다.

> **조건 기호 '→'의 진리 조건:** P → Q는 P가 참이고 Q가 거짓일 때에만 거짓이고 나머지 다른 경우에는 모두 참이다.

이 조건 기호의 진리 조건을 진리표를 사용해 나타내면 다음과 같다.

P	Q	P → Q
T	T	T
T	F	F
F	T	T
F	F	T

　자연 언어의 조건문은 전건과 후건의 함축 관계가 다양하다. 전건과 후건이 인과적으로 연결되어 있는 함축도 있고, 전건에서 후건을 추론하는 함축도 있으며, 전건을 가정으로 후건의 결과를 예측하는 함축도 있다. 하지만 명제 논리에서 조건 명제의 진리 함수적 정의는 전건과 후건의 진리값이 '어떤 경우에 조건 명제 자체가 확실하게 거짓이 되는가?'라는 관점에서 정해진다. 그래서 전건이 참인데 후건이 거짓일 경우에만 조건 명제는 확실하게 거짓이 되고 나머지 모든 경우에는 참이다. 이런 함축 관계를 논리학에서는 '실질 함축(material implication)'[4]이라고 한다. 실질 함축이 인과적, 추론적, 가정적 함축 등 자연 언어의 다양한 함축 관

계를 다 포괄하는 것은 아니다. 실질 함축은 단지 전건과 후건에서 말하는 사건이나 사실이 실제로 발생하는가에 대한 판단으로 진리값을 결정하고 전건이 참인데 후건이 거짓인 경우는 없다거나 그런 경우는 성립하지 않는다는 것을 주장하는 것이다. 명제 논리에서 조건 명제의 진리 함수적 의미를 실질 함축으로 보는 것은 모든 조건문은 전건이 참이고 후건이 거짓일 때, 그 조건문 자체가 확실하게 거짓이라는 점에 있어서 일치한다고 판단하기 때문이다. 다음의 한 예를 통해서 조건 명제의 진리 함수적 의미를 자세히 확인해 보자.

> a) 만약 내일 비가 오면, 야구 경기는 열리지 않을 것이다.

이 조건 명제의 진리값을 판단할 때, 이 주장을 하는 사람이 거짓말을 하고 있는지 아닌지를 생각해 보자. 조건 명제에서 전건인 '내일 비가 온다.'가 참이고 '야구 경기는 열리지 않을 것이다.'라는 후건이 참이면 이 명제가 참이라는 것은 분명하다. 그러나 전건이 참이고 후건이 거짓이면, 즉 비가 오는데도 야구 경기가 열린다면, a)를 주장을 하는 사람은 거짓말을 하고 있는 것이다. 따라서 이 명제는 거짓이다. 그런데 문제는 전건이 거짓인 경우이다. 실제로 비가 오지 않았는데도 야구 경기가 열

---

4   'material implication'을 '질료적 함축'으로 번역하는 경우도 있고, '단순 함축'이라고 의역하여 부르는 경우도 있다. 'material implication'이라는 말은 'material'의 논리학적 함의를 충분히 반영해 번역하는 것이 필요한데, 사실상 그것은 조건 기호 '→'의 진리 함수적 의미를 말한다. 전건과 후건의 인과적 연결과 관계없이 '사태'나 '사안'에만 관여해 진리값을 판단한다는 의미에서 'material'이라고 한 듯 하다.

리거나 열리지 않은 경우 이 조건 명제의 진리값을 어떻게 판단해야 할까? a)를 주장하는 사람이 거짓말을 하고 있는 것일까? 전건이 거짓이어서 비가 오지 않았다면, 후건이 참일 때이든 거짓일 때이든 이 조건 명제를 확실하게 거짓이라고 할 수 있을까? 그렇지 않다. 왜냐하면, 이 조건 명제는 내일 비가 올 경우 야구 경기가 열릴 것이라고 말하는 것이지 내일 비가 오지 않을 경우 야구 경기가 어떻게 될 것이라고 말하는 것이 아니기 때문이다. 따라서 이 조건 명제 자체를 거짓이라고 할 수 없을 것이다. 그러면 이 명제는 참이라고 보아야 한다. 진리값에는 참과 거짓 외에 다른 제3의 것은 없기 때문이다.

조건 명제의 이런 진리 함수적 정의를 이해하기 위해서는 'P이면 Q이다.'라는 주장이 우선적으로 P가 참일 경우를 전제한 주장이라는 점을 주의해야 한다. 즉, 전건 P가 참이라는 조건에서 후건 Q의 진리값이 참 혹은 거짓일 때 그 조건 명제 자체에 대한 진리값을 결정할 수 있지 전건 P가 참이라는 조건이 성립하지 않을 때 후건 Q의 진리값이 참이든 거짓이든 'P이면 Q이다.'라는 조건 명제 전체에 대해서 거짓이라고 확실하게 결정할 수 없다. 이 조건 명제는 'P가 성립할 때 Q이다.'라고 주장하는 것이지 P가 성립하지 않을 때 Q가 어떠어떠하다고 주장하는 것이 아니기 때문이다.

'P이면 Q이다.'라는 조건 명제는 P가 참이고 Q가 거짓일 때 거짓이라는 것에 주목해 보면, 'P이면 Q이다.'라는 주장은 'P가 참이면서 Q가 거짓인 경우는 없다.' 또는 'P가 참이면서 Q가 거짓인 것은 아니다.'라고 주장하는 것과 마찬가지이다. 그러면 조건 명제 'P → Q'는 '~(P • ~Q)'와 같다고 할 수 있다. 따라서 'P → Q'는 '~(P • ~Q)'와 논리적 동치가 된다. 이 두 명제가 논리적 동치인 것은 두 명제의 진리값을 계산해 보면 동일하다는 것을 확인할 수 있다. 이것을 진리표를 이용해서 다음과 같이 증명할 수 있다.

P	Q	P → Q	~(P • ~Q)
T	T	T	T
T	F	F	F
F	T	T	T
F	F	T	T

여기서 드모르간의 규칙을 사용하면 '~(P • ~Q)'은 다시 '~P ∨ Q'와 논리적 동치가 된다. 따라서 조건 명제 'P → Q'는 선언 명제 '~P ∨ Q'와도 논리적 동치가 된다. 이것은 다음과 같이 진리표를 통해서 증명될 수 있다.

P	Q	P → Q	~P ∨ Q
T	T	T	T
T	F	F	F
F	T	T	T
F	F	T	T

반사실적 조건문의 경우

물론 이 조건 명제의 진리 조건이 우리의 상식적인 판단에서 벗어나는 경우가 있다. 특히 전건이 거짓임이 분명한 '반사실적 조건문(counterfactual conditional)'의 경우가 그렇다. 우리는 현실적으로 참이 아닌 것을 가정하는 조건문을 일상적으로 많이 사용한다. 예를 들어, 어떤 야구 선수가 다음과 같은 말을 했다고 생각해 보자.

> "아! 그때 내 팔이 1m만 더 길었다면 그 홈런 볼을 잡아서 경기에 이길 수 있었을 텐데."

사람의 팔이 갑자기 1m나 길어지는 일은 절대 불가능하다. 즉, 이 조건문의 전건은 거짓임이 분명하다. 그렇다면 명제 논리에서 이 조건 명제는 전건이 거짓이므로 후건의 진리값이 어떠하든 상관없이 참이 된다. 이런 사례는 많다.

(시험에서 한 문제를 틀린 학생이)
아! 한 문제만 더 맞았더라면, …

(주식 매도 후 급등하는 주가를 본 투자자가)
아! 내가 그때 그 주식을 팔지 않았더라면, …

조건 명제의 진리 조건에 따르면 '…' 자리에 어떤 말을 써 넣어도, 아무리 전건과 상관 없는 내용이더라도 이 명제들은 참이 된다. 왜냐하면 전건이 분명히 거짓이기 때문이다. 그런데 이런 말들을 논리학에서는 무조건 참이라고 판단한다고 하면 사람들은 논리학을 전혀 신뢰하지 않을 것이다. 그래서 반사실적 조건문의 경우 조건 명제의 진리 함수적 정의를 적용하지 않는다. 말하자면 조건 기호 '→'를 사용해서 기호화하지 않는다는 것이다. 전건의 거짓이 분명한 반사실적 조건문에 실질 함축을 적용하면 거짓인 문장을 참인 문장이라고 해야 하기 때문이다. 논증 속에 이런 반사실적 조건문이 포함되어 있을 경우, 명제 논리에서 기호로 표기해야 한다면, 그 조건문 자체를 하나의 단순 명제로 기호화하는 것이 가능한 방법이다. 그리고 이 문제를 해결하기 위해서 필연성과 가능성을 표현할 수 있는 양상 논리가 도입되었다.

■ 필요조건과 충분조건의 기호화

자연 언어에서 조건문을 나타내는 표현은 '만약 … 라면 … 이다.' 외에도 다양하다. 다음과 같은 조건문을 나타내는 표현들도 조건 기호를 사용하여 기호화할 수 있다.

⊙ 만약 P라면 Q이다.(P이면 Q이다.: P를 가정하면 Q이다.) ➡ P → Q

ⓛ P는 Q이기(Q가 성립하기) 위한 충분조건이다. ➡ P → Q

ⓒ 오직 Q인 경우에만 P이다. ➡ P → Q

ⓔ Q는 P이기(P가 성립하기) 위한 필요조건이다. ➡ P → Q

여기서 유의해야 할 것은 조건문이 필요조건을 나타내는지 아니면 충분조건을 나타내는지에 따라 조건 기호를 중간에 두고 전건과 후건의 위치가 달라진다는 것이다. ⊙의 '만약 P라면 Q이다.'는 P가 Q이기 위한 충분조건이라는 것을 나타낸다. 그래서 'P → Q'로 기호화하고, 이것은 P가 발생할 때마다 Q의 발생이 보장된다는 뜻이고, P가 성립하면 충분히 Q

가 성립한다는 것을 의미한다. 반면 조건 명제 'P → Q'에서 전건과 후건의 관계가 필요조건을 나타낼 때, 자연 언어의 조건문 표현은 '오직 Q인 경우에만 P이다.'이고 이것은 Q는 P이기(P가 성립하기) 위한 필요조건이라는 것을 나타낸다. 이것은 P가 성립하기 위해서는 먼저 Q가 성립할 필요가 있다는 것이고 Q가 발생하지 않으면 P가 발생하지 않는다는 것을 의미한다. 조건문이 필요조건을 나타내는지 충분조건을 나타내는지는 조건문의 실제 내용에 달려 있지만 기호로 형식화한 조건 명제의 필요조건과 충분조건은 전건과 후건의 위치로 다르게 나타난다는 점을 유의할 필요가 있다. 다음은 다른 조건 관계를 기호로 표기하는 방식이다.

a) 만약 손흥민이 축구 선수이면(S) 그는 운동 선수이다(A).

➡ S → A: (S는 A이기 위한 충분조건)

b) 오직 햇빛과 물이 있어야만(S) 식물은 자랄 수 있다(A).

➡ A → S: (S는 A이기 위한 필요조건)

충분조건과 필요조건의 기호화가 처음에는 혼란스러울 수 있다. 그래서 이것을 다음과 같이 정리해서 충분히 익혀둘 필요가 있다.

P는 Q의 충분조건이다. (P → Q): 만약 P라면 Q이다.

= P가 발생할 때마다 Q의 발생이 보장된다.

= P가 성립하면 충분히 Q가 성립한다.

= P가 참이면 Q는 항상 참이다.

P는 Q의 필요조건이다. (Q → P): 오직 P인 경우에만 Q이다.

= P가 발생하지 않으면 Q가 발생하지 않는다.

= Q가 성립하기 위해서는 먼저 P가 성립할 필요가 있다.

= P가 참이 아니면 Q도 항상 참이 아니다.

5) 쌍조건 명제

쌍조건(biconditional) 명제를 나타내는 논리 연결사 기호 '↔'는 영어 'if and only if'를 대신하는 것이다. 우리말에서 이런 표현을 쓰는 것은 자연스럽지 않지만 군이 번역하자면 '… 경우 그리고 오직 그런 경우에만 …' 정도라고 할 수 있다. 쌍조건 기호는 자연 언어의 어떤 접속사를 기호로 나타내기 위해서 사용된다기보다는 쌍조건 관계, 즉 필요충분조건의 관계를 나타내는 자연 언어의 접속사를 찾자면 영어 'if and only if', 우리말로 하면 '… 경우 그리고 오직 그런 경우에만 …' 정도라고 보는 편이 적절할 것이다. 그래서 쌍조건의 논리적 의미는 필요충분조건과 같다고 하는 편이 더 접근하기 좋다. 앞의 명제를 쌍조건 명제로 만들어 보면, '손흥민이 축구 선수인 경우 그리고 오직 그런 경우에만 그는 운동선수이다.'라고 할 수 있고, 이것을 기호화하면 'P ↔ Q'가 된다. 쌍조건 기호의 진리 조건은 다음과 같다.

쌍조건 기호 '↔'의 진리 조건: P ↔ Q는 P와 Q의 진리값이 모두 참이거나 거짓일 때에만 참이고 다른 경우에는 모두 거짓이다.

이 쌍조건 기호의 진리 조건을 진리표를 사용해 나타내면 다음과 같다.

P	Q	P↔Q
T	T	T
T	F	F
F	T	F
F	F	T

쌍조건 명제의 진리값은 필요조건과 충분조건, 두 조건 명제를 연언으로 연결한 것과 같다.

$$P \leftrightarrow Q = (P \rightarrow Q) \bullet (Q \rightarrow P)$$

그래서 'P는 Q의 필요충분조건이다.'라는 명제도 'P ↔ Q'로 기호화할 수 있다. 그리고 이것이 논리적 동치임은 다음의 진리표에서도 증명된다.

P	Q	P→Q	Q→P	(P→Q) • (Q→P)	P↔Q
T	T	T	T	T	T
T	F	F	T	F	F
F	T	T	F	F	F
F	F	T	T	T	T

01 진리 함수적 논리란

복합 명제의 진리값이 그것을 구성하고 있는 단순 명제의 진리값에 의해서 결정되는 논리 체계, 즉 단순 명제의 진리값을 알면 그것이 구성하는 복합 명제의 진리값을 계산할 수 있다.

02 논리 연결사의 진리 조건

① 부정 기호 '~'의 진리 조건: 주어진 명제 P에 대해서, P가 참이면 ~P는 거짓이고, P가 거짓이면 ~P는 참이다.

② 연언 기호 '•'의 진리 조건: P • Q는 두 연언지 P와 Q가 모두 참일 때만 참이고, 다른 경우는 모두 거짓이다.

③ 선언 기호 '∨'의 진리 조건: P ∨ Q는 두 선언지 P와 Q가 모두 거짓일 때만 거짓이고, 다른 경우는 모두 참이다.

④ 조건 기호 '→'의 진리 조건: P → Q는 P가 참이고 Q가 거짓일 때에만 거짓이고 나머지 다른 경우에는 모두 참이다.

⑤ 쌍조건 기호 '↔'의 진리 조건: P ↔ Q는 P와 Q의 진리값이 모두 참이거나 거짓일 때에만 참이고 다른 경우에는 모두 거짓이다.

⟨03⟩ 복합 명제의 진리표

P	부정 명제
P	~P
T	F
F	T

		연언 명제	선언 명제	조건 명제	쌍조건 명제
P	Q	P • Q	P ∨ Q	P → Q	P ↔ Q
T	T	T	T	T	T
T	F	F	T	F	F
F	T	F	T	T	F
F	F	F	F	T	T

1. 명제 논리의 연결사 다섯 가지의 진리 조건을 말하고, 다섯 가지 복합 명제의 진리표를 만들어 보자.

① 부정 명제

② 연언 명제

③ 선언 명제

④ 조건 명제

⑤ 쌍조건 명제

2. 다음 기호화된 명제의 진리값을 계산하시오.(P, Q, R은 참이고, X, Y, Z는 거짓이다.)

① $[(P \bullet X) \lor R] \lor (Y \rightarrow \sim Q)$

② $(X \lor R) \leftrightarrow (\sim P \bullet Q)$

③ $\sim [(P \bullet Q) \lor (X \leftrightarrow Z)]$

④ (P → ~Q) • (Z ∨ R)

⑤ (~Z → ~Y) → [Q • (P • R)]

⑥ ~[(P ∨ ~Y) ↔ (~Z • P)]

⑦ [(P → ~Q) → X] • Y

⑧ ~(Z ∨ P) ∨ [(R ∨ X) → Q]

⑨ [R • (Y → Q)] → (P • ~Z)

⑩ [(Y • R) ↔ Z] • (P → ~X)

3. 진리표를 이용한 타당성 증명
⋮

지금까지 명제 논리의 가장 중요한 특징은 진리 함수적 논리 체계라는 것을 학습하였다. 이는 곧 복합 명제를 구성하는 단순 명제의 진리값과 논리 연결사의 진리 조건을 알면 그 복합 명제의 진리값을 알 수 있다는 것이다. 그리고 진리표를 이용해서 단순 명제가 가질 수 있는 모든 진리값의 조합을 계산하면 복합 명제가 가질 수 있는 모든 경우의 진리값을 얻을 수 있다. 우리는 이것을 이용하여 자연 언어로 된 복합 명제를 기호화하고 그 명제의 종류와 진리값을 계산할 수 있을 뿐만 아니라 논증의 타당성을 증명할 수 있다.

그럼 이제 진리표를 만들어 복합 명제의 진리값을 확인하는 방법을 알아보자. 한 복합 명제에게 있을 수 있는 진리값의 경우는 그 복합 명제를 구성하는 단순 명제의 수에 달려 있다. 단순 명제의 수가 2이면 진리표를 만들 때 4줄이 필요하고 단순 명제가 3개이면 8줄이 필요하다. 복합 명제에게 있을 수 있는 진리값의 경우는 단순 명제의 수를 n이라고 할 때, 2^n개만큼 필요하기 때문이다. 단순 명제의 수가 4개라면 16줄의 진리표를 만들어야 한다. 우선 다음과 같은 자연 언어로 된 명제를 기호로 나타내 보자.

환율이 하락하고 외국인이 매수하면 주가는 오른다.

'환율이 하락한다.'를 A로, '외국인이 매수한다.'를 B로, '주가는 오른다.'를 C로 표기한다면 이 명제를 다음과 같이 기호화할 수 있다.

$$(A \bullet B) \rightarrow C$$

이 복합 명제는 조건 명제이며 3개의 단순 명제로 구성되어 있으므로 8줄의 진리표를 그려서 있을 수 있는 모든 진리값의 경우에 복합 명제의 진리값이 무엇인지 계산해 낼 수 있다. 다음 진리표를 보자.

A	B	C	$(A \bullet B) \rightarrow C$	
T	T	T	T	T
T	T	F	T	F
T	F	T	F	T
T	F	F	F	T
F	T	T	F	T
F	T	F	F	T
F	F	T	F	T
F	F	F	F	T

단순 명제 A, B, C의 진리값들이 있을 수 있는 모든 조합으로 구성되려면 먼저 A의 진리값을 4줄은 T, 나머지 4줄은 F로 설정한다. 이어 B의 진리값은 2줄은 T로 다시 2줄은 F로 반복해서 설정하고 C의 진리값은 T와 F를 한 번씩 번갈아 설정해 준다. 이렇게 하면 단순 명제가 가질 수 있는 모든 경우의 진리값을 설정할 수 있다. 각 단순 명제의 진리값 설정이 끝나면 각 줄의 진리값을 계산하고 주 논리 연결사의 진리값이 T인지 F인지 써 주면 이 복합 명제의 있을 수 있는 모든 진리값의 경우에 진리값이 결정된다. 이 복합 명제의 주 논리 연결사는 조건 기호이고 전건이

연언 명제이므로 연언 명제 'A • B'의 진리값을 먼저 계산하고 그 진리값을 조건 명제의 전건의 진리값으로 놓고 조건 명제의 진리값을 계산해 조건 기호 아래에 진리값을 써 넣는다. 그러면 그 진리값이 이 복합 명제 '(A • B) → C'의 진리값이 된다. 진리표의 결과에 따르면 '(A • B) → C' 는 A와 B가 모두 참이고 C가 거짓인 두 번째 줄에서는 거짓이고 나머지 경우에서는 모두 참인 명제로 나타났다.

논리적 참, 논리적 거짓, 논리적 동치, 모순의 진리표

이 진리표를 이용하면 복합 명제의 성격을 바로 알 수 있다. 앞의 '3장 논리학의 기초 개념'에서 소개한 논리적 참, 논리적 거짓, 논리적 동치, 모순 명제들도 이 진리표를 이용하면 쉽고 분명하게 판단할 수 있다. 그럼 진리표를 통해서 이 개념들을 설명해 보자.

1) 논리적 참

A	B	{(A → B) • A} → B		
T	T	T	T	T
T	F	F	F	T
F	T	T	F	T
F	F	T	F	T

논리적으로 참인 명제는 거짓일 가능성이 없는 명제라고 정의했다. 진리표를 만들어 보면 이것은 있을 수 있는 모든 경우의 진리값이 참인 명제인 것이다.

2) 논리적 거짓

A	B	(A ∨ B) ↔ (~A • ~B)		
T	T	T	F	F
T	F	T	F	F
F	T	T	F	F
F	F	F	F	T

논리적으로 거짓인 명제는 참일 가능성이 없는 명제라고 정의했다. 진리표에서 나타나는 것처럼 논리적으로 거짓인 명제는 있을 수 있는 모든 경우의 진리값이 거짓이다.

3) 논리적 동치

A	B	A → B	~B → ~A
T	T	T	T
T	F	F	F
F	T	T	T
F	F	T	T

논리적 동치인 명제는 서로 동일한 진리값을 갖는 명제라고 정의했다. 위 명제는 조건 명제와 논리적 동치인 대우 명제이고 진리표에서도 모든 경우의 진리값이 같음을 알 수 있다.

4) 모순

A	B	A → B	(A • ~B)
T	T	T	F
T	F	F	T

F	T	T	F
F	F	T	F

모순 관계인 명제는 모든 경우에 서로 다른 진리값을 갖는 명제라고 정의했다. 진리표에서도 나타나는 것처럼 이 두 명제는 모든 경우에 서로 다른 진리값을 나타내고 있다. 우리는 앞에서 조건 명제의 진리 조건이 전건이 참이고 후건이 거짓일 경우에만 거짓이고 다른 경우는 참이어서 전건이 참이고 후건이 거짓인 것은 없다는 의미에서 '~(A • ~B)'가 조건문과 논리적 동치라고 했는데, 'A • ~B'는 이것과 진리값이 반대일 것이니 모순 관계인 명제일 수밖에 없다.

지금까지 복합 명제의 진리표를 만드는 방법을 알아보았다. 우리가 여기까지 공부를 진행한 것은 사실 논증의 타당성을 판단하고 증명하기 위한 것이었다. 명제 논리의 구성과 체계를 알고 각 명제들의 진리 함수적 정의를 아는 것은 무엇보다 논증의 타당성을 판단하기 위한 것이다. 이제 진리표를 이용하여 논증의 타당성을 판단하고 증명해 보자.

진리표를 이용해서 논증의 타당성을 판별하는 것은 명제 논리와 타당한 논증의 두 가지 주요한 특징을 이용하는 것이다. 앞에서 공부한 내용들을 떠올려 보자. 이 방법이 기반하고 있는 첫 번째 바탕은 타당한 논증이 전제가 참일 때 결론이 거짓일 가능성이 없는 논증이라는 것이다. 즉, 전제가 참이면 결론도 반드시 참인 논증이 타당한 논증이다. 그리고 두 번째는 명제 논리의 진리표는 논증을 구성하는 전제와 결론의 진리값을 있을 수 있는 모든 경우에서 보여 준다는 것이다. 그래서 논증의 진리표를 만들면 이 둘을 바탕으로 전제가 참일 때 결론이 거짓인 줄이 있는지 없는지에 따라 논증의 타당성을 판별할 수 있다.

이 방법을 잘 사용하기 위해서 다음의 순서에 따라 논증의 타당성을 판별해 보자.

① 자연 언어로 된 논증의 명제들을 명제 논리의 명제로 기호화한다. 이때 명제 논리의 단순 명제는 단순 긍정 명제라는 점에 주의해서 부정 명제는 부정 기호를 사용해야 한다.

② 논증을 구성하는 전제들은 쉼표(,)로 전제와 결론은 빗금(/)으로 구분한다.

③ 전제 명제와 결론 명제의 진리표를 만들어 진리값을 계산한다.

④ 진리표에서 전제가 모두 참인 줄을 확인하고 그 줄의 결론이 참이면 논증은 타당하고 거짓이면 논증은 타당하지 않은 논증이다.(왜냐하면 타당한 논증은 전제가 참일 때 결론이 거짓일 가능성이 없는 논증이기 때문이다.)

그럼 이 순서에 따라 우리말로 된 다음 논증의 타당성을 판별해 보자.

a) 한국 축구 대표팀이 월드컵 최종예선 경기에서 이란에게 이기면 월드컵 본선에 진출한다. 한국 축구 대표팀은 이란과의 경기에서 이기지 못했다. 그러므로 한국 축구 대표팀은 월드컵 본선에 진출하지 못한다.

이 논증에서 '한국 축구 대표팀은 월드컵 최종예선 이란과의 경기에서 이긴다.'를 A로 '한국 축구 대표팀은 월드컵 본선에 진출한다.'를 B로 표기하면 이 논증은 다음과 같이 기호화할 수 있다.

a) A → B, ~A / ~B

그럼 이제 논증 a)의 진리표를 작성해 보자.

A	B	A → B, ~A / ~B		
T	T	T	F	F
T	F	F	F	T
F	T	T	T	F ←
F	F	T	T	T

이렇게 작성된 진리표에서 전제 두 명제의 진리값이 모두 참이 아닌 줄은 고려할 필요가 없다. 그래서 첫째, 둘째 줄에 대해서는 더 이상 판단할 필요가 없다. 셋째 줄과 넷째 줄은 두 전제의 진리값이 모두 참이다. 따라서 이 두 줄의 결론의 진리값이 타당성 판별의 대상이 된다. 넷째 줄은 결론도 참이지만 셋째 줄은 결론이 거짓이다. 이 세 번째 줄 때문에 논증 a)는 타당하지 않은 논증이 된다. 조건 명제인 첫 번째 전제에서 전건이 거짓이고 후건이 참인 경우에 이 논증은 타당하지 않은 논증이 되어 전제가 모두 참일 때 결론이 거짓일 가능성이 있기 때문이다. 이 것을 우리말로 된 논증에 적용해 보면 '한국 축구 대표팀이 월드컵 최종예선 경기에서 이란에게 이기면 월드컵 본선에 진출한다.'는 조건 명제

를 전제로 전건이 부정되었으니 후건도 부정되는 결론이 도출될 것이라고 주장하는 이 논증은 전건이 부정되지만 후건이 긍정될 수 있는 경우를 간과했기 때문에 타당한 논증이 되지 못하는 것이라고 할 수 있다. 즉, 한국이 이란과의 경기에서 이기지 못하더라도 월드컵 본선에 진출할 수 있는 경우가 있을 수 있다는 것을 생각하지 못했기 때문이다. 이런 논증을 '전건 부정의 오류'라고 한다.

조건 명제와 관련하여 '전건 부정의 오류'처럼 오류를 범하지 않고 바르게 추론하는 논증을 진리표를 통해 확인해 보자. 위 논증 a)를 "A → B , A / B"로 바꾸면 이 논증은 '전건 긍정의 법칙'이라는 타당한 논증이 된다. 이 전건 긍정의 법칙이 어떻게 타당한 논증이 되는지 다음 진리표를 통해서 확인해 보자.

A	B	A → B , A / B		
T	T	T	T	T
T	F	F	T	F
F	T	T	F	T
F	F	T	F	F

이 진리표를 통해서 이 논증이 전제가 모두 참인 줄에서 결론이 거짓으로 나오는 줄이 없다는 것을 확인할 수 있다. 따라서 이 논증은 타당한 논증이며 전건 긍정의 법칙이라는 타당한 추론 규칙으로 사용된다.

이번에는 단순 명제의 수가 세 개인 논증의 진리표(243쪽 표)를 이용해서 타당성을 판단해 보자.

진리표에 나타난 결과를 보면 이 논증이 전제가 참일 경우는 네 경우가 있다. '←'로 표시한 네 개 줄이다. 그리고 그 네 개의 줄에서 결론이

A	B	C	~A → ~B , ~B → ~C / ~A → ~C	
T	T	T	F T F F F T	←
T	T	F	F T F F T T	←
T	F	T	F T T T F T	
T	F	F	F T T T T T	
F	T	T	T F F F F F	←
F	T	F	T F F F T T	
F	F	T	T T T T F F	
F	F	F	T T T T T T	←

거짓인 줄은 없다. 전제가 모두 참일 때 결론이 거짓인 줄이 한 줄이라도 있다면 타당하지 않은 논증일 텐데 이 논증은 그런 줄이 한 줄도 나오지 않았다. 따라서 이 논증은 타당하다.

진리표를 이용해서 논증의 타당성을 판단하는 방법은 정확하고 유용하다. 논증을 구성하고 있는 전제 명제와 결론 명제의 진리값을 계산하면 있을 수 있는 모든 경우에 그 논증의 진리값을 알 수 있으니 진리 함수적 논리 체계를 이용해 쉽게 논증의 타당성을 판별해 낼 수 있다. 그런데 단순 명제의 수가 네 개, 다섯 개가 넘는 논증이라면 16줄, 32줄 진리표를 작성해야 하는데 이것은 힘든 일이기도 하고 효율적이지도 않다. 그러한 경우는 약식 진리표를 이용해서 타당성을 판별할 수 있다. 약식 진리표를 이용하는 방법도 마찬가지로 다음 순서를 따르면서 진행하면 효과적으로 논증의 타당성을 판단할 수 있다.

① 논증을 전제와 결론을 구별해 한 줄로 쓴다.
② 우선 이 논증이 타당하지 않은 논증이라고 가정하고, 전제의 주 논리 연결사에 참을 부여하고 결론의 주 논리 연결사에 거짓을 부여한다.

③ 부여된 진리값으로 단순 명제의 진리값을 최대한 계산한다.

④ 단순 명제의 진리값을 최대한 계산한 후 논증의 타당성은 다음과 같
   이 판별한다.

모순 없이 계산할 수 있다면 처음에 했던 타당하지 않은 논증이라는 가
정이 맞다는 것이므로 이 논증은 타당하지 않은 논증이다. 왜냐하면 전
제가 참일 때 결론이 거짓인 경우가 가능하다는 것을 보여 주는 것이기
때문이다.

만약 최대한 계산하는 중 모순을 피할 수 없다면, 처음에 했던 타당하지
않은 논증이라는 가정이 잘못되었다는 것이므로 이 논증은 타당한 논증
이다. 왜냐하면 모순이 발생한다는 것은, 전제가 참이면서 결론이 거짓
인 경우가 불가능하다는 것을 보이는 것이기 때문이다.

이 순서에 따라 먼저 단순 명제의 수가 많지 않은 간단한 논증부터 약
식 진리표의 방법을 사용해 보자. 다음 논증을 보자.

$$A \lor B \ , \ \sim A \ / \ B$$

이 논증이 타당하지 않은 논증이라고 가정하고 전제의 각 명제에 T를
부여하고 결론에 F를 부여한다.

$$A \lor B \ , \ \sim A \ / \ B$$
$$T \qquad T \qquad F$$

부여된 진리값에서 결론 B가 F이고 A는 F라는 것을 쉽게 계산할 수 있다. 이렇게 A가 F이고 B도 F이면 'A ∨ B'의 진리값은 당연히 F가 되어야 하는데 T라고 가정했으니 이 논증이 타당하지 않은 논증이라는 가정이 잘못되었음을 알 수 있다. 따라서 이 논증은 타당한 논증이다.

이제는 단순 명제의 수가 많고 좀 더 복잡한 논증을 예로 들어보자.

$$D \rightarrow (E \bullet F) \ , \ \sim I \ , \ A \rightarrow (I \vee D) \ / \ A \rightarrow \sim B$$

이 논증도 마찬가지로 타당하지 않은 논증이라고 가정하고 전제의 각 명제에 T를 부여하고 결론에 F를 부여한 후 진리값이 쉽게 결정되는 곳부터 진리값을 계산한다.

$$D \rightarrow (E \bullet F) \ , \ \sim I \ , \ A \rightarrow (I \vee D) \ / \ A \rightarrow \sim B$$

T		T	T		F
T TTT		F T	FTT	TF	T

이 논증은 모순 없이 끝까지 계산할 수 있다. 결론 'A → ~B'의 진리값을 거짓으로 가정했으니 A가 T이고 ~B가 F이므로 B의 진리값은 T가 된다. 이제는 결론의 단순 명제에서 결정된 진리값을 전제들에 하나씩 부여해 보는데 전제 중 ~I의 진리값이 T이므로 I는 F라고 계산할 수 있다. 결정된 진리값 A와 I가 있는 세 번째 전제 'A → (I ∨ D)'의 진리값을 계산해 보면 D를 T로 보면 'A → (I ∨ D)'를 T로 가정한 것에 모순 없이 계

산이 가능하다. 이제 남은 첫 번째 전제 'D → (E • F)'의 진리값을 계산하는데 세 번째 전제의 계산값에 따라 D를 T로 놓으면 'D → (E • F)'의 진리값을 T로 가정했으니 '(E • F)'의 진리값이 T여야 한다. 그런데 논증에 E와 F의 진리값을 제한하는 것이 없으니 둘 다 T로 놓고 '(E • F)'를 T로 계산하면 모든 전제에서 모순 없이 계산이 가능하다. 따라서 이 논증이 전제가 참일 때 결론이 거짓이 되는 경우가 있다는 것을 보여 주고 있으므로 타당하지 않은 논증이라는 처음의 가정이 맞다는 것이 확인된다.

또 다른 논증으로 한 번 더 약식 진리표를 연습해 보자.

$$D → (C \lor I) \ , \ L → (D • I) \ , \ L \lor D \ / \ \sim I \lor D$$

이 논증도 마찬가지로 타당하지 않은 논증이라고 가정하고 전제의 각 명제에 T를 부여하고 결론에 F를 부여한 후, 진리값이 쉽게 결정되는 곳부터 진리값을 계산한다.

$$
\begin{array}{cccc}
D → (C \lor I) \ , & L → (D • I) \ , & L \lor D \ / & \sim I \lor D \\
T & T & T & F \\
F \ \ F/T\,T\,T & T\,F\ \ F\,F\,T & T\ \ F & F\,T\ \ F \\
\uparrow & \uparrow & &
\end{array}
$$

먼저 결론의 선언 명제 '~I ∨ D'가 F가 되려면 두 선언지 모두 F여야 하므로 D는 F가 되고 I는 '~I'가 F이므로 T가 된다. 이것을 세 번째 전제

'L ∨ D'에 적용하면 D가 F이므로 L은 T여야 세 번째 전제가 T가 될 수 있다. 여기서 나온 L의 진리값 T를 두 번째 전제에 적용하면 후건 '(D • I)'가 T여야 하고 연언 명제가 T이기 위해서는 두 연언지 모두 T여야 하는데 I는 T이지만 D가 결론에서 F였으니 '(D • I)'의 진리값은 T가 될 수 없고 따라서 두 번째 전제를 T로 가정한 것이 잘못된 것이 된다. 여기서 모순이 발생한다. 그래도 계속해서 정해진 단순 명제의 진리값을 첫 번째 전제에 적용해 계산해 보면 'D → (C ∨ I)'에서 D가 F이니 (C ∨ I)가 T여도 F여도 상관없이 'D → (C ∨ I)'는 T가 된다. 앞에서 I의 진리값이 T였으니 C의 진리값 T이든 F이든 '(C ∨ I)'의 진리값은 T가 되고 첫 번째 전제에서는 모순이 발생하지 않는다. 하지만 이 논증은 두 번째 전제에서 모순이 발생해 타당하지 않은 논증이라는 처음의 가정이 잘못되었다는 것을 보여 주므로 타당한 논증이다. 즉, 전제가 참이면서 결론이 거짓이 되는 경우가 불가능하다는 것을 보여 준 것이다.

약식 진리표를 이용해서 논증의 타당성을 판별하는 방법은 여러 면에서 유용성이 있다. 이 유용성을 잘 이용하기 위해서 전략적으로 결론에서 단순 명제의 진리값이 결정되면 전제들의 진리값을 계산할 때 같은 단순 명제가 있는 전제부터 계산을 시작하는 것이 좋다. 그런데 결론이 어떤 명제인지에 따라 전제들의 진리값을 계산하는 과정이 좀 더 쉬울 수도 어려울 수도 있다. 결론이 조건 명제일 경우 진리값을 F로 가정하면, 전건이 T이고 후건이 F인 경우 밖에 없으니 단순 명제의 진리값을 쉽게 결정할 수 있다. 선언 명제의 경우도 마찬가지다. 선언 명제가 F가 되는 경우는 두 선언지가 모두 F일 때뿐이므로 두 선언지를 모두 F로 결정하고 전제들의 진리값을 계산할 수 있다. 그러나 결론이 쌍조건 명제일 경우 진리값이 F가 되는 경우는 전건이 T이고 후건이 F인 경우와 반대로 전건이 F이고 후건이 T인 경우이다. 이 경우에는, 두 가지 경우를 모두 계산해 보아야 한다. 결론이 연언 명제인 경우는 더욱 복잡하다. 연언 명제의 진리값이 F인 경우가 세 경우이기 때문이다. 두 연언지 중 하나라도 F일 경우 연언 명제는 F가 되기 때문에 두 연언지 중 하나가 T이고 다른 것이 F일 때, 또 하나가 F이고 다른 것이 T일 때, 두 연언지 모두 F일 때, 이렇게 세 경우를 계산해야 한다. 즉, 결론이 어떤 명제인지에 따라 부정 명제를 포함하여 조건 명제와 선언 명제의 경우 비교적 수월하게 계산할 수 있지만 결론이 쌍조건 명제이거나 연언 명제이면 좀 더 많은 계산 과정을 거쳐야 한다. 결론이 쌍조건 명제이거나 연언 명제여서 두 가지 이상의 경우를 계산해야 할 때 주의해야 할 점은 두 경우 중 첫 번째 경우를 계산하는 과정에서 모순이 발생했다고 계산을 멈추고 이 논증이 타당한 논증이라고 판단해서는 안 된다는 것이다. 두 번째 경우를 계산할 때 모순 없이 끝까지 계산이 된다면, 그 논증은 전제가 참일 때 결론이 거짓이 되는 경우가 있다는 것을 보이는 것이기 때문에, 그 두 번째 경우만으로도 타당하지 않은 논증이라는 것을 보여주는 것이 된다. 항상 주의해야 하는 것이지만 타당한 논증이란 전제가 참일 때 결론이 거짓인 경우가 있을 수 없는 논증이기 때문이다.

논리학의 기본 원리: 동일률, 모순율, 배중률

논리학은 생각하는 기술과 규칙을 다루는 학문이다. 어떻게 하면 어떤 생각(전제)에서 어떤 생각(결론)을 타당하게 추론할 수 있을까? 잘못된 추론은 어떻게 추론했기에 오류가 될까? 논리학은 잘못된 판단을 하지 않을 수 있는 올바른 추론의 방법과 기술을 다루는 학문이다. 이와 같은 특성을 지닌 논리학을 지배하는 기본 원리가 있다. 우리가 앞에서 살펴본 진리표를 작성해 진리값을 계산하는 과정은 물론 다음에 살펴볼 자연 연역의 규칙들로 논증의 타당성을 증명하는 과정에도 기본 원리가 작동하고 있다. 뿐만 아니라, 우리가 일상생활에서 논리적으로 추론하고 말하는 과정에도 기본 원리가 작동한다. 이 기본 원리를 지키지 않고 어느 누구도 '논리적이다', '타당하다' 등의 말을 하지 못한다. 그래서 너무나 기본적이지만 논리의 기술과 규칙을 지탱하고 있는 기본 원리를 한 번 정리해 볼 필요가 있다.

- 동일률(principle of identity): 'A는 A이다.'라는 원리이며, '있는 것은 있는 것이다.'와 같이 같은 말을 반복하는 형식이어서 동어 반복적 명제, 즉 항진 명제가 된다. 기호로 'A = A', 'A ≠ ~A'로 표기한다. 이것을 명제 논리의 기호로 표기하면 '어떤 명제가 참이면 그 명제는 참이다.'라는 명제로 'P → P'로 표기한다.

- 모순율(principle of contradiction): 'A가 참이면서 동시에 거짓일 수 없다.'라는 원리이며, 어떤 명제가 참이면서 동시에 거짓이라면 그것은 자기 모순적 명제이며 논리적 거짓이 된다. 명제 논리의 기호로 '~(P • ~P)'로 표기한다.

- 배중률(principle of excluded middle): 'A는 참이거나 거짓이다.'라는 원리로 한 명제는 참이거나 거짓일 뿐 참이나 거짓이 아닌 다른 제3의 경우는 없다는 의미이다. 이런 의미에서 예전에는 이 원리를 라틴어로 'tertium non datum'(제3의 경우는 없다.)라고 하였

다. 명제 논리의 기호로 'P ∨ ~P'로 표기한다.

이 세 가지 원리는 연역 논리를 지배하는 기본 원리이며, 또한 진리표를 작성하는 기본 원리로 적용되고 있다. 우리가 진리표에서 한 명제에 T아니면 F를 쓰는 것도 배중률에 따른 것이다. 진리값이 T이거나 F일뿐 이 둘이 아닌 다른 제3의 경우는 없기 때문이다. 그리고 한 명제의 진리값이 동시에 T와 F가 될 수 없는 것은 모순율에 의한 것이고 한 명제의 진리값이 T라면, 다른 줄이나 다른 난에서도 그 명제의 진리값은 T가 되어야 하는 것은 동일률에 따른 것이라 할 수 있다.

01 진리표

단순 명제가 가질 수 있는 모든 진리값의 조합을 계산해서 복합 명제가 가질 수 있는 모든 경우의 진리값을 보여주는 표이다. 이를 통해 명제의 종류와 진리값을 계산할 수 있을 뿐만 아니라 논증의 타당성을 판별할 수 있다.

02 진리표의 줄 수

복합 명제를 구성하는 단순 명제의 수를 n이라고 할 때, 2^n개

03 진리표를 이용해 논증의 타당성을 판별하는 순서

① 자연 언어로 된 논증의 명제들을 명제 논리의 명제로 기호화한다. 이때 명제 논리의 단순 명제는 단순 긍정 명제라는 점에 주의해서 부정 명제는 부정 기호를 사용해야 한다.
② 논증을 구성하는 전제들은 쉼표(,)로 전제와 결론은 빗금(/)으로 구분한다.
③ 전제 명제와 결론 명제의 진리표를 만들어 진리값을 계산한다.
④ 진리표에서 전제가 모두 참인 줄을 확인하고 그 줄의 결론이 참이면 논증은 타당하고 거짓이면 논증은 타당하지 않은 논증이

다.(왜냐하면 타당한 논증은 전제가 참일 때 결론이 거짓일 가능성이 없는 논증이기 때문이다.)

04 약식 진리표를 이용해 논증의 타당성을 판별하는 순서

① 논증을 전제와 결론을 구별해 한 줄로 쓴다.

② 우선 이 논증이 타당하지 않은 논증이라고 가정하고, 전제의 주 논리 연결사에 참을 부여하고 결론의 주 논리 연결사에 거짓을 부여한다.

③ 부여된 진리값으로 단순 명제의 진리값을 최대한 계산한다.

④ 단순 명제의 진리값을 최대한 계산한 후 논증의 타당성은 다음과 같이 판별한다.

모순 없이 계산할 수 있다면 이 논증은 타당하지 않은 논증이다. 왜냐하면 전제가 참일 때 결론이 거짓인 경우가 가능하다는 것을 보여 주는 것이기 때문이다.

만약 최대한 계산하는 중 모순을 피할 수 없다면, 이 논증은 타당한 논증이다. 왜냐하면 모순이 발생한다는 것은, 전제가 참이면서 결론이 거짓인 경우가 불가능하다는 것을 보이는 것이기 때문이다.

1. 다음 논증이 타당한지 아닌지 진리표를 그려서 판별하시오.

① $D \lor H, H \to C / C \lor H$

② $\sim(A \to B), B \lor C / \sim B$

③ $E \lor (R \lor S), E \bullet R / E \lor S$

④ $(A \bullet C) \to (A \lor C), \sim(A \bullet C) / \sim(A \lor C)$

⑤ $(L \to F) \to G, G \to (F \to L) / (L \to F) \to (F \to L)$

2. 다음 논증을 기호화한 후 진리표를 그려서 논증이 타당한지 타당하지 않은지 판별하시오.

① 만약 그 기업이 새로운 시설의 증설을 공시한다면 그 기업의 주가는 상승할 것이다. 그 기업의 주가가 상승했다. 그러므로 그 기업은 새로운 시설 증설을 공시했을 것이다.

② 인류가 지속 가능한 발전을 목표로 하지 않는다면, 인류는 비참한 미래를 맞이할 것이다. 인류는 비참한 미래를 맞이하지 않았다. 그러므로 인류는 지속 가능한 발전을 목표로 했다.

③ 나는 기말 시험을 치고 나서 여행을 떠나거나 영화를 볼 것이다. 시험을 잘 보면 여행을 떠나고 시험을 못 보면 영화를 볼 것이다. 나는 시험을 잘 보았다. 그러므로 나는 여행을 떠날 것이다.

④ 만약 우리나라의 교육 제도를 개선하지 않으면 선도적인 기업에서 필요한 창의적 인재를 배출하지 못할 것이다. 만약 학벌 사회의 구조를 개선하지 않으면 선도적 기업에서 필요한 창의적 인재를 배출하지 못할 것이다. 그러므로 만약 우리나라의 교육 제도를 개선하지 않으면 학벌 사회의 구조를 개선하지 못할 것이다.

⑤ 만약 기업이 환경을 우선시하는 경영을 하지 않으면, 기업의 가치는 떨어질 것이다. 만약 기업이 사회에 기여하는 경영을 하지 않으면, 기업의 가치는 떨어질 것이다. 만약 기업이 지배 구조를 투명하게 경영하지 않으면, 기업의 가치는 떨어질 것이다. 그러므로 기업의 가치를 높이려면 환경을 우선시하고 사회에 기여하고 지배구조를 투명하게 경영해야 한다.

3. 다음 기호화된 논증이 타당한지 타당하지 않은지 약식 진리표를 이용해서 판별하시오.

① $D \rightarrow \sim F, \sim F / D$

② $D \rightarrow E, L \rightarrow M, D \vee M / E \vee L$

③ $A \rightarrow (V \vee W), (V \vee W) \rightarrow B / A \rightarrow B$

④ ~P → (~Q → ~R), ~(R • ~P) → ~S / S → Q

⑤ C → (A ∨ B), A → (E ∨ F), F → H, ~(H ∨ E) / ~C

4. 자연 연역을 이용한 타당성 증명

⋮

논리학이 주로 목표로 하는 것은 논증의 타당성을 판별하고 증명하는 것이다. 한 논증이 타당한 논증인지 아닌지 판별하는 과정에서 우리는 논증의 타당성을 증명할 수도 있고 타당하지 않은 논증에 대해서는 왜 타당하지 않은 논증인지도 보일 수 있다. 앞에서 살펴본 진리표는 이 두 가지를 모두 보여줄 수 있는 증명 방법이라는 장점이 있다. 하지만 논증을 구성하는 단순 명제의 수가 많을 경우 그 증명 과정은 매우 길어지고 더 복잡해진다는 문제가 있다.

지금부터 살펴볼 자연 연역을 이용한 타당성 증명 방법은 우리가 이미 알고 있는 타당한 논증의 형식과 논리적 동치라고 할 수 있는 명제들을 규칙 삼아 주어진 논증의 타당성을 증명하는 방법이다. 타당한 논증은 전제가 참일 때 결론이 항상 참이 되는 형식을 가지고 있다. 따라서 우리는 그런 타당한 논증의 형식에 따라서 어떤 전제에서 어떤 결론을 도출하면 항상 참된 결론을 도출할 수 있다고 확신할 수 있다. 타당한 논증의 형식은 수학적 확실성을 가지고 있기 때문에 필연적 진리로 여길 수 있고 다른 결과가 발생할 가능성을 완전히 배제하고 믿을 수 있기 때문이다. 이런 타당한 논증을 형식화한 것을 '추론 규칙'이라고 하며 자연 연역은 이 추론 규칙을 이용해 논증의 타당성을 증명하는 것이다. 추론 규칙은 그 타당성을 증명할 수 있지만 증명할 필요가 없을 정도로 자명한 원리라고 할 수 있다. 논리학 발전에 크게 기여한 라이프니츠는 논리학의 이 추론 규칙이 본능에 의해 알려지는 것이지 경험을 통해 습득하는 것이 아니라고 말했다. 즉, 배워야만 알 수 있는 것이 아니라 이성적 추론 능력을 가지고 있는 인간 누구에게나 본능과 같이 자연적으로 주어져 있는 원리라는 것이다. 추론 규칙들을 '자연 연역(natural deduction)'이라고 하는 이유가 바로 그 규칙들이 우리에게 본능과 같이 자연적으로 주어져 있기 때문이다. 자연 연역을 이용하는 증명에는 타당한 논증의 형식 외에도 논리적 동치 명제들도 이용된다. 논리적 동치 명제들은 원래 명제와 진리값이 같기 때문에 대치해서 사용할 수 있는 명제들이다.

1) 추론 규칙

우리는 먼저 타당한 논증을 형식화한 추론 규칙을 살펴볼 것이다. 이 추론 규칙은 모두 앞에서 설명한 복합 명제와 관련이 있다. 그래서 복합 명제와 관련된 규칙들을 묶어 설명하려고 한다.

(1) 조건 명제와 관련된 추론 규칙
① 전건 긍정식(MP: Modus Ponens)

$$\frac{\begin{array}{c} P \to Q \\ P \end{array}}{Q}$$

전건 긍정식은 다음과 같은 타당한 논증을 형식화한 것이다.

> 만약 짱구가 시험공부를 많이 한다면 그는 좋은 성적을 받을 것이다.
> 짱구는 시험공부를 많이 한다.
> 그러므로 짱구는 좋은 성적을 받을 것이다.

조건 명제의 전건이 참일 경우, 조건 명제 전체가 참이려면 후건도 반드시 참이어야 한다. 조건 명제의 전건이 참일 때 후건이 거짓일 경우에만 조건 명제는 거짓이 되기 때문이다. 따라서 이 논증의 전제인 조건 명제가 참이고 전건이 참이면 결론인 후건은 반드시 참이 된다.

② 후건 부정식(MT: Modus Tollens)

$$P \rightarrow Q$$
$$\sim Q$$
$$\overline{\qquad\qquad}$$
$$\sim P$$

후건 부정식은 다음과 같은 타당한 논증을 형식화한 것이다.

> 만약 짱구가 시험공부를 많이 한다면 그는 좋은 성적을 받을 것이다.
> 짱구는 좋은 성적을 받지 못했다.
> 그러므로 짱구는 시험공부를 많이 하지 못했다.

후건 부정식은 조건 명제의 후건을 부정하면 전건도 부정되는 결론이 도출된다는 법칙이다. 후건 부정식이 타당한 논증 형식이라는 것은 조건 명제와 논리적 동치인 대우 명제를 생각해 보면 쉽게 이해된다. '만약 P이면 Q이다.'의 대우 명제는 '만약 Q가 아니면 P가 아니다.'이다. 첫 번째 전제인 조건 명제 자리에 대우 명제를 대치하면 이 논증은 전건 긍정식과 같게 된다.

③ 가설적 삼단논법(HS: Hypothetical Syllogism)

$$P \rightarrow Q$$
$$Q \rightarrow P$$
$$\overline{}$$
$$P \rightarrow R$$

앞의 예를 가설적 삼단논법의 형태로 변형하면 다음과 같다. 가설적 삼단논법은 이런 타당한 논증을 형식화한 것이다.

> 만약 짱구가 시험공부를 많이 한다면 그는 좋은 성적을 받을 것이다.
> 만약 짱구가 좋은 성적을 받으면 그는 장학금을 받을 것이다.
> 그러므로 만약 짱구가 시험공부를 많이 한다면 그는 장학금을 받을 것이다.

조건 명제로 이루어진 전제에서 'Q'와 같이 한 조건 명제의 후건이 다른 조건 명제의 전건과 같을 경우, 그것을 매개로 첫 번째 전제의 전건과 두 번째 전제의 후건을 조건 관계로 연결한 결론이 도출되는 것은 타당하다.

조건 명제와 관련된 논리적 오류

조건 명제와 관련된 형식적 오류는 우리가 부지불식간에 흔히 일으키는 오류이다. 예를 들어, 시험이 끝나고 친구에게 "성적 잘 나왔니?"라고 물었을 때 그 친구가 "아니, 내가 시험 전날 독 감에 걸렸잖아, 공부 하나도 못하고 시험 봤어."라고 대답하는 상황을 가정해보자. 단순한 대화이지만 독감에 걸린 친구는 전건 부정의 오류를 범하고 있는 것이다. 대화에서 명시적으로 모두 언급하지는 않았지만 그 친구는 시험공부를 많이 하면 좋은 성적을 받을 것이라고 가정하고 독감에 걸려 시험공부를 못해서 좋은 성적을 받지 못했다고 추론하는 것이기 때문이다.

이렇듯 추론 규칙에서 전건 긍정식과 후건 부정식은 각각 긍정과 부정을 혼동할 경우 논리적 오류가 된다. 다음 두 오류를 살펴보자.

① 전건 부정의 오류

$$P \rightarrow Q$$
$$\sim P$$
$$\overline{}$$
$$\sim Q$$

앞에서 예로 든 논증을 전건 부정의 오류 형태로 바꾸면 다음과 같다.

만약 짱구가 시험공부를 많이 한다면 그는 좋은 성적을 받을 것이다.
짱구는 시험공부를 많이 하지 못했다.
그러므로 짱구는 좋은 성적을 받지 못했다.

② 후건 긍정의 오류

$$\frac{\begin{array}{c} P \to Q \\ Q \end{array}}{P}$$

앞에서 예로 든 논증을 후건 긍정의 오류 형태로 바꾸면 다음과 같다.

> 만약 짱구가 시험공부를 많이 한다면 그는 좋은 성적을 받을 것이다.
> 짱구는 좋은 성적을 받았다.
> 그러므로 짱구는 시험공부를 많이 했다.

(2) 연언 명제와 관련된 추론 규칙

④ 단순화(Simp: Simplification)

$$\frac{P \cdot Q}{P}$$

단순화 규칙은 다음과 같은 논증을 형식화한 것이다.

> 크레스티드 게코 도마뱀은 피부가 멋지고 눈썹이 있다.
> 그러므로 크레스티드 게코 도마뱀은 눈썹이 있다.

연언 명제가 전제이고 그 연언 명제의 두 연언지 중 하나를 결론으로
도출하는 논증은 항상 타당하다. 연언 명제는 두 연언지 모두 참일 때 참
이기 때문에, 전제가 참일 때 두 연언지 중 어느 하나를 결론으로 이끌어
내면 결론도 반드시 참이 되기 때문이다. 이 규칙은 자연 연역의 방법으
로 논증의 타당성을 증명할 때 연언 명제 중 한 연언지를 제거하고 다른
한 연언지만 도출하려고 할 때 자주 사용된다.

⑤ 연언(Conj: Conjunction)

$$\frac{P}{\begin{array}{c}Q\end{array}}$$
$$P \bullet Q$$

이 연언 규칙은 다음과 같은 타당한 논증을 형식화한 것이다.

크레스티드 게코 도마뱀은 피부가 멋지다.
크레스티드 게코 도마뱀은 눈썹이 있다.
그러므로 크레스티드 게코 도마뱀은 피부가 멋지고 눈썹이 있다.

연언 규칙의 구조를 보자. 타당한 논증이 전제가 참이라는 것을 가정
한다는 것은 전제인 P와 Q가 모두 참이라는 것을 가정하는 것이고 이때
결론인 두 전제의 연언 명제의 진리값은 필연적으로 참일 수밖에 없다.
이 규칙은 자연 연역의 방법으로 논증의 타당성을 증명할 때 추론 과정
에서 연언 명제가 필요하거나 도출해야 할 결론이 연언 명제일 때 자주

사용된다.

(3) 선언 명제와 관련된 추론 규칙
⑥ 선언적 삼단논법(DS: Disjunctive Syllogism)

$$P \vee Q$$
$$\frac{\sim P}{Q}$$

선언적 삼단논법은 다음과 같은 타당한 논증을 형식화한 것이다.

> 손흥민은 야구 선수이거나 축구 선수이다.
> 손흥민은 야구 선수가 아니다.
> 그러므로 손흥민은 축구 선수이다.

전제에 주어진 선언 명제와 그 선언 명제의 선언지 중 하나를 부정한 전제로부터 다른 선언지의 긍정이 도출된다는 논증의 형식은 항상 타당하다. 선언 명제는 선언지 둘 중 하나가 참이면 참이 되는데, 두 선언지 중 하나의 부정이 참일 때 나머지 하나의 긍정이 참이 되는 것은 당연하다.

선언 명제와 관련된 논리적 오류

추론 규칙을 잘못 사용하거나 착각하는 상황에서 오류가 발생한

다. 조건 명제에서 전건 부정의 오류와 후건 긍정의 오류를 보았
는데, 선언 명제에서도 선언적 삼단논법을 잘못 적용하여 발생
하는 유사한 오류가 있다. 선언적 삼단논법은 주어진 선택지 둘
중에 하나가 부정되면 나머지 다른 하나는 긍정되는 결론이 도
출된다는 구조이다. 그런데 이 긍정과 부정의 관계를 잘못 적용
하여 선택지 둘 중 하나가 긍정되면 나머지 다른 하나가 부정된
다고 잘못 추론하면 선언지 긍정의 오류가 된다.

$$P \lor Q$$
$$\frac{P}{\sim Q}$$

앞에서 사용한 논증의 예를 선언지 긍정의 오류로 바꾸면 다음
과 같다.

손흥민은 야구 선수이거나 축구 선수이다.
손흥민은 야구 선수이다.
그러므로 손흥민은 축구 선수가 아니다.

⑦ 선언지 첨가(Add: Addition)

$$\frac{P}{P \lor Q}$$

선언지 첨가는 다음과 같은 타당한 논증을 형식화한 것이다.

짱구는 초등학생이다.
그러므로 짱구는 초등학생이거나 중학생이다.

이 논증은 전제가 하나인데 결론은 그 전제에 선언의 형태로 다른 명제를 첨가한 것이다. 전제가 참일 때, 그 전제에 어떠한 명제든 선언으로 연결한 결론은 반드시 참이 된다. 결론의 선언 명제는 첨가된 명제가 거짓이어도 참이 되기 때문이다.

⑧ 구성적 딜레마(양도 논법)(CD: Constructive Dilemma)

$$
\frac{(P \to Q) \bullet (R \to S)}{Q \lor S}
$$
P ∨ R

구성적 딜레마는 다음과 같은 타당한 논증을 형식화한 것이다.

만약 인간이 이성적이면 논리와 추론을 좋아할 것이고 감성적이면 상상과 직감을 좋아할 것이다.
인간은 이성적이거나 감성적이다.
그러므로 인간은 논리와 추론을 좋아하거나 상상과 직감을 좋아할 것이다.

양도 논법이라고 부르기도 하는 딜레마는 두 선택지 중 어느 하나를 선택할 수밖에 없고 어떤 것을 선택하든 원하지 않는 결과가 나오는 상황을 일컫는 것으로 알려져 있다. 위 논증의 형식도 그렇게 구성할 수 있다. '(P → Q) • (R → S)'를 '(P → Q) • (R → Q)'로 바꾸면 결론은 'Q'가 된다. 구성적 딜레마는 기본적으로 조건 명제의 전건을 긍정하면 후건도 긍정된 형태의 결론이 도출된다는 전건 긍정식을 이용한 것이다. 그래서 연언으로 연결되어 있는 두 조건 명제의 전건을 긍정하면 후건도 긍정된 형태로 결론을 도출할 수 있다.

프로타고라스의 재판

딜레마와 관련된 유명한 이야기가 있다. 고대 그리스 시대 소피스트 중 '인간은 만물의 척도이다.'라는 말로 유명한 프로타고라스라는 인물의 재판에 관련된 이야기이다. 소피스트는 요즘으로 치면 학교나 학원 선생님과 유사하다. 그 당시에는 변론술을 가르치는 것으로 돈을 벌었다. 어느 날 한 청년이 찾아와 지금은 수업료를 지불할 돈이 없으니 변론 수업을 받아 재판에서 이기면 수업료를 내겠다고 말했다. 프로타고라스는 그 청년을 제자로 받아 변론술을 가르쳤다. 그러나 아무리 시간이 지나도 제자가 수업료를 내지 않자, 프로타고라스는 수업료 지불 소송을 제기했고 그 재판에서 그는 다음과 같이 변론한다.

"저는 재판에서 이기든 지든 수업료를 받을 수밖에 없습니다. 제가 재판에서 이기면 제가 승소한 판결에 따라 수업료를 받을 것이고, 만약 제가 재판에서 지면 재판에서 이기면 수업료를 내겠다고 한 제자의 약속에 따라 수업료를 받아야 합니다. 그러니 저는 재판에서 이기든 지든 수업료를 받아야 합니다."

그러자 이번에는 제자가 변론을 시작하였다.

"저는 재판에서 이기든 지든 수업료를 낼 필요가 없습니다. 제가 재판에서 이기면 제가 승소한 판결에 따라 수업료를 내지 않아도 되고, 만약 제가 재판에서 패하면 변론 수업을 받은 후 재판에서 이기면 수업료를 내겠다는 저의 약속이 지켜지지 않은 것이니 저는 수업료를 낼 필요가 없습니다. 그러니 저는 재판에서 이기든 지든 수업료를 내지 않아도 됩니다."

스승과 제자의 이 변론은 구조가 같은 논증을 서로에게 주장하고 있다. 구성적 딜레마인 것이다.

$$
\frac{(P \rightarrow Q) \bullet (R \rightarrow Q)}{P \vee R}
$$
$$
Q
$$

이 재판처럼 스승과 제자가 같은 구조의 논증을 사용해 서로 상반된 주장을 한다고 해서 구성적 딜레마 논증이 잘못된 것은 아니다. 오히려 논리적으로 타당한 논증인 구성적 딜레마를 이용해 변론을 한 것이 프로타고라스에게 또 재판장에게 곤란한 상황을 만들어준 것이다.

이 여덟 가지 추론 규칙들이 타당한 논증이라는 것은 진리표를 만들어 증명하든 자연 연역의 방법을 이용하든 증명될 수 있다. 그리고 이 타당한 논증의 형식에서 가져온 추론 규칙들은 그 자체로 하나의 타당한 논증이기도 하지만 논증을 구성하고 있는 단순 명제나 복합 명제는 하나의 명제 형식으로도 작동한다. 명제 형식으로 사용된다는 것은 규칙에서 'P → Q'는 실제 논증에서 'A → B'처럼 똑같은 명제에 적용할 수 있지만 'P'의 자리에 'A → B'를 대입하고 또 'Q' 자리에 'C → D'를 대입해서 '(A → B) → (C → D)'와 같은 명제에도 적용될 수 있다는 의미이다.

이제 이 규칙들을 사용해서 논증의 타당성을 증명하는 방법을 살펴보자. 먼저 문장으로 이루어진 간단한 논증을 증명하는 과정부터 살펴보겠다.

오늘 야구 경기는 이기거나 패한다. 오늘 선발 투수가 류현진이면 오늘 경기는 이기고, 선발 투수가 류현진이 아니면 오늘 경기는 패한다. 오늘 선발 투수는 류현진이다. 그러므로 오늘 야구 경기는 이긴다.

이 논증을 기호화하면 다음과 같다.

$$A \lor B, (C \rightarrow A) \bullet (\sim C \rightarrow B), C / A$$

이 기호화된 논증을 추론 규칙을 이용해 자연 연역의 방법으로 증명하기 위해서 아래 1, 2, 3과 같이 나열한다.

1. A ∨ B
2. (C → A) • (~C → B)
3. C   / A

전제를 1, 2, 3 처럼 나열하고 결론을 마지막 전제의 줄 끝에 빗금을 치고 쓴다. 이제 1, 2, 3의 전제로부터 최종적으로 결론인 'A'에 이를 때까지 단계적으로 추론 규칙을 적용한다. 이 논증의 경우 세 번째 전제인 'C'를 이용하면 전건 긍정식을 통해 간단하게 'A'를 도출할 수 있지만 전건 긍정식을 적용할 'C → A'는 두 번째 전제인 연언 명제의 한 연언지이다. 따라서 우선 두 번째 전제를 단순화를 이용해 다른 연언지를 제거하고 'C → A'를 도출한 후 전건 긍정식을 적용하면 결론인 'A'를 도출할 수 있다. 이 과정을 정리하면 다음과 같다.

4. C → A   2 단순화
5. A   3, 4 전건 긍정식

이 논증은 자연 연역으로 증명하기에 비교적 간단한 논증이다. 기호화된 다음 논증을 통해 추론 규칙을 적용하는 연습을 해 보자.

1. A → C

2. $\sim E \rightarrow (D \rightarrow F)$

3. $E \vee (A \vee D)$

4. $\sim E$ / $C \vee F$

결론에 이르기 위해서는 결론을 구성하는 명제들이 전제의 어떤 곳에 위치하는지 확인해야 한다. 그리고 그 전제에서 결론의 명제를 도출하기 위해 어떤 추론 규칙을 적용할 것인지 생각해야 한다. 이런 접근 방식 외에 어떤 규칙을 어디부터 적용해야 하는지 정해진 방법은 없다. 많이 연습하다 보면 어렵지 않게 주어진 논증을 증명할 수 있게 된다. 이 논증을 증명하기 위해 전략적으로 결론인 'C ∨ F'가 전제들 중 어디에 위치하는지 살펴보면, 'C'는 전제 1에, 'F'는 전제 2에 있고 모두 조건 명제의 후건이라는 것이 눈에 들어온다면 조건 명제의 후건을 선언 명제의 형태로 이끌어낼 수 있는 추론 규칙이 사용될 것이라고 예상할 수 있다. 그 전략을 실제로 증명하면 다음과 같다.

5. $D \rightarrow F$ 2, 4 전건 긍정식

6. $(A \rightarrow C) \bullet (D \rightarrow F)$ 1, 5 연언

7. $A \vee D$ 3, 4 선언적 삼단논법

8. $C \vee F$ 6, 7 구성적 딜레마

결론 'C ∨ F'에 이르기 위해 전제을 보면 전제 4의 '~E'는 전제 2와

3에 적용할 수 있다. 먼저 전제 2에 전건 긍정식을 적용하면 'D → F'를 도출할 수 있고, 이것을 전제 1과 연언해서 '(A → C) • (D → F)'를 도출한다. 결론인 'C ∨ F'가 이 연언 명제를 구성하는 조건 명제의 후건이므로 전건이 필요하다. 필요한 전건인 'A ∨ D'가 전제 3에 있으므로 '~E'로 선언적 삼단논법을 적용해서 'A ∨ D'를 도출하고 이것을 증명 과정 6번에 적용하면 결론을 도출할 수 있다. 이것으로 증명은 완성된다.

2) 대치 규칙

다음 10개의 대치 규칙은 모두 논리적 동치이다. 따라서 두 명제 형식은 서로 대치할 수 있다. 이 규칙들 중 우리에게 익숙한 것도 있다. 이 규칙들은 논리학뿐만 아니라 수학 등 여러 학문에서도 흔히 사용한다. 우리는 논리적 동치 관계에 있는 대치 규칙을 알아보고 자연 연역으로 논증의 타당성을 증명할 때 적용하는 방법을 살펴볼 것이다.

① 이중 부정(DN: Double Negation)

$P \equiv \sim \sim P$

② 대우 규칙(Trans: Transposition)

$(P \rightarrow Q) \equiv (\sim Q \rightarrow \sim P)$

③ 교환 법칙(Com: Commutation)

$(P \vee Q) \equiv (Q \vee P)$

$(P \bullet Q) \equiv (Q \bullet P)$

④ 드 모르간의 법칙(DM: De Morgan's Rule)

$\sim (P \bullet Q) \equiv (\sim P \vee \sim Q)$

$\sim (P \vee Q) \equiv (\sim P \bullet \sim Q)$

⑤ 결합 법칙(Assoc: Association)

$[P \lor (Q \lor R)] \equiv [(P \lor Q) \lor R]$

$[P \bullet (Q \bullet R)] \equiv [(P \bullet Q) \bullet R]$

⑥ 배분 법칙(Dist: Distribution)

$[P \bullet (Q \lor R)] \equiv [(P \bullet Q) \lor (P \bullet R)]$

$[P \lor (Q \bullet R)] \equiv [(P \lor Q) \bullet (P \lor R)]$

⑦ 단순 함축(Imp: Implication)

$(P \to Q) \equiv (\sim P \lor Q)$

⑧ 단순 동치(Equi: Equivalence)

$(P \leftrightarrow Q) \equiv [(P \to Q) \bullet (Q \to P)]$

$(P \leftrightarrow Q) \equiv [(P \bullet Q) \lor (\sim P \bullet \sim Q)]$

⑨ 수출입 규칙(Exp: Expotation)

$(P \bullet Q) \to R \equiv [P \to (Q \to R)]$

⑩ 동어 반복(Taut: Tautology)

$P \equiv (P \bullet P)$

$P \equiv (P \lor P)$

이 대치 규칙들이 논리적 동치라는 것은 진리표를 작성해 보면 분명하게 알 수 있다. 여기서 그 진리표를 작성하여 확인하지는 않겠지만 대치 규칙은 타당한 논증의 형식과는 다르다. 타당한 논증을 형식화한 추론 규칙들은 전제에서 결론으로 연결되는 추론 과정을 적용하지만 대치 규칙은 필요에 따라 단순히 명제를 바꾸어 활용할 수 있다. 좌변에 있는 명제를 우변의 형태로 바꾸든가 우변의 형태로 된 명제를 좌변의 형태로 바꾸어 증명의 필요에 따라 활용할 수 있다. 또한 논증을 구성하는 명제 전체에 적용할 수도 있지만 명제의 부분에도 적용할 수 있다. 예를 들어 '(P → Q) ∨ (~Q • ~P)'라는 명제에서 오른쪽 선언지에만 단순 함축을 적용해 '(~P ∨ Q) ∨ (~Q • ~P)'를 얻을 수 있다. 이처럼 대치 규칙은 명제 전체에도 명제의 부분에도 적용될 수 있다.

이제 다음 논증을 대치 규칙들도 활용해서 자연 연역으로 타당성을 증명해 보자.

1. (L ∨ I) ∨ H
2. (L ∨ H) → ~R • ~S
3. ~I   / ~(R ∨ S)

이 논증의 결론을 보면 드 모르간의 법칙을 사용할 수 있는 논리적 동치 명제가 전제에 있다는 것을 확인할 수 있다. 그렇다면 추론의 방향은 그 논리적 동치 명제를 도출할 수 있는 쪽으로 진행해야 한다. 증명 과정은 다음과 같다.

4. (I ∨ L) ∨ H	1 교환 법칙
5. I ∨ (L ∨ H)	4 결합 법칙
6. (L ∨ H)	3, 5 선언적 삼단논법
7. ~R • ~S	2, 6 전건 긍정식
8. ~(R ∨ S)	7 드 모르간의 법칙

또 다른 논증을 하나 더 증명해 보자.

1. $(P \lor S) \lor R$
2. $(P \lor R) \rightarrow \sim O$
3. $\sim S$ $/ \sim (S \lor O)$

이 논증의 결론은 선언 명제의 부정이고 전제에 선언 명제와 조건 명제가 등장한다. 그렇다면 선언 명제의 논리적 동치를 대치 규칙으로 적용하고 조건 명제에 관한 추론 규칙을 적용해야 할 것이라고 예상할 수 있다. 이 예상을 적용한 증명 과정은 다음과 같다.

4. $P \lor (S \lor R)$ 1 결합 법칙
5. $P \lor (R \lor S)$ 4 교환 법칙
6. $(P \lor R) \lor S$ 5 결합 법칙
7. $(P \lor R)$ 3, 6 선언적 삼단논법
8. $\sim O$ 2, 7 전건 긍정식
9. $\sim S \bullet \sim O$ 3, 8 연언
10. $\sim (S \lor O)$ 9 드 모르간의 법칙

지금까지 타당한 논증의 형식을 이용한 추론 규칙들과 논리적 동치 명제들을 대치해 사용하는 대치 규칙을 이용하는 자연 연역의 증명 방법을 살펴보았다. 어떤 논증이 이 규칙들을 적용해서 증명될 수 있다는 것은

결론 명제가 전제 명제들에 이미 논리적으로 함축되어 있다는 것을 의미한다. 전제를 구성하는 명제들이 복잡하고 다양한 논리적 관계로 연결되어 있지만 논리적 동치 명제들과 추론 규칙을 이용해 전제들에 포함되어 있는 논리적 함축 관계를 연역적으로 풀어 놓는 것이 자연 연역의 증명 과정이기 때문이다.

자연 연역을 이용한 논증의 타당성 증명은 추론 규칙들과 대치 규칙을 충분히 익히지 않으면 생소하고 어려워 보이는 논리학의 한 분야다. 그러나 이 책의 앞부분에서 다룬 논증에 관한 내용과 명제 논리에서 중요한 진리 함수적 논리 체계를 충분히 이해하면, 추론 규칙과 대치 규칙을 이해하고 익히는데 어려움은 없을 것이다. 관련된 연습 문제를 많이 풀어 보면 증명 과정에서 규칙의 적용도 점차 쉽게 느껴질 것이다. 따라서 자연 연역은 연습 문제를 많이 풀어보는 것이 필요하다.

3) 조건 증명과 귀류법

이제 앞에서 제시한 추론 규칙들을 이용하면 명제 논리에서 기호화된 모든 타당한 논증을 증명할 수 있다. 즉, 전제로부터 결론을 이끌어 낼 수 있다는 것이다. 그런데 경우에 따라 이 증명 과정이 너무 길거나 어떤 규칙을 적용해 결론을 이끌어 내야 할지 알기 어려운 논증이 있을 수도 있다. 이 경우 증명 과정을 좀 더 간략하게 해 주는 두 가지 방법이 있다. 그것은 '조건 증명'과 '귀류법'을 이용하는 방법인데, 이들 증명 방법은 사실상 앞에서 설명한 규칙과 증명법에 내재되어 있는 것을 활용한 것이다.

(1) 조건 증명을 이용한 증명

조건 증명은 결론이 조건 명제인 논증을 증명할 때 사용할 수 있다. 조건 증명은 결론으로 주어진 조건 명제의 전건을 보조 증명에서 가정하고 후건을 도출하여 전체 논증의 타당성을 증명하는 것이다. 조건 증명은 다음 순서로 진행된다.

1. 전제 1
2. 전제 2 ⋯ n   / 결론 (P → Q)
   3. P   조건 증명 가정
   4. _____
   5. _____
   6. Q
7. P → Q   3-6 조건 증명

    결론으로 주어진 조건 명제의 전건을 가정하고 후건을 도출하는 증명 과정은 일종의 보조 증명이다. 그래서 한 칸 당겨서 증명을 진행한다. 가정한 전건과 주어진 전제들로부터 후건을 도출하면 이 논증의 타당성을 증명하는 것이다. 이 조건 증명은 조건 명제의 진리 조건과 전건 긍정식을 활용한 증명 방법이라고 할 수 있다. 결론으로 주어진 조건 명제의 전건을 긍정한 형태로 가정해서 후건을 도출할 수 있으면 타당한 논증이기 때문이다. 이 조건 증명은 증명 과정을 더 간소화할 수 있다는 장점이 있다고 했다. 이것을 자연 연역의 규칙을 직접 적용해서 증명하는 사례와 조건 증명을 사용한 사례를 비교해서 알아보자. 다음 논증을 먼저 살펴보자.

1. (E ∨ S) → A   / E → A

이 논증은 하나의 전제와 하나의 결론으로 구성된 논증이지만 결론의 조건 명제를 도출하려면 'S'를 제거해야 하고 그렇게 하기 위해서는 여러 과정을 거쳐야 한다. 대치 규칙을 직접 적용한 증명은 다음과 같다.

2. ~(E ∨ S) ∨ A   2 단순 함축

3. A ∨ ~(E ∨ S)   5 교환 법칙

4. A ∨ (~E • ~S)   6 드 모르간의 법칙

5. (A ∨ ~E) • (A ∨ ~S)   7 배분 법칙

6. A ∨ ~E   8 단순화

7. ~E ∨ A   11 교환 법칙

8. E → A   12 단순 함축

그럼 위 논증을 조건 증명을 적용해서 증명해 보자.

1. (E ∨ S) → A   / E → A

     2. E   조건 증명 가정

     3. E ∨ S   2 선언지 첨가

     4. A   1, 3 전건 긍정식

5. E → A   2-4 조건 증명

이처럼 결론으로 주어진 조건 명제의 전건 'E'를 가정하고 전제에 있는 'S'를 선언지로 첨가하면 주어진 전제와 전건 긍정식을 통해 후건 'A'를 도

출할 수 있다. 증명 과정이 앞의 것에 비해 간략하다는 것을 알 수 있다.

(2) 귀류법을 이용한 증명

귀류법(reductio ad absurdum)은 수학이나 철학에서 널리 사용되었던 논증 방식이다. 귀류법은 우선 논증에서 도출하려는 결론의 부정을 가정하고 그런 가정으로 인해 모순이 발생한다는 것을 보임으로써 애초에 결론의 부정을 가정한 것이 잘못된 것이므로 결론이 참이고 논증은 타당하다는 것을 보이는 것이다. 이 귀류법은 전제들이 모두 참이고 결론이 거짓이라고 가정하고 모순이 발생하는 것을 보임으로써 역으로 논증의 타당성을 증명한다는 점에서 앞에서 살펴본 약식 진리표를 사용한 증명 방법과 같은 원리이다. 자연 연역에서 귀류법을 적용하는 방식은 우선 주어진 결론의 부정을 보조 증명에서 가정하고 그 가정과 전제들로부터 모순이 발생한다는 것을 보인다. 논증의 증명은 바로 그 모순이 발생함으로 인해 애초의 가정, 즉 결론의 부정을 가정한 것이 잘못되었으니 본래 결론이 맞고 논증이 타당하다고 증명하는 것이다. 자연 연역의 증명에서 귀류법은 결론이 어떤 종류의 명제이든지 사용할 수 있기 때문에 조건 증명에 비해 제한이 적다고 할 수 있다. 귀류법이 적용되는 과정은 다음과 같다.

1. 전제 1
2. 전제 2 ⋯ n   / 결론 P
    3. ~P   부정 가정
    4. _____
    5. ~Q
    6. Q
7. P   3-6 귀류법

이 형식에서 임의의 결론 P가 주어져 있고 귀류법은 이 결론 P의 부정을 가정한다. 그리고 그 가정과 전제들로부터 논증을 구성하고 있는 단순 명제가 예시에서 Q와 ~Q처럼 모순되는 상황을 도출하여 역으로 논증이 타당함을 보이는 것이다.

다음 예를 통해 귀류법 증명을 살펴보자.

1. E → (S • T)
2. S → ~F
3. T → F   / ~E

이 논증의 전제와 결론을 살펴보면 귀류법을 적용하기 적합한 구조라는 것을 쉽게 알 수 있다. 결론인 '~E'를 부정하여 'E'를 가정하면 전제에 주어진 조건 명제들에게 추론 규칙을 적용하기 좋고 또 전제에 서로 모순되는 'F'와 '~F'가 직접 주어져 있기 때문이다. 우선 결론의 부정을 가정하고 자연 연역의 증명을 진행하면 다음과 같이 증명할 수 있다.

4. E	부정 가정
5. S • T	1, 4 전건 긍정식
6. S	5 단순화
7. ~F	2, 6 전건 긍정식
8. T	5 단순화
9. F	3, 8 전건 긍정식
10. ~E	4 - 9 귀류법

결론의 부정을 가정하면 그 가정은 전제 1과 함께 전건 긍정식으로 'S • T'를 도출할 수 있고 연언 명제의 연언지 'S'와 'T'를 단순화를 통해 각각 도출하면 서로 모순인 'F'와 '~F'를 도출할 수 있다. 이렇게 모순이 발생한다는 것을 보이면 귀류법에 의한 증명은 완료된다. 그리고 마지막 줄은 원래 주어진 결론을 쓰고 귀류법의 보조 증명 번호를 쓰면 형식적 표기도 완성된다.

01 추론 규칙: 타당한 논증의 형식

① 전건 긍정식
(MP: Modus Ponens)

$$P \rightarrow Q$$
$$\frac{P}{Q}$$

② 후건 부정식
(MT: Modus Tollens)

$$P \rightarrow Q$$
$$\frac{\sim Q}{\sim P}$$

③ 가설적 삼단논법
(HS: Hypothetical Syllogism)

$$P \rightarrow Q$$
$$\frac{Q \rightarrow P}{P \rightarrow R}$$

④ 단순화
(Simp: Simplification)

$$\frac{P \bullet Q}{P}$$

⑤ 연언
(Conj: Conjunction)

$$P$$
$$\frac{Q}{P \bullet Q}$$

⑥ 선언적 삼단논법
(DS: Disjunctive Syllogism)

$$P \vee Q$$
$$\frac{\sim P}{Q}$$

⑦ 선언지 첨가
(Add: Addition)

$$\frac{P}{P \vee Q}$$

⑧ 구성적 딜레마(양도 논법)
(CD: Constructive Dilemma)

$$(P \rightarrow Q) \bullet (R \rightarrow S)$$
$$\frac{P \vee R}{Q \vee S}$$

02 추론 규칙의 잘못된 적용: 형식적 오류

① 전건 부정의 오류

$$P \rightarrow Q$$
$$\sim P$$
$$\overline{}$$
$$\sim Q$$

② 후건 긍정의 오류

$$P \rightarrow Q$$
$$Q$$
$$\overline{}$$
$$P$$

③ 선언지 긍정의 오류

$$P \vee Q$$
$$P$$
$$\overline{}$$
$$\sim Q$$

03 대치 규칙: 논리적 동치

① 이중 부정(DN: Double Negation)

$$P \equiv \sim \sim P$$

② 대우 규칙(Trans: Transposition)

$$(P \rightarrow Q) \equiv (\sim Q \rightarrow \sim P)$$

③ 교환 법칙(Com: Commutation)

$$(P \vee Q) \equiv (Q \vee P)$$

$$(P \bullet Q) \equiv (Q \bullet P)$$

④ 드 모르간의 법칙(DM: De Morgan's Rule)

~(P • Q) ≡ (~P ∨ ~Q)

~(P ∨ Q) ≡ (~P • ~Q)

⑤ 결합 법칙(Assoc: Association)

[P ∨ (Q ∨ R)] ≡ [(P ∨ Q) ∨ R]

[P • (Q • R)] ≡ [(P • Q) • R]

⑥ 배분 법칙(Dist: Distribution)

[P • (Q ∨ R)] ≡ [(P • Q) ∨ (P • R)]

[P ∨ (Q • R)] ≡ [(P ∨ Q) • (P ∨ R)]

⑦ 단순 함축(Imp: Implication)

(P → Q) ≡ (~P ∨ Q)

⑧ 단순 동치(Equi: Equivalence)

(P ↔ Q) ≡ [(P → Q) • (Q → P)]

(P ↔ Q) ≡ [(P • Q) ∨ (~P • ~Q)]

⑨ 수출입 규칙(Exp: Expotation)

(P • Q) → R ≡ [P → (Q → R)]

⑩ 동어 반복(Taut: Tautology)

P ≡ (P • P)

P ≡ (P ∨ P)

04 조건 증명을 이용한 증명

1. 전제 1
2. 전제 2 ··· n   / 결론 (P → Q)

> 3. P   조건 증명 가정
>
> 4. _____
>
> 5. _____
>
> 6. Q

7. P → Q   3-6 조건 증명

05 귀류법을 이용한 증명

1. 전제 1
2. 전제 2 ··· n   / 결론 P

> 3. ~P   부정 가정
>
> 4. _____
>
> 5. ~Q _____
>
> 6. Q

7. P   3-6 귀류법

1. 다음은 논증의 타당성을 자연 연역의 추론 규칙을 이용해 논증의 타당성을 증명한 것이다. 결론 다음부터 증명된 과정에 적용된 규칙은 무엇인지 말해 보자.

① 1. $(D \lor H) \bullet (A \to E)$

   2. $(D \to B) \bullet (H \to C)$

   3. $\sim B$ / C

   4. $D \lor H$

   5. $B \lor C$

   6. C

② 1. $E \lor (D \lor F)$

   2. $D \to S$

   3. $\sim E \to (F \to G)$

   4. $\sim E$ / S $\lor$ G

   5. $F \to G$

   6. $(D \to S) \bullet (F \to G)$

   7. $D \lor F$

   8. $S \lor G$

③ 1. $\sim(P \bullet G) \to S$

   2. $S \to K$

   3. $\sim K$ / G

   4. $\sim(P \bullet G) \to K$

   5. $P \bullet G$

   6. G

④ 1. C • D

   2. (C ∨ A) → B

   3. (B ∨ A) → [C → (D ↔ H)]   / D ↔ H

   4. C

   5. C ∨ A

   6. B

   7. B ∨ A

   8. C → (D ↔ H)

   9. D ↔ H

⑤ 1. (O ∨ T) → R

   2. S → ~R

   3. ~S → (T → ~R)

   4. O   / ~T

   5. O ∨ T

   6. R

   7. ~S

   8. T → ~R

   9. ~T

2. 자연 연역의 추론 규칙을 이용해서 다음 논증의 타당성을 증명하시오.

   ① 1. (G ∨ M) → (B • C)

      2. (B ∨ C) → F

      3. G   / F

② 1. (A → B) • D

   2. (C → F) • (L ∨ F)

   3. A ∨ C   / B ∨ F

③ 1. (L ∨ F) → (B ↔ C)

   2. (L ∨ F) ∨ (F • D)

   3. ~(B ↔ C) • ~R   / F

④ 1. B → (P → G)

   2. ~(P ∨ H) → ~M

   3. (B ∨ M) → (H → K)

   4. B • ~M   / G ∨ K

⑤ 1. ~(L • ~H) → [(L • ~H) ∨ {A → (L • ~H)}]

   2. (A ∨ S) → ~(L • ~H)

   3. A ∨ S   / S

3. 다음은 기호화된 명제와 그 명제의 논리적 동치 명제이다. 대치 규칙의 이름을 쓰시오.

① (S → T) • (G → E) ≡ (~T → ~S) • (G → E)

② [A ∨ (D ∨ E)] ≡ [(A ∨ D) ∨ E]

③ (E • O) → (R • Q) ≡ [E → {O → (R • Q)}]

④ (S ∨ P) → Q ≡ ∼(S ∨ P) ∨ Q

⑤ (T → R) → ∼(E • Q) ≡ (T → R) → (∼E ∨ ∼Q)

⑥ [D ∨ (F • H)] ≡ [(D ∨ F) • (D ∨ H)]

4. 추론 규칙과 대치 규칙을 이용하여 다음 논증의 타당성을 증명하시오.

① 1. H → (E ∨ R)
   2. C → (E ∨ J)
   3. C • H   / E ∨ (J • R)

② 1. (L • X) → S
   2. L • E
   3. ∼(X → S) ∨ K   / K

③ 1. (I • R) → T
   2. (I • R) ∨ T   / T

④ 1. H ∨ T
   2. T → ∼(A ∨ D)
   3. O ∨ (A ∨ D)   / ∼H ∨ O

⑤ 1. W ∨ T
   2. ∼T ∨ R
   3. (W → X) • (R → X)   / X

5. 조건 증명을 이용하여 다음 논증의 결론을 도출하시오.

① 1. ~D → ~C

  2. ~C → B

  3. B → ~A   / A → D

② 1. L → G

  2. M → G   / (L ∨ M) → G

6. 귀류법을 이용하여 다음 논증의 결론을 도출하시오.

① 1. (A ∨ B) → G

  2. D ∨ B

  3. D → (F • A)   / G

② 1. ~S → (H • N)

  2. H → (S • G)

  3. N → (~S • D)   / S

· · · ▶ 210쪽 시리즈 퀴즈 1에서 이어집니다.

게스트 하우스 살인 사건을 수사한 형사는 아홉 개의 증거를 바탕으로 투숙객 김 씨가 범인이라는 결론을 내렸다. 다음은 그가 채택한 증거 명제 아홉 개를 전제로 삼고 결론을 도출한 논증을 기호화한 것이다. 다음 논증의 타당성을 자연 연역의 추론 규칙을 이용해 증명하시오.

① P → [(A ∨ B) ∨ C]

② ~P → (D ∨ B)

③ S ∨ R

④ S → U

⑤ R → ~U

⑥ U

⑦ S → P

⑧ ~R → ~B

⑨ C → R   / A

정언 논리

정언 논리는 오래전 아리스토텔레스에 의해서 체계화되었던 고전적 연역 논리 체계 중 하나이다. 아리스토텔레스가 논리적 추론의 기본 요소로 여긴 것은 '범주(category)'였다. '정언 논리'라고 번역하는 'Categorical Logic'은 사실은 '범주 논리'라고 하는 것이 의미상으로도 내용상으로도 더 적합하다. 그러나 우리 학계에서는 이미 '정언 논리'로 통용되고 있으니 그대로 사용하기로 한다. '범주'란 현대적으로 표현하자면, 여러 사물이 포함되어 있는 하나의 집합이다. 그래서 우리는 정언 논리에서 집합들 간의 논리적 관계를 판단하기 위한 논리 체계를 볼 수 있다. 오늘날의 정언 논리는 아리스토텔레스 이후 정교한 연구가 더해진 것이고, 그 명칭과 표기법 등이 정형화되어 있다고 할 수 있다. 우리는 그 내용을 먼저 살펴보고, 정언 논리 체계에서 논증의 타당성을 증명하는 학습을 하도록 한다.

1. 정언 명제
:

우리는 다양한 문장을 사용해 자기 의사를 표현하고 전달한다. 하지만 아무리 다양하고 복잡한 문장이라도 그 문장을 구성하는 기본 단위는 단어일 것이다. 문장을 구성하는 주어와 술어 같은 기본 단위가 갖는 의미나 지칭하는 대상을 집합으로 보고 주어 집합과 술어 집합의 형식과 관계에 따라 논증의 타당성을 판단하는 논리 체계가 정언 논리 체계이다. 정언 논리는 정언 명제들이 포함된 논증을 다루는 연역 논리 체계이고, 정언 명제(categorical proposition)는 주어 명사(subject term)[5]가 지시하는 집합과 술어 명사(predicate term)가 지시하는 집합 사이의 포함과 배제 관계를 서술하는 명제라고 할 수 있다.

정언 명제에서 주어 집합과 술어 집합이 가질 수 있는 관계는 세 가지로 정리될 수 있다. 첫째는 한 집합의 모든 원소가 다른 집합에 전부 포함되는 경우이고, 둘째는 한 집합의 원소 중 일부가 다른 집합에 포함되는 경우이며, 셋째는 두 집합이 공통 원소를 전혀 갖지 않는 경우이다. 이들 세 경우의 관계를 기초로 하여 정언 명제를 정리해 보면, 다음 네 가지 표준 형식으로 구분할 수 있다.

명제의 종류	약어	명제 형식	예문
전칭 긍정 명제	A	모든 S는 P이다.	모든 고래는 포유류이다.
전칭 부정 명제	E	모든 S는 P가 아니다.	모든 고래는 포유류가 아니다.
특칭 긍정 명제	I	어떤 S는 P이다.	어떤 고래는 포유류이다.
특칭 부정 명제	O	어떤 S는 P가 아니다.	어떤 고래는 포유류가 아니다.

5　'term'은 라틴어 'terminus'를 현대 영어로 번역한 것이고 논리학의 명제와 관련하여 사용할

정언 논리에서 다루는 정언 명제는 위의 네 가지이다. 정언 명제의 유형을 나타내는 약어 'A, E, I, O'는 라틴어에서 '긍정하다'와 '부정하다'라는 뜻을 지니고 있는 동사의 1인칭 현재형 'affirmo'와 'nego'의 모음 'a, e, i, o'를 이용한 것이다. 정언 명제의 형식은 순서대로 양화사, 주어 명사, 술어 명사, 계사로 구성된다. 즉, 전체를 나타내는 '모든'이나 일부를 나타내는 '어떤'을 양화사로 가지고 있고, 주어 명사 S와 술어 명사 P로 주어 집합과 술어 집합을 나타내고 긍정과 부정을 나타내는 계사 '이다/아니다'로 구성된다. 그래서 정언 명제에는 양화사에 따라 전칭(모든) 명제와 특칭(어떤) 명제로 나뉘고 계사에 따라 긍정(이다) 명제와 부정(아니다) 명제로 나뉘어 전칭 긍정, 전칭 부정, 특칭 긍정, 특칭 부정 모두 네 가지 명제의 표준 형식이 있다. 여기서 주어 S와 술어 P에는 명사나 명사형이 자리하고 양화사 '모든/어떤'에 따라 주어 집합이 술어 집합에 포함되거나 배제되는 범위가 정해진다. '모든'은 주어 집합의 모든 원소가 술어 집합에 포함된다는 것을 의미하고 '어떤'은 주어 집합 중에서 적어도 하나 이상의 원소가 술어 집합에 포함되지만 전부가 포함되는 것은 아니라는 것을 의미한다. 그리고 계사[6] '이다/아니다'는 포함 관계에 대한 긍정 혹은 부정을 의미한다.

경우 우리말 '명사(名辭)'로 번역된다. 이 '명사'는 명제를 구성하는 요소로 하나의 개념을 언어로 나타낸 것이다. 그래서 보통 '주어 개념', '술어 개념'이라고 쓰는 경우도 있다. 예전에는 '주사(主辭)', '빈사(賓辭)'라고 칭하기도 했다.

6 '계사(copula)'라는 문법 용어는 라틴어 문법에서 사용하는 것이다. 라틴어에서 유래한 현대 언어에도, 물론 우리말에도 없는 문법 용어이다. 정언 명제의 표준 형식에서 '이다/아니다' 같은 용어를 지칭하는 용어라고 생각하는 것으로 충분하다.

2. 표준 형식으로 바꾸기

⋮

우리가 일상에서 사용하는 언어는 정언 명제의 표준 형식과 사뭇 다르다. 일상에서의 말과 글을 위와 같은 형식에 맞춰 사용하는 것이 오히려 더 어색할 것이다. 하지만 정언 논리에서는 위의 네 가지 형식만을 사용하기 때문에 정언 논리 체계에서 논리적 판단을 하기 위해서는 형식에 맞지 않는 명제들을 표준 형식에 맞게 바꿔야 한다. 그 표준 형식은 앞서 제시한 〈양화사 + 주어 명사 + 술어 명사 + 계사〉이다. 우리가 일상에서 사용하는 다양한 말과 글을 정언 명제의 표준 형식으로 바꾸어 보면 그 의미도 더 정확하게 이해할 수 있다는 장점이 있다.

정언 명제의 표준 형식으로 바꿔야 하는 일상적 표현들이 여러 가지가 있지만, 여기서는 흔히 볼 수 있는 경우로 1) 명사형 주어와 술어, 2) 표준 양화, 3) 조건 명제의 정언 명제화, 4) '배타'의 의미를 포함하는 명제의 경우, 5) '예외'의 의미를 포함하는 명제의 경우, 6) '유일'의 의미를 포함한 명제의 경우, 7) 때와 장소를 나타내는 말이 포함된 명제의 경우로 구분하여 살펴볼 것이다.

1) 명사형 주어와 술어

보통 우리말의 진술이나 명제에서 주어는 명사형인 경우가 많으나 술어는 명사형이 아닌 경우가 대부분이다. 이러한 경우에는 적절한 명사나 명사형 술어로 바꿔 주어 집합과 술어 집합의 포함 혹은 배제 관계를 명확하게 파악할 수 있도록 해야 한다.

a) 어떤 바나나는 필리핀에서 수입한다.

→ 어떤 바나나는 필리핀에서 수입한 바나나이다.

b) 모든 개는 다리가 4개이다.

→ 모든 개는 다리가 4개인 동물이다.

2) 표준 양화

정언 명제는 정확하고 공통적인 양화사를 사용해야 한다. 따라서 양화사가 명시되지 않은 경우 의미상 적절한 양화사를 넣어 주어야 하고 양을 표시하는 표현이 있더라도 그것이 '모든', '어떤' 같은 표준 양화사가 아닐 경우 표준 양화사로 바꿔준다.

a) 옆집에는 큰 개가 산다.

→ 어떤 개는 옆집에 사는 큰 개이다.

b) 몇몇 생존자는 큰 상처를 입었다.

→ 어떤 생존자는 큰 상처를 입은 생존자이다.

c) 선한 의도로 행한 모든 행동이 선한 결과를 낳는 것은 아니다.

→ 선한 의도로 행한 어떤 행동은 선한 결과를 낳지 못하는 행동이다.

→ 선한 의도로 행한 어떤 행동은 선한 결과를 낳는 행동이 아니다.

3) 조건 명제의 경우

정언 명제 중에서 전칭 긍정 명제와 전칭 부정 명제는 조건 명제로, 조건 명제는 전칭 긍정 명제나 전칭 부정 명제로 바꿔서 표현할 수 있다. 다만, 조건 명제의 전건과 후건의 주어가 같아야 한다.

a) 만약 그것이 바나나라면 그것은 과일이다.

➡ 모든 바나나는 과일이다.

b) 만약 그 토마토가 상하지 않았다면, 그것은 먹을 수 있다.

➡ 모든 상하지 않은 토마토는 먹을 수 있는 채소이다.

4) '배타'의 의미가 포함된 명제의 경우

'단지', '오직', '~ 외 어떤 것도' 라는 표현은 배타의 의미를 갖는다. 이런 표현들이 포함된 명제를 정언 명제로 바꿀 때에는 특별히 주의해야 한다. 잘못 바꾸면 명제 내용이 변경될 수 있기 때문이다.

a) 오직 이 ○○○약만이 코로나 19를 치료할 수 있는 약이다.

➡ 코로나 19를 치료할 수 있는 모든 약은 이 ○○○약이다.

b) 전기 자동차 외 어떤 자동차도 기후 변화를 중지시킬 수 없다.

➡ 기후 변화를 중지시킬 수 있는 모든 차는 전기 자동차이다.

5) '예외'의 의미가 포함된 명제의 경우

'~을 제외하고 모두' 같은 표현이 포함되어 있는 명제는 예외적 의미를 지닌 명제이다. 이런 예외적 표현이 포함된 명제는 다음과 같이 바꾼다.

> a) 전기 자동차를 제외한 모든 자동차는 2030년 이후 판매될 수 없다.
> ➡ 모든 전기 자동차는 2030년 이후 판매될 수 있는 자동차이다.
> ➡ 전기 자동차가 아닌 모든 자동차는 2030년 이후 판매될 수 없는 자동차이다.
>
> b) 회원권 소지자 외에 모든 사람은 추가 요금을 내야 한다.
> ➡ 모든 회원권 소지자는 추가 요금을 내지 않는 사람이다.
> ➡ 회원권을 소지하지 않은 모든 사람은 추가 요금을 내야 하는 사람이다.

6) '유일'의 의미가 포함된 명제의 경우

'유일한'이라는 말을 포함하는 명제는 '유일한' 다음에 오는 말을 주어로 하여 전칭 명제로 바꾼다.

> 탈출만이 유일한 대안이다.
> ➡ 모든 대안은 탈출이다.

7) 때와 장소를 나타내는 말이 포함된 명제의 경우

'어디에나', '어느 곳이나' 같은 장소를 나타내는 부사어가 포함되어 있는 경우는 장소나 곳이라는 말을 사용하여 나타낸다. '…할 때마다', '항상', '언제나' 같은 때를 나타내는 부사어가 포함되어 있는 경우에는 시간이나 때라는 말을 사용하여 나타낸다.

> 그는 식사를 할 때 항상 물을 먼저 마신다.
> ➡ 그가 식사를 하는 모든 시간은 물을 마시는 때이다.
>
> 우주 어디에도 생명체는 없다.
> ➡ 우주의 모든 장소는 생명체가 없는 곳이다.

3. 벤다이어그램
:

정언 명제는 주어 집합과 술어 집합의 포함 관계나 배제 관계를 표현한다. 19세기 영국의 논리학자 벤(John Venn)은 정언 명제의 이 관계를 도식화하는 방법을 개발하였고 그에 따르면, 정언 명제의 네 가지 표준 형식은 벤다이어그램으로 도식화해서 표현할 수 있다. 앞에서 설명한 정언 명제의 표준 형식을 벤다이어그램으로 나타내 보자.

명제의 종류	약어	명제 형식	예문
전칭 긍정 명제	A	모든 S는 P이다.	모든 고래는 포유류이다.

전칭 부정 명제	E	모든 S는 P가 아니다.	모든 고래는 포유류가 아니다.
특칭 긍정 명제	I	어떤 S는 P이다.	어떤 고래는 포유류이다.
특칭 부정 명제	O	어떤 S는 P가 아니다.	어떤 고래는 포유류가 아니다.

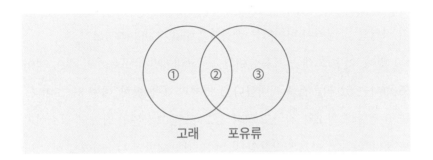

이 그림에서 왼쪽 원은 주어 집합이고 예문에서는 고래 집합을 나타내고 오른쪽 원은 술어 집합, 포유류 집합을 나타낸다. 또한 그림에서 ① 영역은 포유류가 아닌 고래 집합을 나타내고 ② 영역은 고래 집합이면서 동시에 포유류 집합인 부분이며 ③ 영역은 고래가 아닌 포유류 집합을 나타낸다.

A 명제 '모든 고래는 포유류이다.'는 고래 집합에 속하는 모든 원소는 포유류 집합 속에 포함된다는 것을 의미한다. 그래서 A 명제의 표준 형식 '모든 S는 P이다.'는 '만약 어떤 것이 S집합에 속한다면, 그것은 P 집합에 속한다.'라는 것이고, 'S 집합에 속하면서 P 집합에 속하지 않는 것은 없다.'라는 것이다. 즉, '고래 집합에 속하면서 포유류 집합에 속하지 않는 것은 없다.'라는 것이다. 따라서 A 명제는 ① 영역이 비어 있는 공집합으로 표기된다.[그림 1]

E 명제 '모든 고래는 포유류가 아니다.'는 고래 집합에 속하면서 동시에 포유류 집합에 속하는 것은 없다는 것을 의미한다. E 명제의 표준 형

식 '모든 S는 P가 아니다.'는 '만약 어떤 것이 S 집합에 속한다면, 그것은 P 집합에는 속하지 않는다.'라는 것이고, 'S 집합에 속하면서 P 집합에 속하는 것은 없다.'라는 것이다. 즉, '고래 집합에 속하면서 포유류 집합에 속하는 것은 없다.'라는 것이다. 따라서 E 명제는 S의 영역이면서 동시에 P의 영역인 ② 영역이 비어있는 공집합으로 표기된다.[그림 2]

I 명제 '어떤 고래는 포유류이다.'는 고래이면서 포유류인 것이 적어도 하나는 있다는 것을 의미한다. I 명제의 표준 형식 '어떤 S는 P이다.'는 'S 집합의 원소가 적어도 하나 있고 또한 그것은 P 집합의 원소이기도 하다.'라는 것이고 'S 집합의 원소이면서 P 집합의 원소이기도 한 것이 적어도 하나 존재한다.'라는 것이다. 따라서 S의 영역이면서 P인 영역인 ② 영역에 ×로 표시한다.[그림 3]

O 명제 '어떤 고래는 포유류가 아니다.'는 고래이면서 포유류가 아닌 것이 적어도 하나는 있다는 것을 의미한다. I 명제의 표준 형식 '어떤 S는 P가 아니다.'는 'S 집합의 원소가 적어도 하나는 있고 또 그것은 P 집합에 속하지 않는다.'라는 것이고 'S 집합의 원소이면서 P 집합의 원소가 아닌 것이 적어도 하나 존재한다.'라는 것이다. 따라서 벤다이어그램에서 S 영역이면서 P 영역이 아닌 영역인 ① 영역에 ×로 표시한다.[그림 4]

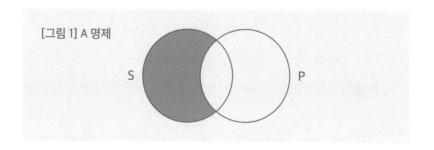

[그림 1] A 명제

S   P

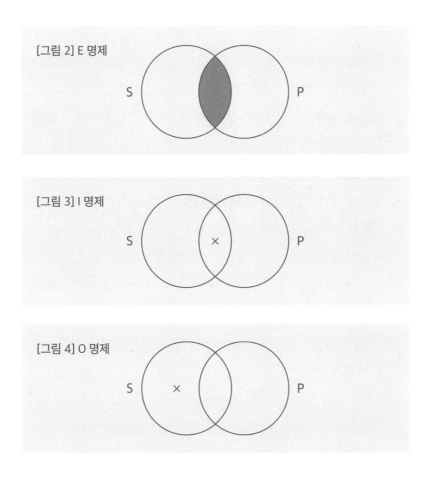

[그림 2] E 명제

S   P

[그림 3] I 명제

S   ×   P

[그림 4] O 명제

S   ×   P

4. 대당 사각형

정언 명제들 간에는 네 가지 논리적 관계가 성립한다. 여기에는 앞에서 살펴보았던 모순, 반대, 소반대 관계에 더하여 함축 관계가 포함된다. 그럼 먼저 앞서 4장 논리학의 기본 개념에서 정리한 세 가지 관계와 더불어 함축 관계도 정리해 보자.

모 순: 두 명제 A와 B는 모순 관계이다. ➡ A와 B가 동일한 진리값을 가질 가능성이 없다. 즉, A와 B는 항상 서로 다른 진리값을 갖는다.

반 대: 두 명제 A와 B는 반대 관계이다. ➡ A와 B가 동시에 참일 수 없다. 하지만 동시에 거짓일 가능성이 있다.

소반대 : 두 명제 A와 B는 소반대 관계이다. ➡ A와 B가 동시에 거짓일 수 없다. 하지만 동시에 참일 가능성이 있다.

함 축: 명제 A는 명제 B를 함축한다. ➡ A가 참이면 B는 반드시 참이어야 한다. 즉, A가 참이고 B가 거짓일 가능성이 없다.

정언 명제 A, E, I, O 간에는 위의 네 가지 논리적 관계가 성립하는데 그것은 다음과 같다.

첫째, A는 I에 대해서, 그리고 E는 O에 대해서 함축 관계가 성립한다. 즉, A가 참이면 I도 참이고, E가 참이면 O도 참이다.

둘째, A와 O, 그리고 E와 I 간에는 모순 관계가 성립한다. 즉 A와 O, 그리고 E와 I는 동일한 진리값을 가질 수 없다. A가 참이면 O는 반드시 거짓이어야 하고 E가 참이면 I는 반드시 거짓이어야 한다.

셋째, A와 E 간에는 반대 관계가 성립한다. 즉 A와 E가 동시에 참일 수 없지만 동시에 거짓일 수는 있다.

넷째, I와 O 간에는 소반대 관계가 성립한다. 즉, I와 O가 동시에 거짓일 수 없지만 동시에 참일 수는 있다.

이와 같은 정언 명제들 간의 논리적 관계는 아래 대당 사각형을 통해서 도식적으로 나타낼 수 있다.[그림 5]

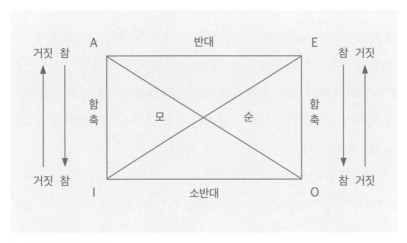

[그림 5] 대당 사각형

A 명제 '모든 S는 P이다.'는 I 명제 '어떤 S는 P이다.'를 함축한다. 즉, '모든 고래는 포유류이다.'가 참이라면 '어떤 고래는 포유류이다.'는 반드시 참이 된다. 또한 E 명제 '모든 S는 P가 아니다.'는 O 명제 '어떤 S는 P가 아니다.'를 함축한다. '모든 고래는 포유류가 아니다.'가 참이라면 '어떤 고래는 포유류가 아니다.'는 반드시 참이 된다. 반면 A 명제가 참이면 O 명제는 반드시 거짓이다. '모든 고래는 포유류이다.'가 참이라고 할 때, '어떤 고래는 포유류가 아니다.'는 절대 참일 수 없다. 또한 O 명제가 참일 때, A 명제는 반드시 거짓이 된다. 그래서 A 명제와 O 명제는 동시에 같은 진리값을 가질 수 없는 모순 관계인 것이다. 이런 모순 관계는 E 명제와 I 명제 간에도 성립한다.

A 명제와 E 명제는 서로 반대 관계이다. 예를 들어, '모든 한국인은 부

자이다.'가 참일 때, '모든 한국인은 부자가 아니다.'는 참일 수 없고 거짓이다. 하지만 A 명제가 거짓일 때, E 명제는 참일 수도 있고 거짓일 수도 있다. '모든 한국인은 부자가 아니다.'가 참이면, 즉 모든 한국인이 부자가 아니면, 모든 한국인은 부자라는 A 명제는 거짓이고, '모든 한국인은 부자가 아니다.'가 거짓이면 즉, 일부의 한국인은 부자이고 일부의 한국인은 부자가 아닐 경우, A 명제 '모든 한국인은 부자이다.'는 거짓일 것이다. 따라서 A 명제와 E 명제는 동시에 참일 수는 없지만 동시에 거짓일 수 있는 반대 관계이다.

I 명제와 O 명제는 소반대 관계이다. '어떤 한국인은 부자이다.'라는 I 명제와 '어떤 한국인은 부자가 아니다.'라는 O 명제의 경우 '어떤 한국인은 부자이다.'가 거짓이면 모든 한국인은 부자가 아닌 것이 되고, 즉 E 명제가 참이 되고, 그러면 O 명제인 '어떤 한국인은 부자가 아니다.'가 참일 수밖에 없다. 하지만 한국인 중 일부가 부자이고 또 일부는 부자가 아닐 경우 I 명제와 O 명제는 모두 참이 될 수 있다. 따라서 I 명제와 O 명제는 동시에 거짓일 수는 없지만 동시에 참일 수는 있는 소반대 관계이다.

정언 명제들 간의 논리적 관계를 도식적으로 보여주는 대당 사각형을 이용하면 하나의 전제에서 하나의 결론을 도출하는 직접 추리가 타당한지 쉽게 판단할 수 있다. 이와 관련하여 다음의 직접 추리를 검토해 보자.

a) 한국 사람들은 모두 주식 투자를 한다.
b) 한국 사람인 짱구는 주식 투자를 한다.
c) 한국 사람인 짱구는 주식 투자를 하지 않는다.

a)를 전제로 b)를 결론으로 도출한다면 그 논증은 타당하다. a)가 참이면 b)도 반드시 참이기 때문이다. 하지만 a)를 전제로 c)를 결론으로 도출한다면 그 논증은 타당하지 않은 논증이 된다. 왜냐하면 a)가 참일 때, c)와 a)는 모순 관계이기 때문에, c)는 반드시 거짓이기 때문이다.

대당 사각형은 한 정언 명제의 진리값이 참이거나 거짓일 경우 다른 명제들의 진리값을 알려주기 때문에, 이것을 이용하면 하나의 명제에서 결론을 도출하는 직접 추리의 타당성을 판단할 수 있다. 다음은 한 정언 명제가 참일 경우와 거짓일 경우 다른 명제들은 어떤 진리값을 갖게 되는지 정리한 것이다.

A 명제가 참일 경우: E 명제는 거짓, I 명제는 참, O 명제는 거짓.

A 명제가 거짓일 경우: E 명제와 I 명제는 알 수 없음, O 명제는 참.(E 명제는 동시에 거짓일 수 있기 때문에, I 명제는 O 명제와 동시에 참일 수 있기 때문에)

E 명제가 참일 경우: A 명제는 거짓, I 명제는 거짓, O 명제는 참.

E 명제가 거짓일 경우: A 명제와 O 명제는 알 수 없음, I 명제는 참.

I 명제가 참일 경우: A 명제와 O 명제는 알 수 없음, E 명제는 거짓.

I 명제가 거짓일 경우: A 명제는 거짓, E 명제와 O 명제는 참.

O 명제가 참일 경우: A 명제는 거짓, E 명제와 I 명제는 알 수 없음.

O 명제가 거짓일 경우: A 명제는 참, E 명제는 거짓, I 명제는 참.

이를 이용해서 다음의 명제를 살펴보자.

> 한국 사람들이 모두 부자는 아니다.

이 명제는 한국 사람들 중에 부자가 아닌 사람이 적어도 한 명은 존재한다는 것을 의미한다. 그래서 O 명제 '어떤 한국 사람은 부자가 아니다.'라고 할 수 있다. 이 명제가 참일 경우 A 명제인 '모든 한국 사람들은 부자이다.'는 거짓이고 E 명제와 I 명제는 진리값을 알 수 없다. E 명제는 O 명제와 소반대 관계로 참일 수도 있고 거짓일 수도 있으며 I 명제는 거짓인 A 명제와 반대 관계로 마찬가지로 참일 수도 있고 거짓일 수도 있기 때문이다. 그리고 이 명제가 거짓일 경우 A 명제와 I 명제는 참이고 E 명제는 거짓이다.

정언 명제의 존재 함축

고대 그리스의 철학자 아리스토텔레스는 전칭 명제인 A 명제(모든 S는 P이다.)와 E 명제(모든 S는 P가 아니다.)에서 주어 집합 S의 원소가 실제로 존재한다고 가정한다. 하지만 우리는 실제로 존재하지 않는 대상에 대해서도 정언 명제로 표현한다. 예를 들어, '둥근 사각형은 둥글고 사각형인 도형이다.', '켄타우로스는 신화에 등장하는 반인반마이다.' 같은 명제에서 '둥근 사각형'이나 '켄타우로스'는 실제로 존재하는 대상이 아니다. 이런 명제들은 존재 함축을 하지 않는 명제이다. 그러나 한 명제가 어떤 특정한 대상이 존재함을 주장할 경우, 그 명제는 존재 함축을 하는 명제이다.

그런데 I 명제와 O 명제 같은 특칭 명제들은 존재 함축의 문제가 발생하지 않는다. '어떤 한국인은 부자이다.' 같은 I 명제는 부자인 한국인이 적어도 한 명이 있다는 것을 주장하고 이 명제가 참이기 위해서는 부자인 한국인이 실제로 존재해야만 하기 때문이다.

아리스토텔레스는 정언 논리 체계에서 전칭 명제가 존재 함축을 하는 경우와 그렇지 않은 경우를 구별하지 않았다. 전칭 명제에서 주어 집합의 원소가 실제로 존재한다고 가정한 것이다. 하지만 19세기 영국의 논리학자이자 수학자인 부울(G. Boole, 1815-1864)은 존재 함축을 하지 않는 전칭 명제를 구별해야 한다고 보고 전칭 명제에 대한 새로운 해석을 주장했다. 그는 전칭 명제는 존재 함축을 하지 않으며, 주어 집합이 원소가 없는 공집합인 경우에도 참으로 간주한다고 주장한다. 아리스토텔레스의 해석을 보통 '전통적 해석'이라고 하고 부울의 해석을 '현대적 해석'이라고 한다.

부울의 해석을 따를 경우 전통적 해석과 달리 중요한 차이점이 나타난다. 그것은 정언 명제들 간에 성립하는 논리적 관계들 중에서 모순 관계를 제외한 다른 관계들이 성립하지 않는다는 것이다. 즉, 대당 사각형으로 설명한 반대, 소반대, 함축 관계는 존재 함축을 하지 않는 현대적 해석에서는 성립하지 않는다. 다음의 논증을 살펴보자.

머리에 뿔이 난 모든 인간은 지구인이 아니다. (E)

그러므로 머리에 뿔이 난 어떤 인간은 지구인이 아니다. (O)

이 논증은 E 명제에서 O 명제를 도출하는 논증이다. 전통적 해석에 따르면 E 명제는 O 명제를 함축한다. 따라서 타당한 논증이다. 하지만 현대적 해석에 따르면 존재 함축을 하지 않는 명제로 간주한다. 즉, 머리에 뿔이 난 인간은 실제로 존재하지 않는 것이다. 따라서 존재 함축을 하지 않는 E 명제에서 O 명제를 도출하는 것은 타당하지 않은 논증이 된다. 왜냐하면 결론인 O 명제는 머리에 뿔이 난 인간이 적어도 한 명 있고, 그 인간은 지구인이 아니라는 것을 의미하기 때문이다. 따라서 전제와 결론 간의 함축 관계가 성립하지 않는 것이다.

부울의 현대적 해석에 따르면 A 명제는 '만약 어떤 것이 S의 원소라면, 그것은 P의 원소이다.'로 이해되고, E 명제는 '만약 어떤 것이 S의 원소라면, 그것은 P의 원소가 아니다.'로 이해된다. 이런 전칭 명제의 현대적 해석은 실제로 존재하는지 현재 상태에서는 확실하게 알 수 없는 대상이나 미래에 일어날 것들에 대해서도 논리적 추론과 판단을 할 수 있게 하는 장점이 있다.

5. 환위, 환질, 이환

⋮

직접 추리를 대당 사각형이 아닌 다른 방식으로 다루는 것이 정언 명제의 환위, 환질, 이환을 이용하는 것이다. 먼저 환위, 환질, 이환이 정언 명제에 어떤 조작을 가하는 것인지 살펴보자.

1) 환위(conversion)

환위는 정언 명제의 주어와 술어의 자리를 바꾸는 것이다. 환위를 A, E, I, O 명제 각각에 순수하게 적용하면 다음이 된다.

> A 명제: 모든 S는 P이다. ➡ 모든 P는 S이다.
>
> E 명제: 모든 S는 P가 아니다. ➡ 모든 P는 S가 아니다.
>
> I 명제: 어떤 S는 P이다. ➡ 어떤 P는 S이다.
>
> O 명제: 어떤 S는 P가 아니다. ➡ 어떤 P는 S가 아니다.

이렇게 네 가지 표준 형식에 환위의 조작을 가한 환위문을 보면, E 명제와 I 명제의 경우 원래 명제와 환위 명제가 논리적 동치가 되어 환위 명제를 활용한 직접 추리는 타당하다. 예를 들어, '모든 인간은 개가 아니다.'를 환위하면 '모든 개는 인간이 아니다.'가 되고 '어떤 남자는 음악가이다.'를 환위하면 '어떤 음악가는 남자이다.'가 된다. 이 두 환위 명제는 벤다이어그램으로 보아도 논리적 동치여서 원래 명제에서 환위 명제를 도출하는 직접 추리는 항상 타당하다. 하지만 O 명제의 환위 명제는 전혀 다른 상황이 된다. 예를 들어, '어떤 식물은 꽃이 아니다.'를 환위하면 '어떤 꽃은 식물이 아니다.'가 되는데 원래 명제는 참이지만 환위 명제는 분명히 거짓이기 때문이다. A 명제도 O 명제처럼 환위 명제의 진리값이 달라지기 때문에 환위 명제가 원래 명제의 논리적 동치가 아니다. 하지만 A 명제와 I 명제가 함축 관계를 이루어 A 명제가 참이면, I 명제도 반드시 참이 되기 때문에, 환위 명제가 논리적 동치가 되는 I 명제를 환위하는 식으로 환위의 조작을 사용할 수 있다. 즉, '모든 S는 P이다.'에서 '어떤 P는 S이다.'를 직접 도출할 수 있는 것이다. 이를 '제한 환위'라고 한다. 환위는 주어와 술어의 자리만 바꾸는 것이기 때문에 환위 명제의 명제 형식이 바뀌지 않는다는 점도 기억해 두자.

➡ E, I 명제가 논리적 동치, A 명제는 제한 환위 가능

정언 명제의 주연과 부주연

정언 명제의 환위를 이해하기 위해서 주연, 부주연의 개념을 이해할 필요가 있다. '주연'이라는 말이 거의 고전 논리학의 정언 논리에서만 사용되는 말이라서 우리말 표현으로도 무척 낯설게 들리지만 그 의미는 비교적 간단하다. 우선 주연, 부주연은 정언 명제를 구성하는 개념들에 대해서 사용하는 것이고 한 명제에서 어떤 개념이 주연되었다는 말은 그 명제가 그 개념의 외연 전체, 즉 그 개념에 해당하는 대상들의 집합의 모든 원소에 대해 어떤 일정한 언급을 하고 있다는 것을 의미한다. 예를 들어 A 명제,

'모든 한국인은 부자이다.'의 경우 주어 개념인 한국인은 주연되었지만 술어 개념인 부자는 주연되지 않았다. 즉, 이 명제의 주어 개념은 모든 한국인의 집합을 명시하고 있지만 술어 개념인 부자의 집합이 한국인이라거나 하는 언급을 하는 것은 아니다. 따라서 A 명제에서는 주어 개념인 한국인이 주연되었지만 술어 개념인 부자는 주연되지 않았다.

정언 명제 A, E, I, O 명제에서 주연과 부주연의 관계는 다음과 같이 요약할 수 있다.

A 명제: 모든 S(주연)는 P(부주연)이다.

E 명제: 모든 S(주연)는 P(주연)가 아니다.

I 명제: 어떤 S(부주연)는 P(부주연)이다.

O 명제: 어떤 S(부주연)는 P(주연)가 아니다.

환위는 원래 명제에 조작을 가해도 주연, 부주연 관계가 바뀌지 않아야 논리적 동치가 될 수 있다. 즉, 원래 명제에서 주연되었던 개념이 조작을 한 후 주연되지 않거나 주연되지 않았던 개념이 주연되거나 해서는 안 된다는 것이다. 그런데 환위의 경우, A 명제와 E 명제는 환위를 하면 주연, 부주연 관계가 바뀌게 된다. 그래서 A 명제의 경우, 제한 환위만 가능한 것이고 E 명제는 사실상 환위가 불가능하다고 할 수 있다.

2) 환질(obversion)

환질은 술어를 부정하고 긍정 명제는 부정 명제로, 부정 명제는 긍정 명제로 바꾸는 것이다.

A 명제: 모든 S는 P이다. ➡ 모든 S는 비-P가 아니다.

E 명제: 모든 S는 P가 아니다. ➡ 모든 S는 비-P이다.

I 명제: 어떤 S는 P이다. ➡ 어떤 S는 비-P가 아니다.

O 명제: 어떤 S는 P가 아니다. ➡ 어떤 S는 비-P이다.

술어를 부정하는 것은 술어 집합의 여집합을 나타내는 술어를 사용하는 것이다. 예를 들어, 술어 집합 '포유류'의 부정은 '비-포유류'로 나타낸다. 환질의 경우 A, E, I, O 명제 모두에서 논리적 동치가 되어 원래 명제에서 환질 명제를 도출하는 직접 추리는 타당하다. 다만 A 명제는 환질하면 명제의 형식이 E 명제가 되고, E 명제는 A 명제가 되며, I 명제는 O 명제로 O 명제는 I 명제로 바뀐다.

➡ A, E, I, O 명제가 논리적 동치

3) 이환(contraposition)

이환은 주어와 술어의 자리를 바꾸고 주어와 술어를 각각 부정하는 것이다. 이환을 A, E, I, O 명제 각각에 순수하게 적용하면 다음과 같다.

A 명제: 모든 S는 P이다. ➡ 모든 비-P는 비-S이다.

E 명제: 모든 S는 P가 아니다. ➡ 모든 비-P는 비-S가 아니다.

I 명제: 어떤 S는 P이다. ➡ 어떤 비-P는 비-S이다.

O 명제: 어떤 S는 P가 아니다. ➡ 어떤 비-P는 비-S가 아니다.

이환은 사실상 원래 명제를 환질하고 환위하는 것과 같다. 그래서 A 명제의 경우 '모든 S는 P이다. ➡ 모든 S는 비-P가 아니다. ➡ 모든 비-P는 S가 아니다.'로 이환할 수 있다. O 명제도 '어떤 S는 P가 아니다. ➡ 어떤 S는 비-P이다. ➡ 어떤 비-P는 S이다.'로 이환할 수 있다. 이환의 경우 A 명제와 O 명제가 논리적 동치가 되어 직접 추리에 사용할 수 있지만 I 명제는 이환하면 진리값이 달라지기 때문에 이환이 불가하다. E 명제도 직접 이환은 불가하지만 A 명제의 제한 환위를 이용하여 제한 이환을 할수 있다. 먼저 '모든 S는 P가 아니다.'를 환질하면 A 명제 '모든 S는 비-P이다.'가 되고 이 A 명제를 제한 환위하면 '어떤 비-P는 S이다.'가 된다. 이것이 E 명제의 제한 이환이다.

➡ A, O 명제가 논리적 동치, E 명제는 제한 이환 가능

환위, 환질, 이환의 조작을 이용하여, 다음 직접 추리가 타당한지 살펴보자.

어떤 비도덕적인 사람은 이성적인 사람이 아니다.

그러므로 어떤 비이성적인 사람은 도덕적인 사람이 아니다.

이 논증을 형식으로 나타내면,

어떤 비-S는 P가 아니다. (O 명제)

그러므로 어떤 비-P는 S가 아니다. (O 명제의 이환 명제)

이 논증은 O 명제의 전제에서 O 명제의 이환 명제를 결론으로 갖는다. O 명제와 그것의 이환 명제는 논리적 동치이므로 전제의 참은 결론의 참을 보증한다. 따라서 이 논증은 타당한 논증이다.

다음 논증을 추가로 살펴보자.

모든 치과 의사는 의사이다.

그러므로 어떤 비치과 의사는 비의사가 아니다.

이 논증은 주어와 술어의 부정을 사용하여 직관적으로 타당성을 판단하기 어렵다. 이 논증을 형식으로 나타내면,

모든 S는 P이다. (A 명제)

그러므로 어떤 비-S는 비-P가 아니다. (O 명제)

전제의 이환: 모든 비-P는 비-S이다.

➡ 제한 환위: 어떤 비-S는 비-P이다.(I 명제): 결론과 소반대 관계

먼저 전제는 A 명제이고 A 명제의 이환 명제는 논리적 동치라는 것을 이용해서 '모든 비-P는 비-S이다.'를 타당하게 도출할 수 있다. 그리고 A 명제는 제한 환위가 가능하므로 I 명제 '어떤 비-S는 비-P이다.'를 타당하게 도출할 수 있다. 즉, 전제인 A 명제 '모든 S는 P이다.'가 참이면 그것의 논리적 동치인 I 명제 '어떤 비-S는 비-P이다.'도 참이다. 그런데 위 논증의 결론인 O 명제 '어떤 비-S는 비-P가 아니다.'는 I 명제 '어떤 비-S는 비-P이다.'와 소반대 관계로 동시에 참일 수 없다. 말하자면, I 명제 '어떤 비-S는 비-P이다.'가 참이면, O 명제 '어떤 비-S는 비-P가 아니다.'는 거짓이어야 한다. 따라서 이 논증은 전제가 참일 때 결론이 거짓인 타당하지 않은 논증이다.

6. 정언 삼단논법의 타당성
⋮

정언 삼단논법(categorical syllogism)이란 두 개의 전제와 하나의 결론으로 이루어져 세 개의 정언 명제로 구성되어 있는 연역 논증이다. 전제와 결론을 합쳐 3단으로 이루어져 있다고 해서 전통적으로 '삼단논법'이라

는 이름으로 통용되어 왔다. 우리가 대화하거나 생각할 때 이런 형태의 삼단논법을 사용하는 것은 드물지만, 일상의 문장을 앞에서 다룬 정언 명제의 표준 형식에 맞게 바꾸고 삼단논법의 표준틀에 맞춰 보면 형식적 특성을 통해서 논증의 타당성을 판단하는 데 유용할 것이다.

정언 삼단논법은 세 개의 명제로 이루어져 있고, 세 개의 명사가 등장 하는데, 이 명사들을 각각 대개념(major term), 소개념(minor term), 매개념 (middle term)이라고 부른다. 정언 삼단논법은 대전제, 소전제, 결론의 순 서로 나열한다. 이렇게 하기 위해서는 논증에서 어떤 명제가 대전제이고 어떤 명제가 소전제인지 구별해야 한다. 대전제는 대개념이 포함되어 있 는 명제이고, 소개념이 포함되어 있는 명제를 소전제라고 한다. 그러면 어떤 것이 대개념이고 어떤 것이 소개념일까? 그것은 삼단논법의 결론 에서 알 수 있다. 결론의 주어 명사가 소개념이고 술어 명사가 대개념이 다. 이 소개념과 대개념은 두 개의 전제 중 각각 다른 전제에 한 번씩 사 용된다. 그리고 두 개의 전제에 모두 사용되어 각 명제에서 소개념과 대 개념을 연결해 주는 역할을 하는 것이 매개념이다. 이 매개념은 두 전제 에서 모두 나타나지만 결론에는 사용되지 않는다. 이런 구성을 가지고 있는 삼단논법의 표준 형식을 다음과 같이 정리할 수 있다.

대전제: 양화사 + 주어 명사 + 술어 명사 + 계사
소전제: 양화사 + 주어 명사 + 술어 명사 + 계사
결　론: 양화사 + 소개념(S) + 대개념(P) + 계사

이 형식에서 소개념은 'S'로 줄여서 표기하고, 대개념을 'P'로 표기한

다. 결론에 나타나지 않고 두 전제에서 모두 나타나는 매개념은 'M'으로 표기한다. 다음은 하나의 논증을 정언 삼단논법의 표준 형식에 따라 구성한 것이다.

> 모든 힘이 센 운동 선수는 몸이 빠른 운동 선수이다. (A)
> 어떤 금메달리스트는 몸이 빠른 운동 선수가 아니다. (O)
> 그러므로 어떤 금메달리스트는 힘이 센 운동 선수가 아니다. (O)

이 삼단논법에서 소개념은 '금메달리스트'(S)이고 대개념은 '힘이 센 운동 선수'(P)이며, 매개념은 '몸이 빠른 운동 선수'(M)이다. 이 논증을 기호로 간략히 나타내면 다음과 같다.

> 모든 P는 M이다. (A)
> 어떤 S는 M이 아니다. (O)
> 그러므로 어떤 S는 P가 아니다. (O)

이렇게 간략하게 표준 형식으로 나타내면, 다음 세 가지 규칙을 이용해 정언 삼단논법의 타당성 여부를 쉽게 판단할 수 있다.

> 첫째, 매개념(M)은 전제 중 한 곳에서만 주연되어야 한다.
> 둘째, 소개념(S)과 대개념(P)은 전제와 결론 각각에서 주연 관계가 일치해야 한다.

이 규칙에 따르면 위 논증은 타당한 논증이다. 매개념은 소전제인 O 명제 한 곳에서만 주연되었고, 소개념은 소전제인 O 명제와 결론인 O 명제에서 모두 주연되지 않았으며, 대개념은 대전제인 A 명제와 결론인 O 명제에서 모두 주연되었다. 이것으로 첫째 규칙과 둘째 규칙이 만족된다. 그리고 소전제가 부정 명제이고 결론이 부정 명제여서 셋째 규칙도 만족된다. 따라서 위 논증은 타당한 논증이다.

정언 삼단논법의 타당성을 판단하는데 벤다이어그램을 이용하는 방법도 있다. 삼단논법에서는 세 개의 개념이 사용되기 때문에, 벤다이어그램도 세 개의 원을 그려야 한다. 정언 삼단논법의 벤다이어그램은 다음과 같이 그릴 수 있다.

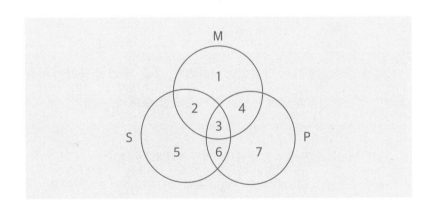

이 도식에서 1-7의 영역은 다음의 성격을 갖는다.

> 1: 비-S, 비-P, M   2: 비-P, S, M
>
> 3: M, S, P   4: 비-S, M, P
>
> 5: 비-M, 비-P, S   6: 비-M, S, P
>
> 7: 비-M, 비-S, P

앞에서 다룬 삼단논법을 이용하여 각 영역을 살펴보자. 앞의 논증을 형식적으로 표현한다면 다음과 같다.

> 모든 P는 M이다. (A)
>
> 어떤 S는 M이 아니다. (O)
>
> 그러므로 어떤 S는 P가 아니다. (O)

이 논증을 벤다이어그램으로 그려서 논증의 타당성을 판단해 보자. 먼저 삼단논법의 전제에 전칭 명제와 특칭 명제가 혼합되어 있다면, 전칭 명제를 먼저 표시하는 것이 좋다. 앞의 논증은 대전제가 전칭 명제이므로 A 명제부터 표시해보면, '모든 P는 M이다.'라는 것은 P에 속하면서 M에 속하지 않는 것은 없다라는 것을 의미하므로 6번과 7번 영역이 공집합이 되고 그 영역에 색을 칠한다.

이어서 소전제 '어떤 S는 M이 아니다.'라는 명제는 S의 원소가 적어도 하나 있고 그것은 M에 속하지 않는다는 의미, 즉 S에 속하면서 M에 속하지 않는 것이 적어도 하나 존재한다는 의미이므로 5번 영역에 × 표시를 하면 된다. 그리고 마지막으로 결론인 '어떤 S는 P가 아니다.'는 S의 원소가 적어도 하나 있고 그것은 P에 속하지 않는다는 의미, 즉 S에 속하면서 P에 속하지 않는 것이 적어도 하나 존재한다는 의미이므로 5번 영역에 어떤 존재가 있어야 하는데 이미 5번 영역에 × 표시가 있으므로 이 삼단논법이 타당한 논증이라는 것을 알 수 있다.

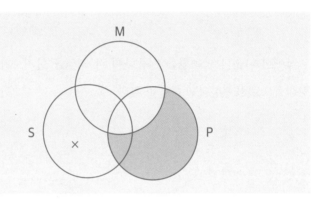

이렇게 벤다이어그램을 그려 정언 삼단논법의 타당성을 판단하는 방법을 순서적으로 정리하면 먼저 삼단논법에 등장하는 세 개념을 세 개의 집합으로 보고 서로 겹치도록 위와 같이 원을 그린다. 그리고 논증을 단순하게 명제 형식으로 만들어 먼저 전제들을 벤다이어그램에 표시한다. 끝으로 전제들이 표시된 벤다이어그램에 결론이 의미하는 것이 포함되어 있다면 타당한 논증이고 그렇지 않으면 타당하지 않은 논증이 된다. 이런 순서로 다른 삼단논법을 한 번 더 살펴보자.

가발을 쓴 모든 사람은 모발이 없는 사람이다.

모든 중학생은 가발을 쓰지 않았다.

그러므로 모든 중학생은 모발이 없는 사람이 아니다.

이 삼단논법을 명제 형식으로 단순하게 표현하면, 다음과 같다.

모든 M은 P이다. (A)

모든 S는 M이 아니다. (E)

그러므로 모든 S는 P가 아니다. (E)

먼저 대전제인 A 명제를 벤다이어그램에 표시하면, '모든 M는 P이다.' 라는 것은 M에 속하면서 P에 속하지 않는 것은 없다는 것을 의미하므로 1번과 2번 영역이 공집합이 되고 그 영역에 색을 칠한다.[그림 6] 그리고 소전제인 E 명제 '모든 S는 M이 아니다.'는 S에 속하면서 M에 속하는 것

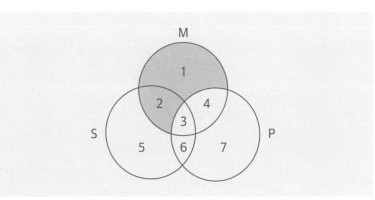

[그림 6] A 명제

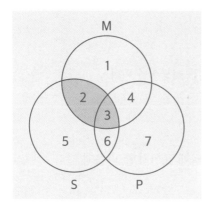

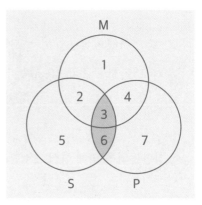

[그림 7] E 명제   [그림 8] E 명제(결론)

은 없다는 것을 의미하므로 2번 영역과 3번 영역이 공집합으로 색을 칠하게 된다.[그림 7] 이제 결론인 '모든 S는 P가 아니다.'가 가리키는 것이 벤다이어그램에서 확인할 수 있는지 보아야 한다. 결론이 가리키는 것은 3번 영역과 6번 영역이 공집합으로 색이 칠해져 있어야 하는데 3번 영역에만 색칠되어 있으므로 결론이 의미하는 것을 전제가 포함하고 있지 않다.[그림 8] 따라서 이 삼단논법은 타당하지 않은 논증이다.

01 정언 명제의 형식

양화사(모든, 어떤) + 주어 명사(S) + 술어 명사(P) + 계사(이다, 아니다)

명제의 종류	약어	명제 형식	예문
전칭 긍정 명제	A	모든 S는 P이다.	모든 고래는 포유류이다.
전칭 부정 명제	E	모든 S는 P가 아니다.	모든 고래는 포유류가 아니다.
특칭 긍정 명제	I	어떤 S는 P이다.	어떤 고래는 포유류이다.
특칭 부정 명제	O	어떤 S는 P가 아니다.	어떤 고래는 포유류가 아니다.

02 표준 형식으로 변환

① 명사형 주어와 술어

② 표준 양화

③ 조건 명제의 정언 명제화

④ '배타'의 의미를 포함하는 명제의 경우

⑤ '예외'의 의미를 포함하는 명제의 경우

⑥ '유일'의 의미를 포함한 명제의 경우

⑦ 때와 장소를 나타내는 부사를 포함하는 명제의 경우

03 벤다이어그램으로 나타내기

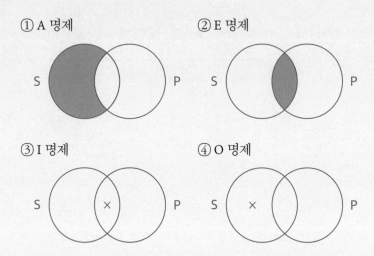

① A 명제   ② E 명제

③ I 명제   ④ O 명제

04 정언 명제들 간의 논리적 관계

① 모　순: 두 명제 A와 B는 모순 관계이다. ➡ A와 B가 동일한 진리값을 가질 가능성이 없다. 즉, A와 B는 항상 서로 다른 진리값을 갖는다.

② 반　대: 두 명제 A와 B는 반대 관계이다. ➡ A와 B가 동시에 참일 수 없다. 하지만 동시에 거짓일 가능성이 있다.

③ 소반대: 두 명제 A와 B는 소반대 관계이다. ➡ A와 B가 동시에 거짓일 수 없다. 하지만 동시에 참일 가능성이 있다.

④ 함　축: 명제 A는 명제 B를 함축한다. ➡ A가 참이면 B는 반드

시 참이어야 한다. 즉, A가 참이고 B가 거짓일 가능성이 없다.

05 A, E, I, O 명제 간의 논리적 관계

① A는 I에 대해서, 그리고 E는 O에 대해서 함축 관계가 성립한다.
즉, A가 참이면 I도 참이고, E가 참이면 O도 참이다.
② A와 O, 그리고 E와 I 간에는 모순 관계가 성립한다. 즉, A와 O, 그
리고 E와 I는 동일한 진리값을 가질 수 없다. A가 참이면 O는 반
드시 거짓이어야 하고 E가 참이면 I는 반드시 거짓이어야 한다.
③ A와 E 간에는 반대 관계가 성립한다. 즉, A와 E가 동시에 참일
수 없지만 동시에 거짓일 수는 있다.
④ I와 O 간에는 소반대 관계가 성립한다. 즉, I와 O가 동시에 거짓
일 수 없지만 동시에 참일 수는 있다.

06 대당 사각형

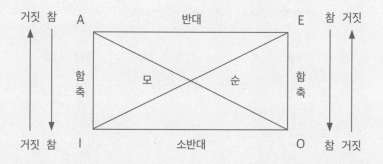

07 / 환위, 환질, 이환

① 환위: 명제의 주어와 술어의 자리를 바꾸는 것으로 E, I 명제가
논리적 동치, A 명제는 제한 환위 가능

② 환질: 술어를 부정하고 긍정 명제는 부정 명제로 부정 명제는
긍정 명제로 바꾸는 것으로 A, E, I, O 명제가 논리적 동치

③ 이환: 주어와 술어의 자리를 바꾸고 주어와 술어를 각각 부정하
는 것으로 A, O 명제가 논리적 동치, E 명제는 제한 이환 가능

08 / 정언 삼단논법의 표준형식

대전제: 양화사 + 주어 명사 + 술어 명사 + 계사

소전제: 양화사 + 주어 명사 + 술어 명사 + 계사

결 론: 양화사 + 소개념(S) + 대개념(P) + 계사

대개념(P): 결론의 술어 / 소개념(S) : 결론의 주어

09 / 정언 삼단논법의 타당성 판단 기준

① 매개념(M)은 전제 중 한 곳에서만 주연되어야 한다.

② 소개념(S)과 대개념(P)은 전제와 결론 각각에서 주연 관계가 일
치해야 한다.

③ 부정 전제와 부정 결론의 수가 일치해야 한다.

연습 문제

1. 다음 명제를 양화사, 주어, 술어, 계사를 갖춘 정언 명제의 표준 형식으로 바꾸시오.

① 어떤 개는 사료는 안 먹고 고기만 먹는다.

② 대법원의 어떤 판결은 정치적으로 편향되어서 우리 사법 역사의 오점으로 남는다.

③ 아직 탈출하지 못한 소방대원이 있다.

④ 만약 어떤 동물이 목이 길다면, 그것은 초식성이다.

⑤ 신입생 외에 모든 학생은 이 과목을 수강할 수 없다.

⑥ 배신만이 유일한 대안이다.

⑦ 오직 민생만이 선거에서 이길 수 있는 방법이다.

⑧ 그는 밖에 나갈 때 항상 자전거를 탄다.

⑨ 입주민을 제외한 모든 사람은 이 구역에 주차할 수 없다.

⑩ 단 한 개의 안타도 나는 치지 못했다.

2. 다음 정언 명제들이 서로 어떤 논리적 관계에 있는지 말해 보자.

① 모든 사업가는 부자이다. 어떤 사업가도 부자가 아니다.

② 이 골프장의 모든 회원들은 청년이 아니다. 이 골프장의 어떤 회원은 청년이다.

③ 어떤 의류는 매우 비싼 상품이다. 어떤 의류는 매우 비싼 상품이 아니다.

④ 모든 문학가는 수염을 기르는 사람이다. 어떤 문학가는 수염을 기르는 사람이 아니다.

⑤ 모든 도마뱀은 꼬리가 있다. 어떤 도마뱀은 꼬리가 있다.

⑥ 모든 투자자가 성공하는 것은 아니다. 어떤 투자자는 성공한다.

⑦ 어떤 기자는 기레기가 아니다. 어떤 기자는 기레기이다.

⑧ 신입생 외에 모든 학생은 이 과목을 수강할 수 없다. 이 과목을 수강할 수 있는 모든 학생은 신입생이 아니다.

⑨ 단 한 문제도 나는 틀리지 않았다. 어떤 문제는 내가 틀리지 않았던 문제이다.

⑩ 오직 부유한 사람만이 종합 부동산세를 낼 수 있다. 종합 부동산세를 낼 수 있는 어떤 사람은 부유한 사람이 아니다.

3. 다음 논증의 타당성 여부를 대당 사각형의 논리적 관계를 이용하여 밝히시오.

① 몸무게가 많이 나가는 모든 코끼리는 발이 크다.
   따라서 몸무게가 많이 나가는 어떤 코끼리는 발이 크다.

② 모든 축구 선수가 흑인이라는 것은 거짓이다.
   따라서 어떤 축구 선수는 흑인이 아니다.

③ 어떤 쌀국수는 중국인이 요리하는 음식이 아니다.
   따라서 모든 쌀국수는 중국인이 요리하는 음식이다.

4. 다음 명제를 괄호 안의 지시대로 바꾸고, 바꾼 명제의 진리값을 쓰시오.

① 모든 사업가는 부유한 사람이 아니다.(T) (환위)

② 어떤 축구 선수는 흑인이 아니다.(F) (환질)

③ 모든 정치인은 거짓말을 잘 하는 사람이다.(T) (이환)

5. 다음 논증의 타당성을 환위, 환질 이환을 이용하여 밝혀 보자.

① 어떤 몰지각한 사람은 선한 사람이 아니다.
   그러므로 어떤 악한 사람은 지각이 있는 사람이 아니다,

② 모든 정치인은 개그맨이다.

그러므로 어떤 비-정치인은 비-개그맨이 아니다.

6. 다음 정언 삼단논법의 타당성을 벤다이어그램을 그려 판별해 보자.

① 어떤 소도시는 청정 지역이다. 모든 청정 지역은 살기 좋은 곳이다. 그러므로 살기 좋은 어떤 곳은 소도시이다.

② 매일 런닝을 하는 어떤 사람은 뚱뚱하지 않은 사람이다. 어떤 수영 선수는 매일 런닝을 하는 사람이다. 따라서 어떤 수영 선수는 뚱뚱하지 않은 사람이다.

③ 유럽의 모든 국가는 복지 국가이다. 어떤 복지 국가는 실업률이 높은 나라가 아니다. 따라서 어떤 실업률이 높은 나라는 유럽 국가가 아니다.

연습 문제 정답

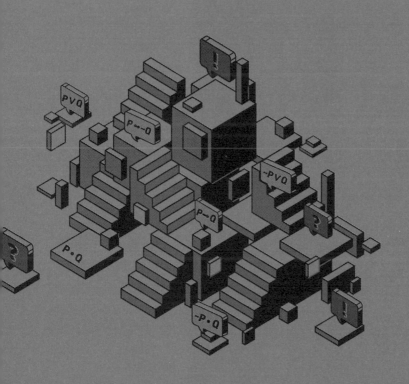

1. ②, ③, ⑤, ⑦, ⑨, ⑩

2. ① 난 이제 집에 가야겠어. 내일 중요한 시험이 있어서.
_{전제지시어}

　　전제: 내일 중요한 시험이 있다. / 결론: 난 이제 집에 가야겠다.

　② 내일 경기는 우리 팀이 질 것 같다. **왜냐하면** 우리 팀 주전 선수가 부상으로 2명이
_{전제지시어}

　　나 경기에 나갈 수 없기 때문이다.

　　전제: 우리 팀 주전 선수가 부상으로 2명이나 경기에 나갈 수 없다.

　　결론: 내일 경기는 우리 팀이 질 것 같다.

　③ 경제적 양극화 문제는 비단 우리나라만의 문제가 아닙니다. 전 세계 주요 언론이

　　지목한 세계 각국이 해결해야 할 가장 시급한 문제로 양극화를 지적했기 **때문입**
_{전제지시어}

　　니다.

　　전제: 전 세계 주요 언론이 지목한 세계 각국이 해결해야 할 가장 시급한 문제로

　　　　양극화를 지적했다.

　　결론: 경제적 양극화 문제는 비단 우리나라만의 문제가 아니다.

　④ 다수가 동의하는 의견을 따르는 사람은 스스로 생각하고 판단하지 않는다. **왜냐**
_{전제지시어}

　　하면 스스로 생각하고 판단하는 사람은 다수의 의견을 따르지 않기 때문이다.

　　전제: 스스로 생각하고 판단하는 사람은 다수의 의견을 따르지 않는다.

　　결론: 다수가 동의하는 의견을 따르는 사람은 스스로 생각하고 판단하지 않는다.

　⑤ 전제: 인간이 과도하게 화석연료를 사용해서 기후 재난이 시작되었지만 이 또한

　　　　과학기술의 발전으로 해결할 수 있을 것이다.

　　결론: 기후 변화로 머지않은 미래에 인류가 소멸할 것이라고 걱정할 필요는 없다.

　⑥ 네가 만약 이 수학 문제를 푼다면, 내가 오늘 저녁을 사 줄게. 그런데 네가 수학

　　문제를 풀지 **못했으니까** 내가 오늘 저녁을 사지 않아도 된다.
_{전제지시어}

　　전제: 네가 만약 이 수학 문제를 푼다면, 내가 오늘 저녁을 사줄게. 그런데 네가

　　　　수학 문제를 풀지 못했다.

　　결론: 오늘 저녁을 사지 않아도 된다.

⑦ 어떤 글에 전제 지시어와 결론 지시어가 있다고 그 글이 꼭 논증이라는 보장은 없다. 설명하는 글에서도 전제 지시어와 결론 지시어가 사용될 수 있기 <u>때문이다.</u>
전제지시어

전제: 설명하는 글에서도 전제 지시어와 결론 지시어가 사용될 수 있다.

결론: 어떤 글에 전제 지시어와 결론 지시어가 있다고 그 글이 꼭 논증이라는 보장은 없다.

⑧ 친구야, 우리 반 친구들 모두 「기생충」이라는 영화를 봤대. <u>그러니까</u> 우리도 오늘
결론지시어
「기생충」 보러 가자.

전제: 우리 반 친구들 다 기생충이라는 영화 봤대.

결론: 우리도 오늘 기생충 보러 가자.

⑨ 인간의 욕망은 끝이 없다. 결핍된 욕망이 채워 지면 다시 새로운 욕망이 생기고 또 그 새로운 욕망이 만족되면, 또 다시 새로운 욕망이 생겨날 것이기 <u>때문이다.</u>
㉮ 전제지시어
<u>따라서</u> 인간은 스스로 자신의 욕망을 통제하고 절제해야 한다.
㉯ 결론지시어

(2개의 논증이 결합된 구조)

㉮ 전제: 결핍된 욕망이 채워지면 다시 새로운 욕망이 생기고 또 그 새로운 욕망이 만족되면, 또 다시 새로운 욕망이 생겨날 것이다.

결론: 인간의 욕망은 끝이 없다.

㉯ 전제: 인간의 욕망은 끝이 없다.

결론: 인간은 스스로 자신의 욕망을 통제하고 절제해야 한다.

⑩ 전제: 우리 할머니께서 항상 모르는게 약이라고 하셨다.

결론: 저는 아는 것이 힘이 아니라고 생각합니다.

3. 예시 답안 "오직 하나의 신이 모든 것을 통제한다면, 우연과 행운이 들어설 자리는 없다. 단 하나의 지성이 우주를 지휘한다고 믿는다면, 어떤 사건의 원인을 우연으로 돌리는 것은 단지 그 원인을 모르기 <u>때문이다.</u>"
전제지시어
—데이비드 핸드, 『신은 주사위 놀이를 하지 않는다』, 전대호 옮김, 더 퀘스트, 2016, 42쪽.

설명항: 단 하나의 지성이 우주를 지휘한다고 믿는다면, 어떤 사건의 원인을 우연으로 돌리는 것은 단지 그 원인을 모르는 것이다.

피설명항: 오직 하나의 신이 모든 것을 통제한다면, 우연과 행운이 들어설 자리는 없다.

2장 논증의 종류와 평가

Unknown61쪽

1. ① 연역 논증: 전제가 결론을 필연적으로 지지하는 관계, 정국이가 스마트폰을 가지고 있다는 결론의 내용이 전제에 의해서 확실하게 보장된다.

② 귀납 논증: 전제가 결론을 개연적으로 지지하는 관계, 토요일마다 아침 식사로 라면을 먹었더라도 내일 안 먹을 가능성이 있다.

③ 연역 논증: 전제가 결론을 필연적으로 지지하는 관계, 산불이 등산객들의 부주의 때문이 아니면 건조한 기후가 원인이라는 결론은 필연적이다.(선언적 삼단논법)

④ 연역 논증: 전제가 결론을 필연적으로 지지하는 관계, 조건문 전제의 전건을 긍정하면 후건이 긍정되는 결론을 도출하는 것은 항상 타당한 연역 논증이다.(전건 긍정식)

⑤ 귀납 논증: 전제가 결론을 개연적으로 지지하는 관계, 매일 아침 우유와 샌드위치를 먹었더라도 내일 아침 먹지 않을 가능성이 있다.

⑥ 귀납 논증: 전제가 결론을 개연적으로 지지하는 관계, 확률적 원인은 반대의 가능성을 완전히 배제하는 것이 아니다.

⑦ 연역 논증: 전제가 결론을 필연적으로 지지하는 관계, ④번과 같은 전건 긍정식의 구조로 된 논증.

⑧ 귀납 논증: 전제가 결론을 개연적으로 지지하는 관계, 몇 년간 3%의 성장을 하였더라도 내년에 달라질 가능성이 있다.

⑨ 연역 논증: 전제가 결론을 필연적으로 지지하는 관계, 조건문 전제들에서 전건과 후건을 연결하는 구조를 가진 결론을 도출하는 것은 타당한 연역 논증이다.(가설적 삼단논법)

⑩ 연역 논증: 전제가 결론을 필연적으로 지지하는 관계, 조건문 전제의 후건을 부정하면 전건도 부정되는 결론이 도출되는 것은 항상 타당한 연역 논증이다.(후건 부정식)

334

2. 1번 문제에서 타당한 논증: ①, ③, ④, ⑦, ⑨, ⑩

① 타당하지 않은 논증   ② 타당한 논증

③ 타당하지 않은 논증   ④ 타당하지 않은 논증

3장 논증 구조 분석

74쪽

1.   **2.**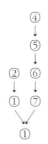

3.   **4.**   **5.**

5장 귀납 논증

115쪽

1. ① 고혈압 환자 1은 비만이다.

고혈압 환자 2는 비만이다.

⋮

고혈압 환자 10은 비만이다.

그러므로 모든 고혈압 환자에게는 비만이 동반된다.

평가: 표본이 한 지역, 한 병원에 한정되어 있어서 다양성을 확보하지 못했고 10

명의 고혈압 환자의 경우는 표본의 크기에서도 매우 부족하다.

② 우리나라 성인남녀 1,000명을 대상으로 한 조사에 따르면, 온라인으로 상품을 구매하는 사람이 70%이고, 오프라인으로 상품을 구매하는 사람은 30%였다. 따라서 전 세계 인구 70%는 온라인으로 상품을 구매한다.

    평가: 각 나라의 인터넷 상황과 온라인 이용 상황이 모두 다른데 우리나라의 상황을 전 세계 인구로 확대 적용하여 오류가 발생한 논증이다.

③ 전국경제인연합회 소속 기업인과 경영인들 중 90%가 법인세를 낮추어야 한다고 생각한다. 따라서 우리나라 국민들 대다수는 법인세를 감면해야 한다는 의견을 가지고 있다.

    평가: 전제의 기업인과 경영인들을 대상으로 한 조사는 국민 대다수의 의견이라고 주장하기에는 왜곡되고 편향된 표본 집단이라고 할 수 있다. 법인세가 낮은 것이 그들에게는 유리하기 때문이다.

④ 대학생 자녀가 있는 100 가정을 대상으로 한 조사에 따르면, 80%가 등록금 인상에 반대했다. 따라서 국민 100명 중 80명은 대학 등록금 이상에 반대한다.

    평가: 대학 등록금을 내야 하는 가정에서는 등록금 인상을 반대할 것이라는 의견은 쉽게 예상할 수 있다. 그러나 전 국민이 같은 정도의 비율로 같은 의견을 가질 것이라는 결론을 도출하기에는 이 표본 집단이 편향되어 있다고 할 수 있다.

2. ① 비교 대상: 유비와 관우

    유사성: 식사량 조절, 채식과 단백질 위주 식사, 매일 1시간 자전거 타기, 과자 금지

    새로운 성질: 3개월 동안 10kg 감량, 다이어트 성공

    강화 요소: 다이어트에 필요한 운동량 추가 등

② 비교 대상: 전 여자 친구와 새 여자 친구

    유사성: 긴 생머리, 빨강색 선호, 빵 선호

    새로운 성질: 선물보다 현금 선호

    강화 요소: 쇼핑 방식의 유사성 등

3. ① 모자를 푹 눌러 쓰고 마스크를 쓰고 다니는 사람들 중 80%는 자신을 감추려고 하는 범죄자이다.

우리 윗집 아저씨는 모자를 푹 눌러 쓰고 마스크를 쓰고 다닌다.

그러므로 우리 윗집 아저씨는 자신을 감추려고 하는 범죄자이다.

평가: 80%의 확률은 높은 편이라고 할 수 있다. 하지만 모자를 눌러 쓰고 마스크를 착용한다고 해서 모두 다 범죄자가 아닐 수도 있다.

② 시험을 볼 때 녹색 볼펜을 사용하는 사람들 중 80%는 좋은 점수를 받지 못한다.

내 친구가 녹색 볼펜으로 시험을 보았다.

그러므로 내 친구는 점수가 좋지 않을 것이다.

평가: 80%의 확률은 높은 편이라고 할 수 있다. 하지만 시험에 사용하는 볼펜의 색과 점수와의 상관 관계가 높다고 보기는 어렵다.

③ 내가 만난 프랑스 파리 사람들 중 90%는 영어를 하지 못해서 의사소통에 어려움이 많다.

내일 만나는 손님은 프랑스에서 온 손님이다.

그러므로 그 손님도 영어를 하지 못해서 의사소통에 어려움이 많을 것이다.

평가: 90%의 확률은 매우 높은 편이라고 할 수 있다. 하지만 자신의 경험에 한정된 사실이라는 점에서 그렇지 않을 가능성을 배제하기는 어렵다.

④ 음주 운전에 적발된 사람들 중 80%는 자신이 술을 마시지 않았다고 하며 음주 측정을 거부한다.

오늘 단속에 걸린 사람은 음주 운전에 적발된 사람이다.

그러므로 그 사람도 술을 마시지 않았다고 하며 음주 측정을 거부할 것이다.

평가: 80%의 확률은 높은 편이라고 할 수 있다. 하지만 오늘 단속에 걸린 사람이 그렇지 않을 가능성도 고려해야 한다.

⑤ 성공한 사람들 중 80%는 자기 이해도가 높다.

뇌과학자 김○○ 박사는 성공한 사람이다.

그러므로 김○○ 박사는 자기 이해도가 높을 것이다.

평가: 80%의 확률은 높은 편이라고 할 수 있다. 성공한 사람과 자기 이해도의 연

관성은 상당히 근거가 있다고 알려져 있다. 하지만 김○○ 박사가 예외일 가능성도 고려해야 한다.

6장 인과 논증

136쪽

1. ① 충분조건적 원인

　② 확률적 원인

　③ 확률적 원인

　④ 필요조건적 원인

　⑤ 충분조건적 원인

2. ① 공변법

　② 차이법

　③ 공변법

　④ 잉여법

　⑤ 일치 차이 병용법

3. ① 선후 인과의 오류

　② 원인과 결과를 혼동하는 오류

　③ 공통 원인을 무시하는 오류

　④ 선후 인과의 오류

　⑤ 원인과 결과를 혼동하는 오류

　⑥ 원인과 결과를 혼동하는 오류 (부동산 가격이 하락하면 가계 부채가 많은 것이 문제가 될 수 있는 것이지 가계 부채가 많다고 해서 부동산 가격이 하락하는 것은 아니다.)

7장 형식적 오류와 반례법
148쪽

1. ①, ②, ④

2. ① 모든 A는 B이다. 모든 C는 A가 아니다. 그러므로 모든 C는 B가 아니다.(A: 장미, B: 식물, C: 배추)

② 어떤 A는 B가 아니다. 모든 B는 C이다. 따라서 어떤 A는 C이다.(A: 포유류, B: 개구리, C: 양서류)

③ 모든 A는 B가 아니다. 모든 B는 C가 아니다. 따라서 모든 A는 C가 아니다.(A: 개구리, B: 포유류, C: 양서류)

8장 비형식적 오류
190쪽

1. ① 군중 심리에 호소하는 오류 ② 성급한 일반화의 오류

③ 힘에 호소하는 오류 ④ 부적절한 권위에 의거한 논증의 오류

⑤ 선결문제 요구의 오류 ⑥ 잘못된 이분법

⑦ 허수아비 공격의 오류 ⑧ 무지에 호소하는 오류

⑨ 연민에 호소하는 오류 ⑩ 정황적 오류

⑪ 우연의 오류 ⑫ 미끄러진 경사면의 오류

⑬ 인신공격의 오류 ⑭ 군중심리에 호소하는 오류

⑮ 거짓원인의 오류 ⑯ 우연의 오류

⑰ 선결문제 요구의 오류 ⑱ 은폐된 증거의 오류

⑲ 피장파장의 오류 ⑳ 잘못된 이분법

2. 예시 답안

주요 내용: "전국경제인연합회도 입장문을 통해 '공공기관의 운영에 관한 법률 개정

안'의 국회 본회의 통과에 유감을 표했다. "강성노조로 인해 노사 간 갈등과 쟁의행위가 빈번한 상황에서 노동이사제가 도입되면 공공기관의 효율적인 경영을 저해할 뿐만 아니라, 정치 투쟁이 활발한 우리나라 노조의 특성상 공공기관 이사회의 정치적 중립성이 훼손될 가능성도 높다."라고 지적했다. "이는 국민의 편익 증진이라는 공공기관의 설립 취지에도 어긋난다."라고도 했다."

—「경제계, 노동이사제 국회 통과에 일제 반발 … "민간기업 확산우려"」,

2021년 1월 11일, 데일리안, 박○○ 기자.

허수아비 논증의 오류: 이 기사에서 오류는 범하는 쪽은 전경련의 입장이지만 기자도 경제계의 반대 의견만을 기사화해서 공공기관 노동이사제 도입의 본래 의미를 왜곡하고 나쁜 제도가 도입된 것처럼 호도하고 있다. 정상적인 기사는 노동계와 경제계의 반응을 모두 반영해야 한다.

9장 명제 논리 — 1. 명제 논리의 구성

1. ① 조건 명제 　　② 연언 명제 　　③ 쌍조건 명제
　　④ 선언 명제 　　⑤ 부정 명제

2. ① 선언 명제 　　② 조건 명제 　　③ 부정 명제
　　④ 쌍조건 명제 　　⑤ 연언 명제 　　⑥ 조건 명제

3. ① ~K 　　② D • E 　　③ E ∨ H
　　④ ~G • S 　　⑤ (S ∨ R) • ~(S • R) 　　⑥ (S • F) → M
　　⑦ ~(A • B) 　　⑧ R → (L • H)
　　⑨ (T → M) • (M → K) 　　⑩ (H • T) ↔ L

① P → [(A ∨ B) ∨ C)]   ② ~P → (D ∨ B)   ③ S ∨ R

④ S → U   ⑤ R → ~U   ⑥ U

⑦ S → P   ⑧ ~R → ~B   ⑨ C → R

1. 231쪽 핵심 요약 02, 03 참조.

2. ① T   ② F   ③ F   ④ F   ⑤ T

     ⑥ F   ⑦ F   ⑧ T   ⑨ T   ⑩ T

1. ① D ∨ H, H → C / C ∨ H   ∴ 타당

D	H	C	D ∨ H, H → C / C ∨ H		
T	T	T	T	T	T
T	T	F	T	F	T
T	F	T	T	T	T
T	F	F	T	F	F
F	T	T	T	T	T
F	T	F	T	T	T
F	F	T	F	T	T
F	F	F	F	T	F

② ~(A → B), B ∨ C / ~B   ∴ 타당

A	B	C	~(A → B), B ∨ C / ~B		
T	T	T	F	T	F
T	T	F	F	T	F
T	F	T	T	T	T
T	F	F	T	F	T
F	T	T	F	T	F
F	T	F	F	T	F
F	F	T	F	T	T
F	F	F	F	F	T

③ E ∨ (R ∨ S), E • R / E ∨ S   ∴ 타당

E	R	S	E ∨ (R ∨ S), E • R / E ∨ S		
T	T	T	T	T	T
T	T	F	T	T	T
T	F	T	T	F	T
T	F	F	T	F	T
F	T	T	T	F	T
F	T	F	T	F	F
F	F	T	T	F	T
F	F	F	F	F	F

④ (A • C) → (A ∨ C), ~(A • C) / ~(A ∨ C)   ∴ 타당하지 않음

A	C	(A • C) → (A ∨ C), ~(A • C) / ~(A ∨ C)				
T	T	T	T	T	F	F
T	F	F	T	T	T	F ←
F	T	F	T	T	T	F ←
F	F	F	T	F	T	T

⑤ (L → F) → G, G → (F → L) / (L → F) → (F → L)   ∴ 타당

L	F	G	(L → F) → G, G → (F → L) / (L → F) → (F → L)					
T	T	T	T	T	T	T		
T	T	F	T	F	T	T		
T	F	T	F	T	T	T		
T	F	F	F	T	T	T		
F	T	T	T	T	F	T	F	F
F	T	F	T	F	T	T	F	F
F	F	T	T	T	T	T	T	
F	F	F	T	T	T	T		

2. ① P → Q, Q / P

② ∼P → Q, ∼Q / P

③ P ∨ Q, (A → P) • (B → Q), A / P

④ P → Q, R → Q / P → R

⑤ ∼E → ∼T, ∼S → ∼T, ∼G → ∼T / T → [(E • S) • G]

3. ① 부당　　　② 부당　　　③ 타당　　　④ 타당　　　⑤ 부당

1. ① 1. (D ∨ H) • (A → E)

2. (D → B) • (H → C)

3. ∼B　　　　　　　　　　/ C

4. D ∨ H　　　　　　　　1 단순화

5. B ∨ C　　　　　　　　2, 4 구성적 딜레마

6. C　　　　　　　　　　3, 5 선언적 삼단논법

② 1. E ∨ (D ∨ F)

2. D → S

3. ∼E → (F → G)

4. ∼E　　　　　　　　　/ S ∨ G

5. F → G　　　　　　　　3, 4 전건 긍정식

6. (D → S) • (F → G)　　2, 5 연언

7. D ∨ F　　　　　　　　1, 4 선언적 삼단논법

8. S ∨ G　　　　　　　　6, 7 구성적 딜레마

③ 1. ∼(P • G) → S

2. S → K

3. ~K   / G

4. ~(P • G) → K   1,2 가설적 삼단논법

5. P • G   3, 4 후건 부정식

6. G   5 단순화

④ 1. C • D

2. (C ∨ A) → B

3. (B ∨ A) → [C → (D ↔ H)]   / D ↔ H

4. C   1 단순화

5. C ∨ A   4 선언지 첨가

6. B   2, 5 전건 긍정식

7. B ∨ A   6 선언지 첨가

8. C → (D ↔ H)   3, 7 전건 긍정식

9. D ↔ H   4, 8 전건 긍정식

⑤ 1. (O ∨ T) → R

2. S → ~R

3. ~S → (T → ~R)

4. O   / ~T

5. O ∨ T   4 선언지 첨가

6. R   1, 5 전건 긍정식

7. ~S   2, 6 후건 부정식

8. T → ~R   3, 7 전건 긍정식

9. ~T   6, 8 후건 부정식

2. ① 1. (G ∨ M) → (B • C)

2. (B ∨ C) → F

3. G   / F

4. G ∨ M   3 선언지 첨가

5. B • C   1, 4 전건 긍정식

6. B   5 단순화

7. B ∨ C   6 선언지 첨가

8. F   2, 7 전건 긍정식

② 1. (A → B) • D

    2. (C → F) • (L ∨ F)

    3. A ∨ C   / B ∨ F

    4. A → B   1 단순화

    5. C → F   2 단순화

    6. (A → B) • (C → F)   4, 5 연언

    7. B ∨ F   3, 6 구성적 딜레마

③ 1. (L ∨ F) → (B ↔ C)

    2. (L ∨ F) ∨ (F • D)

    3. ∼(B ↔ C) • ∼R   / F

    4. ∼(B ↔ C)   3 단순화

    5. ∼(L ∨ F)   1, 4 후건 부정식

    6. F • D   2, 5 선언적 삼단논법

    7. F   6 단순화

④ 1. B → (P → G)

    2. ∼(P ∨ H) → ∼M

    3. (B ∨ M) → (H → K)

    4. B • ∼M   / G ∨ K

    5. B   4 단순화

    6. P → G   1, 5 전건 긍정식

    7. B ∨ M   5 선언지 첨가

    8. H → K   3, 7 전건 긍정식

    9. ∼M   4 단순화

10. P ∨ H		2, 9 후건 부정식
11. (P → G) • (H → K)		6, 8 연언
12. G ∨ K		10, 11 구성적 딜레마

⑤ 1. ~(L • ~H) → [(L • ~H) ∨ {A → (L • ~H)}]

2. (A ∨ S) → ~(L • ~H)

3. A ∨ S   / S

4. ~(L • ~H)   2, 3 전건 긍정식

5. (L • ~H) ∨ {A → (L • ~H)}   1, 4 전건 긍정식

6. A → (L • ~H)   4, 5 선언적 삼단논법

7. ~A   4, 6 후건 부정식

8. S   3, 7 선언적 삼단논법

3. ① 대우 규칙   ② 결합 법칙   ③ 수출입 규칙

④ 단순 함축   ⑤ 드 모르간의 법칙   ⑥ 배분 법칙

4. ① 1. H → (E ∨ R)

2. C → (E ∨ J)

3. C • H   / E ∨ (J • R)

4. C   3 단순화

5. E ∨ J   2, 3 전건 긍정식

6. H   3 단순화

7. E ∨ R   1, 6 전건 긍정식

8. (E ∨ J) • (E ∨ R)   5, 7 연언

9. E ∨ (J • R)   8 배분 법칙

② 1. (L • X) → S

2. L • E

3. ~(X → S) ∨ K   / K

4. L → (X → S)   1 수출입 규칙

5. L   2 단순화

6. (X → S)   4, 5 전건 긍정식

7. ~~(X → S)   6 이중 부정

8. K   3, 7 선언적 삼단논법

③ 1. (I • R) → T

2. (I • R) ∨ T   / T

3. T ∨ (I • R)   2 교환 법칙

4. ~~T ∨ (I • R)   3 이중 부정

5. ~T → (I • R)   4 단순 함축

6. ~T → T   1, 5 가설적 삼단논법

7. ~~T ∨ T   6 단순 함축

8. T ∨ T   7 이중 부정

9. T   8 동어 반복

④ 1. H ∨ T

2. T → ~(A ∨ D)

3. O ∨ (A ∨ D)   / ~H ∨ O

4. H → ~(A ∨ D)   1, 2 가설적 삼단논법

5. (A ∨ D) ∨ O   3 교환 법칙

6. ~~(A ∨ D) ∨ O   5 이중 부정

7. ~(A ∨ D) → O   6 단순 함축

8. H → O   4, 7 가설적 삼단논법

9. ~H ∨ O   8 단순 함축

⑤ 1. W ∨ T

2. ~T ∨ R

3. (W → X) • (R → X)   / X

4. ~~W ∨ T   1 이중 부정

5. ~W → T	4 단순 함축
6. T → R	2 단순 함축
7. ~W → R	5, 6 가설적 삼단논법
8. ~~W ∨ R	7 단순 함축
9. W ∨ R	8 이중 부정
10. X ∨ X	3, 9 구성적 딜레마
11. X	10 동어 반복

5. ① 1. ~D → ~C

2. ~C → B

3. B → ~A / A → D

4. A	조건 증명 가정
5. ~B	3, 4 후건 부정식
6. C	2, 5 후건 부정식
7. D	1, 6 후건 부정식

8. A → D — 4-7 조건 증명

② 1. L → G

2. M → G / (L ∨ M) → G

3. L ∨ M	조건 증명 가정
4. (L → G) • (M → G)	1, 2 연언
5. G ∨ G	3, 4 구성적 딜레마
6. G	5 동어 반복

7. (L ∨ M) → G — 3-6 조건 증명

6. ① 1. (A ∨ B) → G

2. D ∨ B

3. D → (F • A) / G

4. ~G	부정 가정
5. ~(A ∨ B)	2, 4 후건 부정식
6. ~A • ~B	5 드 모르간의 규칙
7. ~B	6 단순화
8. D	2, 7 선언적 삼단논법
9. F • A	3, 8 전건 긍정식
10. A	9 단순화
11. ~A	6 단순화
12. G	4-11 귀류법

② 1. ~S → (H • N)

2. H → (S • G)

3. N → (~S • D)   / S

4. ~S	부정 가정
5. H • N	1, 4 전건 긍정식
6. H	5 단순화
7. S • G	2, 6 전건 긍정식
8. N	5 단순화
9. ~S • D	3, 8 전건 긍정식
10. S	7 단순화
11. ~S	9 단순화
12. S	4-11 귀류법

시리즈 퀴즈 2   290쪽

1. P → [(A ∨ B) ∨ C)]

2. ~P → (D ∨ B)

3. S ∨ R

4. S → U

5. R → ~U

6. U

7. S → P

8. ~R → ~B

9. C → R　　　　　　　/ A

10. ~R　　　　　　　　　5, 6 MT

11. ~B　　　　　　　　　8, 10 MP

12. ~C　　　　　　　　　9, 10 MT

13. S　　　　　　　　　　3, 10 DS

14. P　　　　　　　　　　7, 13 MP

15. (A ∨ B) ∨ C　　　　1, 14 MP

16. A ∨ B　　　　　　　12, 15 DS

17. A　　　　　　　　　11, 16 DS

10장 정언 논리　　　　　　　　327쪽

1. ① 어떤 개는 사료는 안 먹고 고기만 먹는 개이다.

② 대법원의 어떤 판결은 정치적으로 편향되어서 우리 사법 역사의 오점으로 남은 판결이다.

③ 어떤 소방대원은 아직 탈출하지 못한 소방대원이다.

④ 목이 긴 모든 동물은 초식성 동물이다.

⑤ 이 과목 수강할 수 있는 모든 학생은 신입생이다.

⑥ 모든 대안은 백신이다.

⑦ 선거에서 이길 수 있는 모든 방법은 민생이다.

⑧ 그가 밖에 나가는 모든 시간은 자전거를 타는 때이다.

⑨ 이 구역에 주차할 수 있는 모든 사람은 입주민이다.

⑩ 모든 안타는 내가 치지 못했던 안타이다.

2. ① 반대　　　② 모순　　　③ 소반대　　　④ 모순　　　⑤ 함축

　　⑥ 모순　　　⑦ 소반대　　　⑧ 반대　　　⑨ 함축　　　⑩ 모순

3. ① A → I: 함축관계　　∴ 타당

　　② A(F) → O → O: 동일명제　　∴ 타당

　　③ O → A: 모순관계　　∴ 타당하지 않음

4. ① 모든 부유한 사람은 사업가가 아니다.(T)

　　② 어떤 축구 선수는 비-흑인이다.(F)

　　③ 모든 거짓말을 못하는 사람은 비-정치인이다.(T)

5. ① 어떤 비-S는 P가 아니다.(O)

　　　그러므로 어떤 비-P는 S가 아니다. (O 명제의 이환 명제)

　　　논리적 동치　　∴ 타당

　　② 모든 S는 P이다.(A)

　　　그러므로 어떤 비-S는 비-P가 아니다.(O)

　　　전제의 이환: 모든 비-P는 비-S이다. (A)

　　　→ 제한환위: 어떤 비-S는 비-P이다.(I 명제): 결론과 소반대 관계 ─ 동시에 참일

　　　　수 없음　　∴ 타당하지 않음

6. ① 어떤 P는 M이다. (I)

　　　모든 M은 S이다. (A)

　　　따라서 어떤 S는 P이다. (I)　　∴ 타당

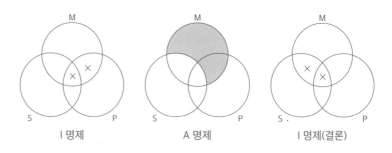

| I 명제 | A 명제 | I 명제(결론) |

② 어떤 M은 비-P이다. (I) → 환질: 어떤 M은 P가 아니다. (O)

어떤 S는 M이다. (I)

따라서 어떤 S는 비-P이다. → 환질: 어떤 S는 P가 아니다. (O)   ∴ 부당

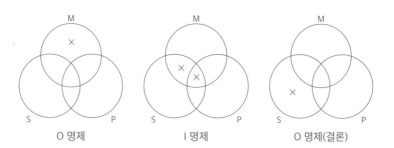

| O 명제 | I 명제 | O 명제(결론) |

③ 모든 P는 M이다. (A)

어떤 M은 S가 아니다. (O)

따라서 어떤 S는 P가 아니다. (O)   ∴ 부당

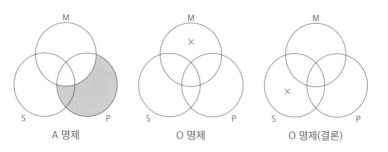

| A 명제 | O 명제 | O 명제(결론) |